Markus Burghardt

Web Services

WIRTSCHAFTSINFORMATIK

Markus Burghardt

Web Services

Aspekte von Sicherheit, Transaktionalität, Abrechnung und Workflow

Mit einem Geleitwort von Prof. Dr. Matthias Schumann

Deutscher Universitäts-Verlag

Bibliografische Information Der Deutschen Bibliothek
Die Deutsche Bibliothek verzeichnet diese Publikation in der Deutschen Nationalbibliografie; detaillierte bibliografische Daten sind im Internet über <http://dnb.ddb.de> abrufbar.

Dissertation Universität Göttingen, 2004

1. Auflage Oktober 2004

Lektorat: Ute Wrasmann / Britta Göhrisch-Radmacher

Der Deutsche Universitäts-Verlag ist ein Unternehmen von Springer Science+Business Media.
www.duv.de

Umschlaggestaltung: Regine Zimmer, Dipl.-Designerin, Frankfurt/Main
Druck und Buchbinder: Rosch-Buch, Scheßlitz
Gedruckt auf säurefreiem und chlorfrei gebleichtem Papier
Printed in Germany

ISBN 3-8244-2189-5

Geleitwort

Konzepte zum Koppeln von Informationssystemen und zur Kommunikation von Softwarekomponenten erfahren in der Wirtschaftsinformatik seit geraumer Zeit erhebliche Beachtung. Sie sind eine Voraussetzung für die durchgängige, medienbruchfreie IT-Unterstützung betrieblicher Prozesse. Die in diesem Bereich etablierten Konzepte und Technologien, wie beispielsweise CORBA und DCOM, weisen jedoch verschiedene Nachteile auf. Sie sind im Allgemeinen an bestimmte Plattformen, Programmiersprachen und Protokolle gebunden. Universell einsetzbare Standards fehlen jedoch bislang. Web Services versprechen eine Lösung für genau diese Einschränkungen. Sie erlauben es, Funktionalitäten von Softwarekomponenten unabhängig von der Plattform und der Programmiersprache zu entwickeln und zu nutzen. Allerdings sind bei dieser jungen Technologiekombination noch zahlreiche Herausforderungen zu lösen und entsprechende Standardisierungen herbeizuführen, die wiederum zu einer niedrigeren Komplexität und damit zu einer höheren Akzeptanz sowie einer weiteren Verbreitung von Web Services führen.

Vor diesem Hintergrund behandelt Herr Burghardt ein Thema, über das im wissenschaftlichen Bereich bislang keine geschlossene Abhandlung vorliegt und das auch für die Praxis von hoher Relevanz ist. Für das Themenumfeld besteht nach wie vor ein großer Forschungsbedarf, da sich die meisten in diesem Bereich vorliegenden Veröffentlichungen auf Standardisierungsvorschläge oder deskriptive Beschreibungen von bereits verabschiedeten Standards beschränken.

Insgesamt wird eine Arbeit vorgelegt, die sich mit der Technologiekombination „Web Services" als Innovation beschäftigt und wichtige Anhaltspunkte für die Lösung bestehender Herausforderungen liefert. Dazu befasst er sich insbesondere mit beispielhaften Anwendungsszenarien. Nachfolgende wissenschaftliche Arbeiten sollten die in dieser Arbeit gewonnen Erkenntnisse nutzen und vermehrt den Einsatz von Web Services in verschiedenen Anwendungsdomänen untersuchen. Durch die Beurteilung verschiedener Prototypen wird die wissenschaftliche Diskussion auf die praktische Eignung getestet.

Matthias Schumann

Vorwort

Diese Arbeit entstand während meiner Tätigkeit als wissenschaftlicher Mitarbeiter in der Abteilung Wirtschaftsinformatik II der Georg-August-Universität Göttingen im Rahmen der Arbeitsgruppe „Innovative Technologien und Architekturen“ und wurde im Juli 2004 von der dortigen Wirtschaftswissenschaftlichen Fakultät als Dissertation angenommen.

Ausgangspunkt der Arbeit war die zunehmende Diskussion des Begriffs „Web Services“ sowohl in der Wissenschaft als auch in der Praxis. Web Services ermöglichen es, verteilte Systeme zu planen, zu realisieren und zu betreiben. Zu Beginn des Dissertationsprojekts stand daher die Aufgabe, eine wissenschaftliche Begriffsdefinition zu erarbeiten sowie diese Innovation sowohl auf einer konzeptionellen als auch auf einer technischen Ebene zu erschließen. Hierzu zählte auch eine Abgrenzung zu verwandten Technologien. Im Laufe der Forschungsaktivitäten wurde jedoch deutlich, dass für den breiten Einsatz dieser jungen Technologie noch zahlreiche Herausforderungen gelöst werden müssen. Ziel der Arbeit war es, Lösungskonzepte für die Aspekte der Sicherheit, der Transaktionalität, der Abrechnung sowie der Abbildung von Workflows zu erarbeiten, die als wesentlich für die weitere Verbreitung von Web Services angesehen werden können. Ergänzend hierzu sollten exemplarische Einsatzszenarien in der Praxis aufgezeigt werden.

Meinem Doktorvater, Herrn Prof. Dr. Matthias Schumann, möchte ich für sowohl die Gelegenheit zur Promotion als auch die Gestaltungsfreiheit und die Unterstützung während der Erstellung der Arbeit danken. Außerdem gebührt mein Dank Herrn Prof. Dr. Jörg Biethahn für die Erstellung des Zweitgutachtens. Auch dem Drittprüfer Herrn Prof. Dr. Stephan Waack danke ich für die Übernahme des fachfremden Teils der Rigorosumsprüfung.

Weiterer Dank gilt allen Kolleginnen und Kollegen am Institut, die mich fachlich unterstützt haben, und den von mir betreuten Diplomanden, die mir wertvolle Hinweise liefern konnten. Mein aufrichtiger Dank gilt außerdem meiner Familie, die mir während der gesamten Zeit den Rücken frei gehalten und die stets größtes Interesse an meiner persönlichen und beruflichen Entwicklung gezeigt hat. Nicht zuletzt danke ich meiner Frau Silke von ganzen Herzen, die meine vermehrte Abwesenheit ertragen musste. Durch ihre moralische Unterstützung hat sie wesentlich zum Gelingen der Arbeit beigetragen.

Markus Burghardt

Inhaltsüberblick

Inhaltsverzeichnis

Abbildungsverzeichnis

Tabellenverzeichnis

Abkürzungsverzeichnis

ADS	Advertisement and Discovery of Services
AES	Advanced Encryption Standard
AG	Aktiengesellschaft
AO	Anwendungsobjekt
API	Application Programming Interface
AXIS	Apaches Extensible Interaction System
BPEL4WS	Business Process Execution Language
BPWS4J	Business Process for Web Services for Java
BTP	Business Transaction Protocol
CAD	Computer Aided Design
CDR	Common Data Representation
CLSID	Class Identifier
COM	Common Object Model
CORBA	Common Object Request Broker Architecture
DAML-S	DARPA Agent Markup Language Ontology for Web Services
DB	Datenbank
DCOM	Distributed Common Object Model
DES	Data Encryption Standard
DIME	Direct Internet Message Encapsulation
DOM	Document Object Model
DSSSL	Document Style Semantics and Specification Language
DTD	Document Type Definition
E-Mail	Electronic Mail
et al.	und andere
FO	Formatting Object
FTP	File Transfer Protocol
GUI	Graphical User Interface

GUID	Globally Unique Identifier
HTML	Hypertext Markup Language
HTTP	Hypertext Transfer Protocol
IDL	Interface Definition Language
IETF	Internet Engineering Task Force
IIOP	Internet Inter-ORB-Protocol
IOR	Interoperable Object Reference
ISDN	Integrated Services Digital Network
ISO	International Organization for Standardization
IT	Informationstechnologie
IV	Informationsverarbeitung
J2EE	Java 2 Enterprise Edition
JMS	Java Messaging Service
JRMP	Java Remote Method Protocol
JSP	Java Server Page
LAN	Local Area Network
MD5	Message Digest 5
MIDL	Microsoft Interface Definition Language
MOM	Message oriented Middleware
MVC	Modell-View-Controller
NDR	Network Data Representation
PDA	Personal Digital Assistant
PDF	Portable Document Form
PKI	Public Key Infrastructure
PPP	Point to Point Protocol
RDF	Resource Description Framework
RMI	Remote Method Invocation
RPC	Remote Procedure Call
RTF	Rich Text Format
OBJREF	Object Reference
OMA	Object Management Architecture
OMG	Object Management Group

OQL	Object Query Language
ORB	Object Request Broker
ORPC	Object Remote Procedure Call
OSI	Open Systems Interconnection
SAML	Security Assertion Markup Language
SAX	Simple API for XML
SCM	Service Control Manager
SGML	Standard Generalized Markup Language
SHA-1	Secure Hash Algorithm 1
SMTP	Simple Mail Transfer Protocol
SQL	Structured Query Language
SOA	Service Oriented Architecture
SOAP	Simple Object Access Protocol
SSH	Secure Shell
SSL	Secure Socket Layer
TCP/IP	Transmission Control Protocol / Internet Protocol
TLS	Transport Layer Security
UDDI	Universal Description, Discovery and Integration
URI	Uniform Resource Identifier
URL	Uniform Resource Locator
WAP	Wireless Access Protocoll
W3C	World Wide Web Consortium
WDDX	Web Distributed Data Exchange
WS	Web Service
WSCI	Web Service Choreography Interface
WSDL	Web Service Description Language
WSFL	Web Service Flow Language
WSTK	Web Services Toolkit
XKMS	XML Key Management Specification
XML	Extensible Markup Language
XLANG	Web Services for Business Process Design
XPath	XML Path Language

XSL	Extensible Stylesheet Language
XSLT	XSL Transformations
XSL-FO	XSL Formatting Objects

1 Einleitung

Dieser Abschnitt gibt eine kurze Einführung in die Thematik der vorliegenden Dissertation. Dazu wird zu Beginn die Problemstellung aufgegriffen und erläutert. Aus dieser Problemstellung werden dann die für die Arbeit relevanten Forschungsfragen herausgearbeitet. Daran anschließend wird kurz die verwendete Forschungsmethodik beschrieben und deren Anwendung im Rahmen dieser Dissertation verdeutlicht. Der letzte Abschnitt skizziert den Aufbau dieser Arbeit.

1.1 Problemstellung und Motivation

Unternehmen verfolgen schon seit langer Zeit das Ziel, bei der Einführung oder der Ablösung von Informationssystemen Medienbrüche zwischen den Systemen vollständig zu vermeiden beziehungsweise den Datenaustausch zwischen vorhandenen Informationssystemen zu automatisieren, da Medienbrüche zu einer schlechteren Datenqualität führen. Diese Qualitätsprobleme werden in der Regel dadurch verursacht, dass die Informationen manuell zwischen den Systemen übertragen werden müssen. Der Vorgang ist zudem mit großem Aufwand und Ressourceneinsatz verbunden.[1] Gerade durch die zunehmende Vernetzung der Unternehmen nimmt die Bedeutung der Integration von Informationssystemen zu.

Bei der Produktauswahl im Rahmen der Neueinführung von Informationssystemen stehen die Unternehmen vor der Entscheidung zwischen Standardsoftware und Individualsoftware. Neuere Entwicklungen, die als komponentenbasierte Systeme bezeichnet werden, versuchen diese Entscheidung zu vereinfachen, indem Standardkomponenten von in der Regel unterschiedlichen Herstellern zu einem kompletten Informationssystem zusammengesetzt werden können. Dabei bilden die Komponenten technisch und funktional abgeschlossene Einheiten. Sie kapseln eine spezielle Funktionalität und können unabhängig von ihrem späteren Einsatz entwickelt werden. Die Kommunikation mit einer Komponente findet über standardisierte Schnittstellen statt. Durch das Nutzen genormter Schnittstellen sowie durch das Kapseln von speziellen fachlichen Anforderungen kann somit eine Wiederverwendbarkeit der Komponenten erreicht werden. Diese Mischform ermöglicht eine individuelle Ausgestaltung des Informationssystems durch das Montieren von Standardkomponenten, wodurch eine bessere

[1] Vgl. Stickel / Groffmann / Rau (1997), S. 435f.

Anpassung an die betrieblichen Rahmenbedingungen erreicht wird und die Vorteile von Standardsoftware erhalten bleiben.[2]

Bei beiden Szenarien, also sowohl bei der Kopplung von Informationssystemen als auch bei der Kommunikation zwischen Softwarekomponenten stellt sich die Frage nach der Ausgestaltung der dafür notwendigen Schnittstellen. In diesem Bereich wurden bisher gerade bei der Funktionsintegration etablierte Konzepte und Technologien wie beispielsweise CORBA oder aber DCOM eingesetzt, die jedoch verschiedene Nachteile aufweisen.[3] Als Nachteile sind hier die eingeschränkte Plattform- und Programmiersprachenunabhängigkeit sowie die genutzten proprietären Protokolle und die damit verbundene Kommunikation über binär kodierte Nachrichten zu nennen, die eine hohe Komplexität sowohl bei der Entwicklung als auch bei der Kopplung von Komponenten und Informationssystemen zur Folge haben.

In diesem Zusammenhang wurde in den letzten Jahren der Begriff des Web Services beziehungsweise der Web Services Architecture (WSA) geprägt. Web Services sind eine konkrete Umsetzung der Service Oriented Architecture (SOA).[4] Die Kernidee bei der Spezifizierung von Web Services besteht darin, die Nachteile bisher etablierter Technologien aufzuweichen und die Vorteile der Konzepte zu vereinigen. Web Services ermöglichen sowohl die Entwicklung von Komponenten, die über genormte Schnittstellen ihre Funktionalitäten offerieren, als auch die Kopplung von Informationssystemen. Somit stehen Web Services als Alternative zu den etablierten Konzepten und Technologien zur Verfügung und ergänzen diese.[5]

Um die große Relevanz von Web Services in Forschung und Praxis zu untermauern, können verschiedene Aspekte angeführt werden. Zum einem sind aus Sicht der Wissenschaft eine zunehmende Anzahl von Workshops und Konferenzen mit dem Themenfokus „Web Services" zu verzeichnen, wodurch die Bedeutung dieser Thematik in diesem Bereich zu erkennen ist.[6] Zum anderen wird das Interesse durch zahlreiche auf Web Services spezialisierte Webseiten und Fachzeitschriften belegt, die sich aufgrund der großen Nachfrage nach Informationen zu dieser Technologiekombination entwickelt haben.[7] Dieses Interesse rührt unter anderen daher, dass große Unternehmen aus dem IT-Bereich wie beispielsweise IBM, Microsoft und SUN an der Weiterentwicklung von Web Services beteiligt sind und sich gemeinsam auf die relevanten Spezifikationen geeinigt haben.[8] Bei der Suche nach aktuell verfügbaren Web Services bieten u. a. die Seiten von XMethods (www.xmethods.net) und Salcentral (www.salcentral.com) einen

---

2 Vgl. Mertens et al. (2003), S. 159f.
3 Vgl. Andresen (2003), S. 255.
4 Vgl. Mohan (2002), S. 1ff.
5 Vgl. Burghardt / Gehrke / Schumann (2003a), S. 45f.
6 Vgl. Buchmann et al. (2002); Chaudhri (2003).
7 Vgl. WebServices.Org (2003); o. V. (2003a).
8 Vgl. Riegen (2004), S. 48ff.

guten Überblick. Sie verzeichnen derzeit ca. 550 Softwarekomponenten auf Basis von Web Services, die in die eigenen Anwendungen eingebunden werden können (Stand: Mai 2004). Eine Bestätigung erfahren Web Services auch durch aktuelle Umfragen von Marktforschungsunternehmen wie IDC und Gartner, die im Bereich der Entwicklung und Modifikation von Softwarekomponenten auf Basis von Web Services einen erheblichen Umsatzanstieg erwarten und ein Marktvolumen von mehreren Milliarden US-Dollar für das Jahr 2007 prognostizieren.[9]

Gerade im Wissenschaftsbereich erfolgte allerdings bisher keine umfassende Abhandlung dieser Thematik. Die bisher verfügbaren Ausarbeitungen beschränken sich auf die Spezifikationen, die durch das W3C standardisiert wurden, sowie einige Fachbücher, die die Grundlagen von Web Services vermitteln, und fallen sehr technologielastig und technologiebeschreibend aus.[10] Genau an dieser Stelle setzt diese Dissertation an, die aus wissenschaftlicher Sicht einen Überblick über Web Services vermittelt und Antworten auf vorhandene Herausforderungen diskutiert. Dazu zählen die technischen Fragestellungen bezüglich der Sicherheits- und der Transaktionsaspekte und die konzeptionellen Fragestellungen bezüglich der Abrechnung und der Komposition von Web Services zu Workflows. Um auch den Praktikern eine guten Einblick zu vermitteln, werden zudem besonders relevante Anwendungsgebiete identifiziert und entsprechende Musteranwendungen vorgestellt, deren Konzepte beziehungsweise konkreten Realisierungen sich auf andere Gebiete übertragen lassen.

Aus dieser Problemstellung und der aufgezeigten Motivation werden im nachfolgenden Abschnitt zentrale Forschungsfragen abgeleitet, die im Rahmen dieser Dissertation beantwortet werden sollen.

1.2 Zentrale Forschungsfragen und Zielsetzung

Die eben skizzierten Sachverhalte begründen das Entstehen dieser Dissertation mit dem Themenfokus Web Services als innovative Technologie- und Protokollkombination. Um die in dem Themenumfeld offenen Fragestellungen zu beantworten, kann diese Arbeit in drei Schwerpunkte aufgeteilt werden, die nachfolgend dargestellt werden.

Der erste Schwerpunkt ermöglicht es dem Leser, ein Grundverständnis der Innovation „Web Services“ zu erlangen. Neben der Etablierung einer für diese Arbeit zweckmäßigen Begriffsdefinition sowie der systematischen Erläuterung der bereits in der Problemstellung aufgezeigten Kernstandards (SOAP, WSDL, UDDI) wird eine Einordnung sowohl in bereits etablierte Konzepte zur Entwicklung von verteilten

[9] Vgl. Picardi / Seymour (2002).
[10] Vgl. Cerami (2002); Chappell / Jewell / Dalheimer (2003); Snell / Tidwell / Kulchenko (2002).

Anwendungen als auch in den Bereich der Middleware vorgenommen. Ergänzend zu diesen Ausführungen werden Schlüsselfaktoren identifiziert, anhand derer sich ein Eignungsprofil für Web Services erstellen lässt.

Der zweite Schwerpunkt zielt auf offene Fragestellungen beim Einsatz von Web Services sowie mögliche Lösungskonzepte für diese Herausforderungen ab. Eine Lösung sowie eine Standardisierung der dafür notwendigen Verfahren und Konzepte können hierbei als essenziell für die weitere Verbreitung und Etablierung von Web Services angesehen werden.

Den dritten Schwerpunkt bilden mögliche Anwendungsgebiete für Web Services, anhand derer ausgewählte Einsatzszenarien diskutiert werden. Dazu werden drei beispielhafte Auswahlkriterien hergeleitet, anhand derer Anwendungsgebiete als geeignet oder ungeeignet klassifiziert werden können.

Aus diesen Ausführungen und den drei Schwerpunkten der Arbeit können vier zentrale Forschungsfragen abgeleitet werden, die im Rahmen dieser Dissertation im Mittelpunkt der Betrachtungen stehen. Diese werden nachfolgend aufgezeigt:

- Forschungsfrage 1: Was sind Web Services und welche Abgrenzungen lassen sich zu verwandten Technologien (verteilte Anwendungsentwicklung, Middleware, etc.) vornehmen?
- Forschungsfrage 2: Welche Basistechnologien werden durch Web Services genutzt, welche Alternativen gibt es für die unterschiedlichen fachlichen Anforderungen bei Web Services und wie funktionieren diese Basistechnologien?
- Forschungsfrage 3: Welche Schwachstellen besitzen Web Services und welche Herausforderungen müssen gelöst werden, damit eine weitere Verbreitung und Etablierung von Web Services gefördert wird? Wie können Lösungskonzepte für diese Fragestellungen aussehen?
- Forschungsfrage 4: Welche Anwendungsgebiete lassen sich für Web Services identifizieren und welche Anwendungen können dort exemplarisch angesiedelt werden?

Wie in der Abbildung 1 dargestellt können die ersten beiden Forschungsfragen dem ersten Schwerpunkt zugeordnet werden. Die dritte Forschungsfrage ist mit dem zweiten Schwerpunkt assoziiert. Die vierte Forschungsfrage wird im dritten Schwerpunkt der Arbeit beantwortet. Der konkrete Aufbau der Arbeit ergibt sich dann aus diesen vier Forschungsfragen.

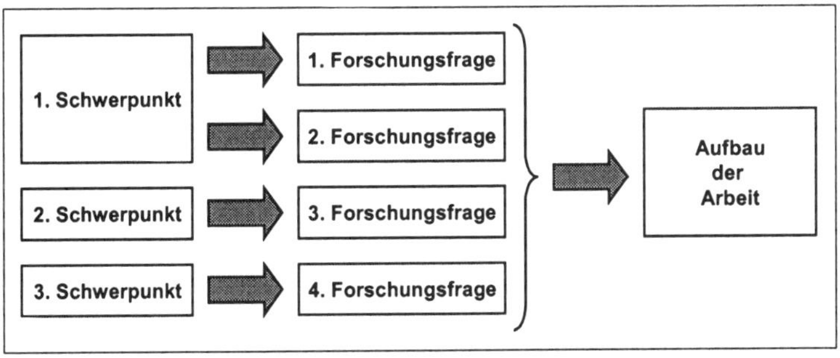

Abbildung 1: Zuordnung der Arbeitsschwerpunkte zu den gewählten Forschungsfragen

Als Ziel dieser Dissertation wird auf der einen Seite die Darstellung der für Web Services relevanten Grundlagen sowohl aus einem konzeptionellen als auch aus technischen Blickwinkeln angestrebt. Diese Ausführungen ermöglichen dem Leser, ein Grundverständnis von Web Services zu erlangen. Auf der anderen Seite sollen jedoch auch Konzepte für die Lösung ausgewählter Fragestellungen vorgestellt und erarbeitet werden. Werden diese beiden Ziele erreicht, so ist eine Beurteilung von Web Services als neue Schnittstellentechnologie möglich. Es kann dann ausgeschlossen werden, dass es sich bei Web Services um eine kurzfristige Modeerscheinung handelt. Neben diesen Zielen sollen aber auch praktische Anwendungsfelder aufgezeigt und dort beispielhafte Anwendungen vorgestellt und diskutiert werden.

1.3 Forschungsmethodik

Im Rahmen dieser Dissertation wird die hypothetisch-deduktive Forschungsmethodik angewendet, um die Ergebnisse herzuleiten beziehungsweise zu entwickeln. Die Zielsetzung dieser Forschungsmethodik besteht darin, bei der Erzielung neuer wissenschaftlicher Ergebnisse Hypothesen als mögliche Antworten auf eine zu untersuchende Problemstellung aufzustellen.[11] Um diese Zielsetzung zu erreichen, wird auf bereits in der Wissenschaft etablierten Theorien aufgesetzt. Diese werden mit entsprechenden Randbedingungen (Prämissen) angereichert, um dann in Verbindung mit der zu untersuchenden Problemstellung die Hypothese deduktiv abzuleiten.[12] Diese abgeleiteten Hypothesen werden jedoch nicht als sichere Erkenntnis bewertet, sondern einer geeigneten empirischen Prüfung unterzogen, deren Ergebnis zur endgültigen Widerlegung der Hypothese bei Nichteintreten der Voraussage oder aber zur vorläufigen

---

[11] Vgl. Kamin (2003), S. 6f.
[12] Vgl. Mittelstraß (1995), S. 290.

Bestätigung der Hypothese bei Eintreten der Voraussage führt.[13] Kann die Hypothese vorläufig bestätigt werden, so hat sich die Hypothese bewährt. Die Hypothese wird allerdings nicht als sichere Erkenntnis angesehen.[14] Um eine weitere Verfeinerung der Hypothese zu erreichen, kann diese hypothetisch-deduktive Forschungsmethodik um einen zyklischen Verfeinerungsprozess erweitert werden. Dabei werden die vorläufig bewährten Hypothesen sukzessiv überarbeitet, indem neue Theorien beziehungsweise veränderte oder erweiterte Rahmenbedingungen genutzt werden, um eine verfeinerte Hypothese zu erstellen. Diese wird dann ebenfalls durch eine geeignete empirische Überprüfung falsifiziert beziehungsweise bewährt sich vorläufig, so dass sich an dieser Stelle der Kreislauf dieses Revisionsprozesses schließt.

In der Abbildung 2 wird dieses im Rahmen dieser Dissertation gewählte hypothetisch-deduktive Forschungsvorgehen visualisiert. Der ergänzte und aufgezeigte Verfeinerungsprozess wird in der Abbildung durch die entsprechenden gestrichelten Pfeile dargestellt.

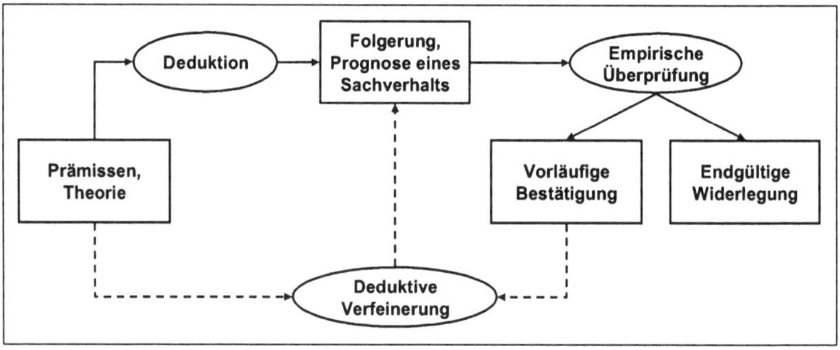

Abbildung 2: Hypothetisch-deduktives Forschungsvorgehen mit deduktiver Verfeinerung

Im Rahmen dieser Dissertation wird das grundlegende und genutzte Theoriegebäude durch die beiden ersten aufgezeigten Forschungsfragen gelegt. Dabei wird in diesem ersten Schwerpunkt auf das Verständnis der Innovation „Web Services“ abgezielt. Aufbauend auf diesem Grundverständnis können dann im Rahmen der dritten Forschungsfrage bestehende Herausforderungen identifiziert werden. Um diese Schwachstellen zu lösen, wird das aufgebaute Theoriegerüst um problemfeldspezifische Sachverhalte sowie entsprechende Prämissen ergänzt, um dann aus diesem Baukasten aus Theorien und Randbedingungen ein Lösungskonzept deduktiv abzuleiten. Dabei wird als mögliche Lösung immer ein Fachkonzept vorgestellt, welches in Bezug auf die Forschungsmethodik die Hypothese darstellt. Diese Hypothese in Form eines Fachkonzepts muss sich nun anhand einer geeigneten empirischen Überprüfung

13 Vgl. Friedrichs (1990), S. 51.
14 Vgl. Dahms (1994), S. 332ff.

vorläufig bewähren. Ansonsten wird das aufgestellte Fachkonzept verworfen beziehungsweise modifiziert. Da eine empirische Überprüfung von Fachkonzepten nicht möglich ist, sind die abgeleiteten Konzepte prototypisch implementiert worden. Werden die Anforderungen durch die Realisierung in Form einer prototypischen Umsetzung der Fachkonzepte an die offenen Fragestellungen erfüllt, so gilt das Fachkonzept und somit die Hypothese als vorläufig bestätigt. Zur Beantwortung der vierten Forschungsfrage werden durch Nutzung des Baukastens aus Theorien und Randbedingungen mögliche Anwendungsgebiete deduktiv abgeleitet und in den Gebieten beispielhafte Anwendungen im Rahmen eines Fachkonzepts etabliert. Um auch die Umsetzbarkeit der Fachkonzepte im Rahmen der Beantwortung dieser vierten Forschungsfrage zu demonstrieren, werden die Fachkonzepte prototypisch realisiert. Im Unterschied zum Vorgehen bei der Beantwortung der dritten Forschungsfrage sind die beispielhaften prototypisch implementierten Anwendungen in Zusammenarbeit mit entsprechenden Praxispartnern entstanden.

1.4 Aufbau der Arbeit

Eine Zusammenführung der aufgezeigten Forschungsfragen und der genutzten Forschungsmethodik führt zum gewählten Aufbau dieser Dissertation, der sich stringent aus diesen beiden Aspekten ergibt. Dabei können die Forschungsfragen fast eindeutig den Kapiteln dieser Arbeit zugeordnet werden.

In Kapitel zwei werden die Grundlagen für die weitere Arbeit gelegt. Dazu wird zuerst eine Definition des Begriffs „Web Services“ erarbeitet sowie die durch Web Services realisierte serviceorientierte Architektur erläutert. Daran anschließend werden kurz die beiden durch Web Services möglichen Kommunikationsparadigmen aufgegriffen und dargestellt sowie eine Einordnung sowohl in bereits etablierte Konzepte zur Realisierung verteilter Anwendung als auch in das Umfeld von Middleware vorgenommen. Die Identifikation von Schlüsselfaktoren sowie die dabei erkennbaren offenen Fragestellungen bei Web Services bilden den nächsten Abschnitt dieses Kapitels. Den Abschluss bilden eine Zusammenfassung und eine Beurteilung.

Neben dem im zweiten Kapitel gelegten eher konzeptionellen Verständnis von Web Services obliegt es dem dritten Kapitel, Web Services aus einem technischen Blickwinkel zu betrachten und ein Basisverständnis der genutzten und etablierten Kernstandards zu schaffen. Um diese Kernstandards geeignet zu systematisieren, wird in Kapitel drei einleitend der umgesetzte Protokollstapel bei Web Services mit den einzelnen fachlichen Anforderungen pro Schicht erläutert und auf das Zwiebelschalenmodell als eine alternative Darstellungsform der fachlichen Anforderungen eingegangen. Daran anschließend wird als Kern die Metasprache XML erläutert, die als Basis für alle Kernstandards bei Web Services genutzt wird. Auf diese Erkenntnisse aufbauend werden für jede weitere Protokollebene zuerst einmal die technischen Alternativen aufgezeigt und dann der etablierte Kernstandard auf dieser Ebene näher betrachtet. Dazu zählen für die Dienstkommunikation das Simple Object Access Protocol (SOAP), für die Dienstbeschreibung die Web Service Description Language (WSDL) sowie für das etablierte Dienstverzeichnis die Spezifikation des Universal Description, Discovery and Integration (UDDI). Da für eine effektive und effiziente Realisierung von Diensten auch Werkzeuge für die Unterstützung der Entwickler zur Verfügung gestellt werden müssen, bildet eine Analyse möglicher Entwicklungswerkzeuge für Web Services den letzten Abschnitt dieses Kapitels vor der Zusammenfassung und einer kurzen Beurteilung.

Kapitel vier beschäftigt sich mit den bereits in Kapitel zwei identifizierten offenen Problempunkten der Sicherheit, der Transaktionalität, der Abrechnung sowie der Komposition von Web Services zu einem Workflow. Eine Lösung dieser Problempunkte würde eine weitere Verbreitung und Etablierung von Web Services fördern. Um eine solche Problemlösung herzuleiten, wird die Problemstellung zu Beginn eines jeden Abschnitts verdeutlicht. Daran anschließend werden bei Bedarf mögliche Organisationsformen aufgezeigt, die zu einer Problemlösung führen können. Im Anschluss an diese einleitenden Abschnitte wird ein Fachkonzept vorgestellt, welches die aufgezeigten Anforderungen umsetzt und auch die Organisationsform berücksichtigt. Für das jeweilige Fachkonzept wird dann anschließend eine mögliche technische Umsetzung diskutiert, die die Realisierbarkeit des Fachkonzepts aufzeigt. Eine Analyse der möglichen praktischen Integration des Lösungsansatzes in den Nutzungsablauf von Diensten sowie eine kurze Zusammenfassung und Beurteilung der aufgezeigten Lösung bilden den Abschluss eines jeden Abschnitts. Das vierte Kapitel schließt mit einer Zusammenführung der vorgestellten Konzepte.

In Kapitel fünf werden zu Beginn im ersten Abschnitt die bereits im zweiten Kapitel aufgezeigten Schlüsselfaktoren für den Einsatz von Web Services in geeigneter Weise zusammengefasst, um dann anhand dieser aggregierten Schlüsselfaktoren die Eignung der ausgewählten Anwendungsgebiete zu begründen. Dabei ist die Wahl auf der einen Seite auf virtuelle Netzwerke als ein mögliches Anwendungsgebiet von Web Services gefallen. Auf der anderen Seite ist in Zusammenarbeit mit der Hochschul-Informationssystem GmbH (HIS) der Einsatz von Web Services zum Verpacken und Bereitstellen von Funktionalitäten von Altsystemen analysiert worden. Bei beiden ausgewählten Anwendungsgebieten ist jeweils eine prototypische Implementierung entstanden, die die Umsetzbarkeit der aufgestellten Konzepte belegt. Eine kurze Beurteilung des jeweiligen Anwendungsgebiets schließt die jeweiligen Abschnitte ab.

Kapitel sechs schließt den Kreis zu den in der Einleitung gestellten Forschungsfragen. In diesem Kapitel werden die wesentlichen Erkenntnisse kurz zusammengefasst und eine Beantwortung der Forschungsfragen vorgenommen. Ein Ausblick auf die weiteren Chancen und Potenziale sowie möglichen Risiken bildet den Abschluss dieser Arbeit.

Der dargestellte Aufbau der Arbeit wird in der Abbildung 3 visualisiert.

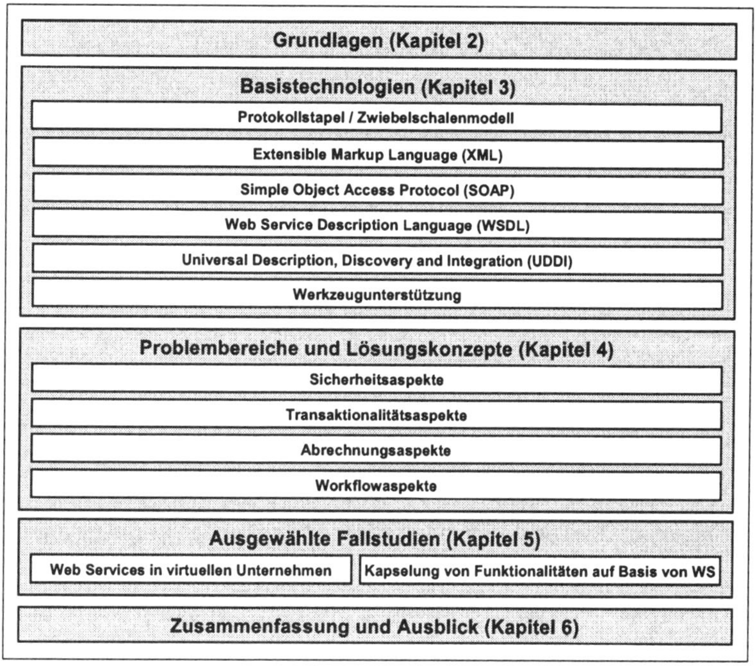

Abbildung 3: Aufbau der Arbeit

2 Grundlagen

Dieses Kapitel erläutert die konzeptionellen Grundlagen, die für ein Verständnis von Web Services benötigt werden. Es wird zunächst eine für diese Arbeit zweckmäßige Begriffsdefinition hergeleitet sowie die durch die Dienste realisierte serviceorientierte Architektur erläutert. Daran anschließend werden die möglichen Kommunikationsparadigmen betrachtet, die bei der späteren Nutzung der Dienste zum Einsatz kommen können. Eine Einordnung in Konzepte zur Realisierung verteilter Anwendungen auf der einen Seite und Middleware auf der anderen Seite zeigt die Unterschiede beziehungsweise die Gemeinsamkeiten von Web Services mit etablierten Konzepten auf. Anschließend werden aus diesen konzeptionellen Grundlagen Schlüsselfaktoren abgeleitet, die als Auswahlkriterien bei der Entscheidung für oder gegen Web Services bei der Entwicklung einer Softwarekomponente und deren Schnittstellen genutzt werden können. Zudem werden Zusatzanforderungen identifiziert, die bisher nicht oder nur ungenügend durch die etablierten Spezifikationen abgedeckt werden und die für eine weitere Verbreitung einer Standardisierung bedürfen. Den Abschluss des Kapitels bilden eine Zusammenfassung und eine Beurteilung.

2.1 Begriffsdefinition

In der Literatur und in diversen Fachzeitschriften zum Thema Web Services verwendet jeder Fachautor seine eigene Begriffsdefinition. Daher sind zahlreiche und unterschiedliche Erklärungen des Begriffs „Web Service" zu finden. Eine einheitliche, konsistente und standardisierte Begriffsbedeutung ist somit nicht existent. Nachfolgend werden zwei Definitionen vorgestellt und daraus eine Arbeitsdefinition dieses Begriffs abgeleitet.[15] Die eine Begriffsbildung stammt vom Standardisierungsgremium W3C, welches bei allen für Web Services relevanten Spezifikationen in den Standardisierungsprozess eingebunden ist beziehungsweise diesen federführend leitet. Eine andere Erläuterung ist aus einem der ersten veröffentlichten Fachbücher zu dieser Thematik von Ethan Cerami entnommen.

---

[15] Vgl. für einen Überblick von verfügbaren Begriffsdefinitionen Jeckle (2002).

Das World Wide Web Consortium (W3C) definiert den Begriff des Web Services wie folgt[16]:

> *"A Web service is a software application identified by a URI, whose interfaces and bindings are capable of being defined, described, and discovered as XML artifacts. A Web service supports direct interactions with other software agents using XML based messages exchanged via internet-based protocols."*

Auf der anderen Seite schlägt Ethan Cerami folgende Definition vor[17]:

> *„A web service is any service that is available over the Internet, uses a standardized XML messaging system, and is not tied to any one operating system or programming language. Although they are not required, a web service may also have two additional properties: A web service should be self-describing and a web service should be discoverable."*

Aus diesen beiden Definitionen lassen sich folgende Eigenschaften für Web Services ableiten. Web Services können als Softwarekomponenten oder unabhängige, modulare Dienste aufgefasst werden, die in sich eine wohldefinierte Funktionalität kapseln und diese über standardisierte Schnittstellen anderen Softwarekomponenten oder Anwendungen zur Verfügung stellen.[18] Durch diese Standardisierung der Schnittstellen ergibt sich die Möglichkeit der losen Kopplung von Web Services untereinander beziehungsweise von Web Services und anderen Anwendungen.[19] Die Nutzer können die Softwarekomponenten ohne Probleme austauschen, wenn sich die Schnittstellensignatur der Dienste nicht unterscheidet. Durch das Kapseln der Implementierung hinter einer standardisierten Schnittstelle wird eine Umsetzung auf allen Plattformen und unter jeder Programmiersprache ermöglicht (Separation of Concerns).[20] Ein Dienst kann immer über die zugeordneten Verbindungsendpunkte identifiziert werden. Die Verbindungsendpunkte sind in der Lage, Nachrichten zu empfangen, diese zu verarbeiten und optionale Antwortnachrichten zu erzeugen.[21] Zur Bezeichnung der Verbindungsendpunkte dienen bei Web Services Uniform Resource Identifier (URI).[22]

Die Dienste auf Basis von Web Services sind darüber hinaus selbstbeschreibend, da die bereitgestellten Funktionalitäten und die zur Nutzung notwendige Schnittstellensignatur in Form von XML-Dokumenten zur Verfügung gestellt werden.[23] Auf Basis dieser

---

[16] Vgl. Austin et al. (2002).
[17] Vgl. Cerami (2002), S. 3f.
[18] Vgl. Beimborn / Weitzel (2003), S. 1361.; Bettag (2001), S. 302ff.
[19] Vgl. Hofmann (2003), S. 28.; Knuth (2002), S. 67ff.
[20] Vgl. Hoidn / Jungclaus (2002), S. 33.; Knuth (2002), S. 12.
[21] Vgl. Chappell / Jewell / Dalheimer (2003), S. 80.
[22] Vgl. Austin et al. (2002).
[23] Vgl. Beimborn / Weitzel (2003), S. 1361.

Dokumente ist es einem Nutzer möglich, einen Web Service in das entsprechende Anwendungsumfeld einzubinden beziehungsweise zu integrieren.[24] Die Suche nach Web Services und letztendlich ihre Nutzung basiert jeweils auf Basisstandards, die auf der Metasprache XML und etablierten Internettechnologien wie beispielsweise TCP/IP und HTTP aufsetzen. Web Services übernehmen die Eigenschaften der Plattform- und Programmiersprachenunabhängigkeit von der Metasprache XML und basieren nicht auf proprietären sondern etablierten offenen Protokollen.[25] Somit werden die im vorigen Abschnitt aufgezeigten Eigenschaften verstärkt, da sowohl auf jeder Plattform als auch in jeder Programmiersprache Funktionalitäten für die Nutzung von TCP/IP und HTTP sowie XML vorgehalten werden. Web Services erreichen einen hohen Grad an Interoperabilität, wodurch eine plattformübergreifende Integration in IV-Systeme sowie die Integration heterogener IV-Systeme selbst vereinfacht und ermöglicht wird.[26] Die Dienste können prinzipiell von jedem digitalen Endgerät aus verwendet werden und besitzen daher einen gewissen Grad an Ubiquität.[27] Diese Eigenschaften fördern auch die Verbreitung und Nutzung von Web Services.[28]

Im Gegensatz zu dieser eher technischen Sichtweise auf die Innovation können Web Services auch aus einer ökonomischen Sicht als gekapselte und modulare Geschäftsanwendungen (Business Units) angesehen werden. Web Services ermöglichen also den Vertrieb von digitalen Dienstleistungen über Netzwerke und setzen dabei auf standardisierte Schnittstellen auf Basis der Metasprache XML.[29] Dabei wird als digitale Dienstleistung eine einzelne Funktion oder aber ein Bündel von Funktionen eines Geschäftsprozesses und somit eine fest definierte Geschäftsprozessfunktionalität angeboten.[30] Die Funktionalität selbst wird in einem isolierten Modul realisiert. Dadurch ist es möglich, diese Funktionalität direkt in verschiedene Anwendungssysteme zu integrieren, zu nutzen und eine Wiederverwendbarkeit der gekapselten Geschäftsprozessfunktionalität zu erreichen. Beteiligt sind in diesem Einsatzszenario also der Dienstanbieter, der die digitale Dienstleistung anbietet, und der Dienstnutzer, der die Funktionalität einbindet. Als Dienstnutzer tritt in der Regel der Betreiber eines Anwendungssystems in Erscheinung, dem Endanwender gegenüber erscheint das System transparent. Dem Endanwender ist nicht bewusst, dass ein Teil der Systemfunktionalitäten durch das Anwendungssystem als digitale Dienstleistung von einem Dienstanbieter konsumiert wird. Die angebotenen digitalen Dienstleistungen beziehungsweise Geschäftsprozessfunktionalitäten können dabei entweder einzeln verwendet oder

---

24 Vgl. Hoidn / Jungclaus (2002), S. 32.
25 Vgl. Silberberger (2003), S. 61.
26 Vgl. Küster (2003), S. 5f.
27 Vgl. Wojciechoski / Weinhardt (2002), S. 102.
28 Vgl. Snell / Tidwell / Kulchenko (2002), S. 6ff.
29 Vgl. Boles / Schmees (2003), S. 385.
30 Vgl. Silberberger (2003), S. 59f.

zu komplexen Geschäftsabläufen zusammengefügt werden.[31] In diesem Zusammengang wird dann von so genannten Super Services gesprochen.[32] Durch dieses Angebot von digitalen Dienstleistungen können die Informationsflüsse innerhalb aber insbesondere auch außerhalb der Unternehmensgrenzen verbessert werden, da der Dienstnutzer unmittelbar die angebotene digitale Dienstleistung in die vorhandene IT-Landschaft oder einen Geschäftsprozess integrieren kann.[33] Web Services schaffen somit eine Möglichkeit, verteilte Systeme zu planen, zu realisieren und zu betreiben.

Diese Ausführungen werden nachfolgend durch ein kurzes Beispiel veranschaulicht. Als Dienstanbieter tritt ein Dienstleister in Erscheinung, der Seminare ausrichtet und durchführt. Dieser Dienstanbieter offeriert als digitale Dienstleistung die Buchung von Seminaren inklusive optionaler Sonderleistungen (beispielsweise Hotelunterkunft und Transport zum Tagungsort) und bietet diese als Web Service an. Der Dienstnutzer tritt in diesem Szenario als Betreiber eines Anwendungssystems in Erscheinung und bietet den potenziellen Seminarteilnehmern neben der Suche nach Seminaren die Buchung von ausgewählten Seminaren an. Um die Buchung des Seminars durchzuführen, realisiert der Dienstnutzer die dafür notwendige Geschäftsprozessfunktionalität der Buchung des Seminars mit Sonderleistungen nicht selbst, sondern greift auf die durch den Dienstanbieter angebotene Geschäftsprozessfunktionalität zurück. Der Web Service wird in das Anwendungssystem eingebunden und bei Bedarf aktiviert. Der Seminarteilnehmer selbst kommuniziert direkt mit dem Anwendungssystem des Dienstnutzers und führt über dieses System die Buchung des Seminars aus. Das der Geschäftsprozess der Seminarbuchung nicht direkt durch das System, sondern über ein eingebundenes Modul des Dienstanbieters abgewickelt wird, bleibt dem Endanwender verborgen. Eine direkte Kommunikation zwischen dem Endanwender und dem Dienstanbieter findet nicht statt. Die Abbildung 4 visualisiert dieses Beispiel der Nutzung einer digitalen Dienstleistung.

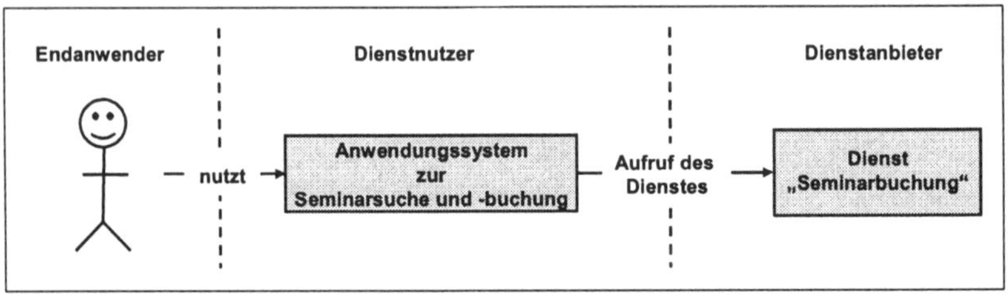

Abbildung 4: Beispiel einer Nutzung einer digitalen Dienstleistung

Nachfolgend werden die wichtigsten Eigenschaften von Web Services spiegelstrichartig nochmals hervorgehoben. Web Services als Dienste

31 Vgl. Kreger (2001), S. 6.
32 Vgl. Chappell / Jewell / Dalheimer (2003), S. 5ff.
33 Vgl. Fessenbecker (2002), S. 47.; Hars / Schlüter-Langdon (2002), S. 16f.

- sind Softwarekomponenten, die eine wohldefinierte Funktionalität kapseln,
- sind plattform- und programmiersprachenunabhängig realisier- und nutzbar,
- sind über standardisierte Schnittstellen aktivierbar, die über den zugeordneten Verbindungsendpunkt angesprochen werden können, und ermöglichen dadurch die lose Kopplung von Diensten,
- nutzen als Übertragungsprotokolle standardisierte und etablierte Internetprotokolle,
- nutzen die Metasprache XML für die Gestaltung der Nachrichtenstruktur,
- sind in Bezug auf die Schnittstelle selbstbeschreibend, wobei die Beschreibung ebenfalls durch Nutzung der Metasprache XML und damit in Form eines XML-Dokuments erfolgt und
- sind auffindbar, wenn der Dienstanbieter sie in einer geeigneten Form veröffentlicht hat.

2.2 Architekturmodell

Bei dem durch Web Service realisierten Architekturmodell handelt es sich um die konkrete Umsetzung der bereits seit Anfang der 70er Jahre diskutierten serviceorientierten Architektur (Service Oriented Architecture, SOA), die auch teilweise heutzutage noch als neues Paradigma im Rahmen der verteilten Anwendungsentwicklung angesehen wird.[34] Dabei zeichnen sich serviceorientierte Architekturen durch verteilte Softwarekomponenten aus, die eine spezielle Dienstleistung zur Verfügung stellen und die lose miteinander gekoppelt werden können. Die Kommunikation erfolgt über Netzwerke, vorzugsweise über das Internet, und basiert auf offenen Standards.[35] Innerhalb dieser Architektur werden die drei Rollen des Dienstanbieters, des Dienstnutzers und des Dienstmaklers unterschieden, die untereinander interagieren und Nachrichten austauschen. Als Synonym für „Rolle“ kann auch der Begriff des Akteurs verwendet werden. Zentrale Bestandteile bei der Interaktion der drei beteiligten Parteien sind auf der einen Seite der Dienst (Service) und auf der anderen Seite die Dienstbeschreibung.[36] In der Abbildung 5 werden die drei Rollen, die Interaktionen zwischen den Rollen sowie die zentralen Bestandteile dieser Architektur grafisch veranschaulicht.

---

34 Vgl. Mohan (2002), S. 1ff.; Gisolfi (2001a).
35 Vgl. Hoidn / Jungclaus (2002), S. 33.; Schoder / Fischbach / Teichmann (2002), S. 103.
36 Vgl. Beimborn / Weitzel (2003), S. 1362.; Gottschalk et al. (2002), S. 170ff.; Rieck et al. (2003), S. 294ff.; Stevens (2002a); Stevens (2002b).

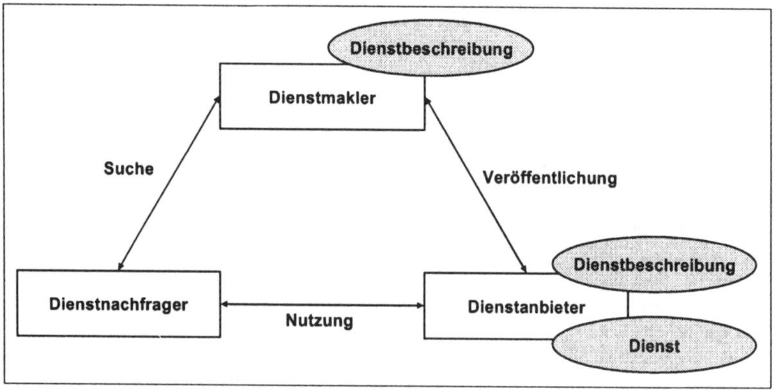

Abbildung 5: Architekturmodell für Web Services

Den drei Rollen des Architekturkonzepts lassen sich die folgenden Aufgaben zuordnen, wobei bei jeder Rolle eine fachliche, eine technische und eine geschäftsorientierte Betrachtungsperspektive dargestellt wird:[37]

- **Dienstanbieter**: Der Dienstanbieter (Service Provider) stellt einen bestimmten Dienst zur Verfügung und beschreibt und annonciert diesen. Der Dienstanbieter übernimmt somit aus der fachlichen Perspektive die Konzeption des Dienstes selbst. Darüber hinaus ist der Dienstanbieter aus technischer Sicht für die Umsetzung des Moduls sowie den Betrieb und die Wartung des Dienstes und der Dienstplattform verantwortlich. Aus einem geschäftsorientierten Betrachtungspunkt ist der Dienstanbieter der Eigentümer des Moduls, der eine bestimmte Funktionalität beziehungsweise Geschäftslogik zur Verfügung stellt, und der Betreiber der Dienstplattform.

- **Dienstnachfrager**: Der Dienstnachfrager (Service Requestor) nutzt den Dienst, indem er ihn in seine Geschäftsprozesse und seine Anwendungen integriert. Aus technischer Sicht handelt es sich um eine Anwendung, die den Dienst aufruft oder mit ihm interagiert. Dabei ist es unerheblich, ob der Dienst direkt durch eine andere Anwendung genutzt oder aber die Funktionalität über eine Benutzerschnittstelle angesprochen wird. Im Rahmen der geschäftsorientierten Perspektive stellt der Nachfrager also den Konsumenten des Dienstes dar.

- **Dienstmakler**: Der Dienstmakler (Service Registry) ermöglicht aus der fachlichen Sicht die Speicherung der Dienstbeschreibungen in einem zentralen Verzeichnis. Darüber hinaus ermöglicht der Dienstmakler dem Dienstanbieter die

[37] Vgl. Cerami (2002), S. 9ff.; Kreger (2001), S. 7f.; Rieck et al. (2003), S. 294f.; Silberberger (2003), S. 63ff.; Snell / Tidwell / Kulchenko (2002), S. 5ff.; Gisolfi (2001b).

Aktualisierung der hinterlegten Informationen sowie dem Dienstnutzer die Suche nach entsprechenden Diensten. Zudem kann der Dienstnutzer durch den Dienstmakler eine Referenz auf die Beschreibung der Dienste erhalten. Um die Suche nach diesen Beschreibungen möglichst performant und flexibel zu gestalten, können die Dienste und die Dienstanbieter optional anhand von Metadaten kategorisiert werden. Durch diese Kategorisierung werden verschiedene Sichten auf die Dienste und deren Beschreibungen ermöglicht beziehungsweise die Suche nach bestimmten Diensten vereinfacht. Diese abgelegten Dienstbeschreibungen können dann durch den Dienstnachfrager bei der Suche inspiziert werden.[38] Aus der technischen Perspektive handelt es sich um eine Anwendung, welche die für den Dienst zugrunde liegenden fachlichen Anforderungen umsetzt. Aus der geschäftsorientierten Perspektive handelt es sich um ein Unternehmen, welches diese Suchdienste und die Ablagefunktionalitäten zur Verfügung stellt. Somit wird durch das Verzeichnis und den zugehörigen Betreiber eine Art Vermittleraufgabe zwischen dem Dienstanbieter und dem Dienstnachfrager übernommen.[39]

Die Interaktion zwischen den drei aufgezeigten Rollen kann unter den Aufgaben der Veröffentlichung, der Suche und der Nutzung zusammengefasst werden, die nachfolgend näher erläutert werden:[40]

- **Veröffentlichung**: Damit eine Nutzung des Dienstes möglich wird, muss der Anbieter die Dienstbeschreibung dem Dienstnutzer zukommen lassen. Dazu veröffentlicht er diese Beschreibung beim Dienstmakler, über den der Dienstnachfrager diese Informationen bezieht. Neben diesem indirekten Weg der Veröffentlichung, der auch als dynamische Veröffentlichung bezeichnet wird, kann der Dienstanbieter aber direkt den Dienstnachfrager über die Dienstbeschreibung informieren, falls dieser bekannt ist. Dieser direkte Weg der Veröffentlichung wird als statische Veröffentlichung des Dienstes bezeichnet. In diesem Zusammenhang wird ebenfalls die Komplementärfunktion der Löschung der Veröffentlichung eingegliedert, die anfällt, wenn ein Dienstangebot durch den Dienstanbieter zurückgezogen wird.

- **Suche**: Die Operation der Suche fällt nur im Rahmen der dynamischen Veröffentlichung der Dienste an. Dabei durchsucht der Dienstnutzer die beim Dienstmakler durch die Dienstanbieter in einem Dienstverzeichnis abgelegten Dienstbeschreibungen. Die Suche wird durch die Kategorisierung der

---

38 Vgl. Seely (2002), S. 197ff.; Snell / Tidwell / Kulchenko (2002), S. 5 u. 105ff.
39 Vgl. Langner (2003), S. 76f.
40 Vgl. Beimborn / Mintert / Weitzel (2002), S. 277f.; Bettag (2001), S. 302ff.; Schoder / Fischbach / Teichmann (2002), S. 103.; Kreger (2001), S. 8.

Beschreibungen erleichtert. Bei einer erfolgreichen Suche bezieht der Dienstnachfrager dann die Dienstbeschreibung beziehungsweise einen Verweis auf dieselbige, die alle notwendigen technischen Informationen für die Dienstnutzung beinhaltet. Diese Phase der Interaktion entfällt, wenn der Dienstanbieter sich für die statische Veröffentlichung des Dienstes entscheidet.

- **Nutzung**: Durch die vom Dienstmakler (indirekte Information) oder vom Dienstanbieter (direkte Information) erhaltene Dienstbeschreibung besitzt der Dienstnachfrager nun alle notwendigen technischen Informationen, um den Dienst in die eigene IT-Landschaft einzubinden und ihn zu nutzen. Diese Interaktion wird als Dienstkommunikation bezeichnet.

Wesentliche Bestandteile dieser Architektur sind somit auf der einen Seite der Dienst, der wie bereits angeführt ein Softwaremodul darstellt, dessen Funktionalität und dessen Schnittstellen durch die Dienstbeschreibung spezifiziert werden. Die zentrale Anforderung an diese Softwarekomponente ist deren Erreichbarkeit durch den Nachfrager über ein Netzwerk. Darüber hinaus ist es möglich, den Dienst aufgrund der standardisierten Schnittstellen lose mit anderen Anwendungen oder Komponenten zu koppeln. Um eine Lokalisierung zu ermöglichen, werden das Softwaremodul selbst und die dazugehörige Dienstbeschreibung durch den Anbieter statisch oder dynamisch veröffentlicht.[41] Durch diese Architektur wird somit eine Trennung der Schnittstellenbeschreibung und der konkreten Implementierung des Dienstes erreicht. Auf der anderen Seite bildet die Dienstbeschreibung einen zentralen Bestandteil, auf deren Basis Informationen über die Komponente wie die Schnittstellenspezifikation, genutzte Datentypen und Bindungsinformationen sowie die Netzwerkadresse übermittelt werden. Darüber hinaus kann die Beschreibung Zusatzinformationen, beispielsweise für eine mögliche Kategorisierung, enthalten. Diese wesentlichen Bestandteile werden in der Literatur auch als Web Service Artefakte bezeichnet.[42]

Aus diesen Ausführungen lässt sich nun ein Lebenszyklus für einen Web Service ableiten, in dem jeder Akteur spezifische Aufgaben übernimmt. Dabei lassen sich die vier Phasen der Erstellung, der Veröffentlichung, der Nutzung und der Verwaltung des Web Services unterscheiden. Zu Beginn wird der Dienst in der Phase der Erstellung (Build) durch den Anbieter konzipiert und technisch umgesetzt. Durch den Dienstanbieter wird zudem eine Beschreibung verfasst. In der daran anschließenden Phase der Veröffentlichung (Deploy) wird der Dienst beim Dienstmakler registriert. Der Dienstnachfrager informiert sich in der Nutzungsphase (Run) beim Makler beziehungsweise direkt beim Anbieter über die angebotenen Dienste, bezieht die Beschreibung und kann auf deren Basis das Softwaremodul einbinden und nutzen. Am Ende der Laufzeit eines

[41] Vgl. Chappell / Jewell / Dalheimer (2003), S. 7ff.
[42] Vgl. Kreger (2001), S. 8.

Dienstangebotes kann der Dienstanbieter den Dienst zurückziehen, indem er die Veröffentlichung rückgängig macht und optional die Nutzer über diesen Schritt informiert. Parallel zur Nutzungsphase des Dienstes findet durch den Anbieter die Verwaltung des Dienstes (Manage) statt. In dieser Phase wird beispielsweise die Verfügbarkeit sichergestellt sowie optional die Weiterentwicklung des Dienstes betrieben. Dieser Lebenszyklus ist in der Abbildung 6 dargestellt.[43]

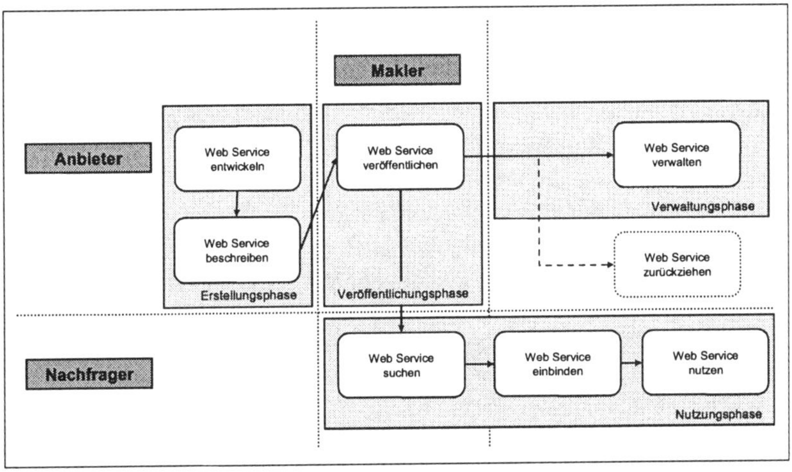

Abbildung 6: Lebenszyklus eines Web Services

Innerhalb des Lebenszyklus erfolgt die gesamte Interaktion zwischen den drei beteiligten Rollen sowie die Nutzung des Dienstes über standardisierte Schnittstellen, die über ein Netzwerk angesprochen, dynamisch gefunden und eingebunden werden können.[44] Somit kann dieses Architekturkonzept als eine Weiterentwicklung des traditionellen Client-Server-Konzepts gesehen werden.[45]

2.3 Kommunikationsparadigmen

Der im letzten Abschnitt aufgezeigte Kommunikationsbedarf zwischen den drei beteiligten Rollen wird in der Regel auf Basis entfernter Methodenaufrufe, so genannter Remote Procedure Calls, abgewickelt. Jedoch ist es auch möglich und durch das Architekturmodell nicht ausgeschlossen, eine nachrichtenorientierte Kommunikation zwischen den Rollen zu nutzen. Da für die Kommunikation von Web Services in diesem Architektur-

---

43 Vgl. Burghardt / Gehrke / Schumann (2003b), S. 72f.; Rawolle / Burghardt (2002), S. 40ff.; Jeckle (2002).
44 Vgl. Löwer / Picot (2002), S. 21ff.
45 Vgl. Sleeper / Robins (2002), S. 8ff.

modell prinzipiell beide Kommunikationsparadigmen angewendet werden können und diese die Basis für ein Verständnis des Kommunikationsablaufs der Dienste bilden, ist eine Einführung unabdinglich. Daher werden nachfolgend beide Konzepte kurz erläutert. Im Fall von Web Services werden die relevanten Nutzinformationen in den Nachrichten bei der Realisierung der Kommunikationsparadigmen durch entsprechend strukturierte XML-Dokumente abgebildet.

Remote Procedure Call / Remote Method Invocation

Der Remote Procedure Call (RPC) ist in der Informatik bereits seit Anfang der achtziger Jahre bekannt.[46] Er stellt einen Mechanismus dar, der das Aufrufen von Funktionen erlaubt, die sich auf dem gleichen oder auf einem entfernten Netzwerkknoten befinden können. Dabei sind RPCs gerade bei der Entwicklung von verteilten Anwendungen relativ weit verbreitet, da der entfernte Funktionsaufruf dem Aufruf einer lokalen Funktion bei Verwendung einer höheren Programmiersprache ähnelt.[47] Remote Procedure Calls stellen ein sehr systemnahes Konzept zur Funktionsintegration dar.[48] Um der zunehmenden Nutzung von objektorientierten Programmiersprachen Rechnung zu tragen, ist der Mechanismus des entfernten Funktionsaufrufs angepasst worden und wird im objektorientierten Umfeld nun als Remote Method Invocation (RMI) bezeichnet. RMI ermöglicht den entfernten Methodenaufruf anderer Objekte.[49] Die Unterschiede zwischen RPC und RMI sind jedoch minimal, so dass nachfolgend keine Unterscheidung der beiden Konzepte vorgenommen wird.

Bei RPC und auch bei RMI werden die entfernten Aufrufe in Request- und Reply-Nachrichten im Sinne des Client-Server-Kommunikationsmodells gekapselt. Dabei läuft der entfernte Methodenaufruf wie folgt ab. Der aufrufende Prozess sendet eine Anfragenachricht (Request-Nachricht), die den entfernten Funktionsaufruf kapselt, über das Netzwerk an den entfernten Prozess. Dabei enthält die Nachricht neben den Funktionsnamen die notwendigen Parameter, die für den erfolgreichen Aufruf der Funktion benötigt werden. Der aufgerufene Prozess verarbeitet die Anfrage und generiert eine geeignete Antwortnachricht (Reply-Nachricht). Diese wird zum aufrufenden Prozess übermittelt, der auf die Antwortnachricht wartet und somit während der Bearbeitungsdauer der Anfrage durch den aufgerufenen Prozess blockiert ist. Der Informationsaustausch sowie das Nachrichtendesign werden durch eine spezielle RPC-Middleware realisiert, die für den Anwender Application Programming Interfaces (APIs) bereitstellt.[50]

---

[46] Vgl. Badach / Rieger / Schmauch (2003), S. 312f.
[47] Vgl. Birrell / Nelson (1984), S. 39ff.
[48] Vgl. Kurbel et al. (1995), S. 449f.
[49] Vgl. Coulouris / Dollimore / Kindberg (2002), S. 203f.
[50] Vgl. Haase (2001), S. 8ff.

Das API ermöglicht einen Zugang auf die durch die RPC-Middleware gekapselten Funktionalitäten über eine abstrakte Schnittstelle. In der Abbildung 7 wird dieser Ablauf grafisch veranschaulicht.

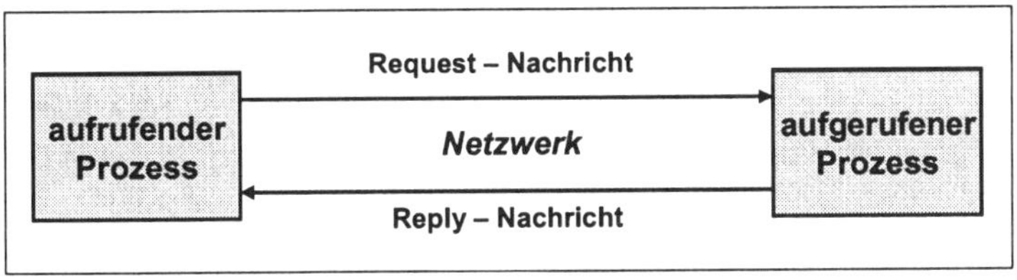

Abbildung 7: Grundprinzip des Remote Procedure Calls (RPC)

Prinzipiell kann neben dem hier vorgestellten synchronen Funktionsaufruf, der in der Praxis in den meisten Fällen Anwendung findet, auch ein asynchroner beziehungsweise ein asynchron gepufferter Funktionsaufruf erfolgen. Beim asynchronen Funktionsaufruf führt der aufrufende Prozess nach Übermittlung der Anfrage-Nachricht weitere Aktionen auf, ohne auf die Antwort des aufgerufenen Prozesses zu warten. Beide Prozesse arbeiten also parallel. Die Antwortnachricht wird dem aufrufenden Prozess dann über ein Ereignis zurückgemeldet. Beim asynchronen gepufferten Methodenaufruf werden die Nachrichten in einem Puffer abgelegt, der von den beteiligten Prozessen in regelmäßigen Abständen nach neuen Nachrichten abgefragt wird.[51]

Während der synchrone RPC das Grundprinzip eines entfernten Funktionsaufrufs beinhaltet, stellen die letzteren beiden Formen Erweiterungen des Grundprinzips dar, die aus den Anforderungen nach mehr Flexibilität und Effizienz an das diskutierte Kommunikationsparadigma entstanden sind.

Message Oriented Middleware (MOM)

Im Gegensatz zum Remote Procedure Call (RPC) kommunizieren die Prozesse bei der Message Oriented Middleware (MOM) ebenfalls über den Austausch von Nachrichten miteinander, jedoch beinhalten diese Nachrichten neben Spezifikationen und Übergabeparametern zu der auszuführenden Methode noch weitere Informationen und Daten wie beispielsweise Kontextinformationen und Kontrollinformationen. Spezielle MOM-Middleware stellt analog zum Remote Procedure Call dem Anwender Application Programming Interfaces (APIs) zur Verfügung, die sich um den Nachrichtentransfer zwischen den beteiligten Prozessen kümmern.[52]

---

[51] Vgl. Hansen / Neumann (2001), S. 167ff.
[52] Vgl. Britton (2001), S. 34f.

Das Nachrichtendesign obliegt dem Anwender selbst und wird nicht durch vorgehaltene Funktionalitäten innerhalb der Middleware geregelt. Dadurch ist MOM hinsichtlich des Nachrichtenlayouts nicht beschränkt und sehr flexibel, da diese Aufgabe durch den Anwender umgesetzt wird. Beim RPC wird hingegen das Nachrichtenlayout auf eine feste Struktur eingeschränkt und durch die entsprechende Middleware dem Anwender gegenüber verschattet. Dies führt zu einer Einschränkung bezüglich der Flexibilität des Nachrichtenlayouts. Somit ergibt sich in diesem Freiheitsgrad im Nachrichtenlayout auch der Hauptunterschied zwischen RPC und MOM.

Analog zum RPC wird durch MOM auch neben der direkten und somit synchronen Kommunikation eine indirekte und asynchrone Kommunikation über Warteschlangen ermöglicht. Diese Warteschlange empfängt die Nachricht und speichert diese zwischen, bis der adressierte Prozess zur Verarbeitung bereit ist. Dadurch wird die Blockierung des sendenden Prozesses bis zum Erhalt der Antwortnachricht vom adressierten Prozess vermieden. Die Warteschlange wird durch einen so genannten Warteschlangenmanager (queue manager) verwaltet.[53]

2.4 Einordnung von Web Services in verwandte Konzepte

In den vorigen Abschnitten wird eine konzeptionelle Einführung zu Web Services als eine neue Art der Realisierung von Softwarekomponenten und somit für die Entwicklung von verteilten Anwendungen gegeben. Allerdings konkurrieren Web Services bei der Realisierung von verteilten Anwendungen mit bereits etablierten Konzepten wie beispielsweise der Common Object Request Broker Architecture (CORBA), Suns Java RMI sowie dem Distributed Common Object Model (DCOM) von Microsoft. Daher wird nachfolgend eine Abgrenzung dieser Konzepte untereinander vorgenommen, um die Gemeinsamkeiten und Unterschiede von Web Services zu diesen etablierten Konzepten aufzuzeigen. Da Web Services auch die Integration von Funktionalitäten in Anwendungssysteme ermöglichen und somit den Aspekt der Funktionsintegration fokussieren, wird ebenfalls eine Einordnung von Web Services in das Umfeld von Middleware vorgenommen. Dabei wird sich zeigen, dass Web Services nicht als eine neue Art von Middleware bezeichnet werden können, sondern lediglich eine neue Umsetzungsform darstellen. Den nachfolgenden beiden Abschnitten obliegt es, diese Aufgaben zu lösen und eine Abgrenzung zu etablierten Konzepten zur Realisierung von verteilten Anwendungen sowie eine Einordnung in das Umfeld von Middleware vorzunehmen.

---

[53] Vgl. Simon (1996), S. 60ff.

2.4.1 Web Services und Architekturen für verteilte Systeme

Web Services bieten die Möglichkeit, verteilte Systeme zu realisieren. Allerdings gehen dabei die Meinungen bezüglich der Eignung dieser Innovation in diesem Aufgabengebiet weit auseinander. So sprechen einige Autoren von einem Paradigmenwechsel während andere Web Services als eine Modeerscheinung bezeichnen.[54]

Zu den etablierten Architekturen, die ebenfalls die Realisierung von verteilten Anwendungen gestatten, zählen die Common Object Request Broker Architecture (CORBA), Suns Java RMI sowie das Distributed Common Object Model (DCOM) von Microsoft. Diese drei Konzepte sollen nun der Innovation „Web Services" gegenübergestellt werden.

Common Object Request Broker Architecture (CORBA)

Die Grundlage für die Spezifikation der Common Object Request Broker Architecture bildet der Object Request Broker (ORB). Der ORB stellt eine Infrastruktur für die Kommunikation und Lokalisierung verteilter Objekte bereit. Federführend ist an der Entwicklung die Object Management Group (OMG) beteiligt gewesen, die neben der Spezifikation des ORB auch die Spezifikation der Object Management Architecture (OMA) verabschiedet hat. Dabei beschränkt sich die OMA lediglich auf die Erarbeitung von Spezifikation und Rahmenbedingungen, die durch konkrete Produkte abgebildet werden müssen.[55]

Die beiden verabschiedeten Spezifikationen CORBA und OMA der OMG verhalten sich komplementär zueinander. CORBA ermöglicht die Kommunikation zwischen verteilten Objekten und bildet somit die Grundlage für die OMA. Zentrales Element der CORBA Spezifikation ist der ORB, der als Vermittlungszentrale zwischen den beteiligten Objekten dient und die Kommunikationsabwicklung übernimmt.[56] Die Interaktion der Objekte mit dem ORB erfolgt über ein Application Programming Interface (API), das für beliebige Programmiersprachen zur Verfügung steht. Jedes Objekt wird mittels einer weltweit eindeutigen Interoperable Object Reference (IOR) durch den ORB identifiziert und kann darüber angesprochen werden. Der ORB kapselt gegenüber dem Objekt die Spezifika der genutzten Hardware, des Betriebssystems sowie des Netzwerkprotokolls.[57] Dabei werden die Objekte durch eine Schnittstelle, die durch die Interface Definition Language (IDL) beschrieben wird, vom ORB separiert.[58] Die Schnittstellenbeschreibung in Form

---

[54] Vgl. Chappell / Jewell / Dalheimer (2003), S. 9f.; Riegen (2004), S. 48f.
[55] Vgl. Steckermeier (2001), S. 31.
[56] Vgl. Balen / Elenko (2000), S. 5f.; Mahmoud (2000), S. 153f.; Tanenbaum / Steen (2002), S. 495.
[57] Vgl. Hartmann et al. (2003), S. 176ff.
[58] Vgl. Merz (2002), S. 318ff.

einer IDL lässt sich unter Anwendung eines IDL-Compilers in jede beliebige Programmiersprache überführen.[59] Die Kommunikation der ORBs untereinander sowie der Objekte mit dem ORB erfolgt über das Internet Inter-ORB Protocol (IIOP) und somit über ein spezielles standardisiertes Protokoll. Die Übertragung der Daten zwischen den Objekten erfolgt in binärer Form (Common Data Representation, CDR).[60]

Die OMA bildet die Grundlage für unternehmensweite komplexe Anwendungen und baut auf der Spezifikation von CORBA auf, die die technischen Grundlagen der OMA abbildet. Die OMA stellt somit ein Rahmenwerk dar und umfasst neben den anwendungsspezifischen Applikationsobjekten CORBA-Services und CORBA-Facilities. CORBA-Services umfassen Dienste, die die grundlegende Funktionalität des ORB's erweitern, jedoch trotzdem generisch genug sind, um von verschiedenen Applikationsobjekten verwendet werden zu können (z. B. Sicherheit, Transaktionsmanagement, Namensservice). Die CORBA-Facilities dagegen erweitern den ORB um Funktionalitäten spezieller Anwendungsgebiete wie etwa der Telekommunikationsbranche.[61] Die Abbildung 8 stellt die OMA grafisch dar.[62]

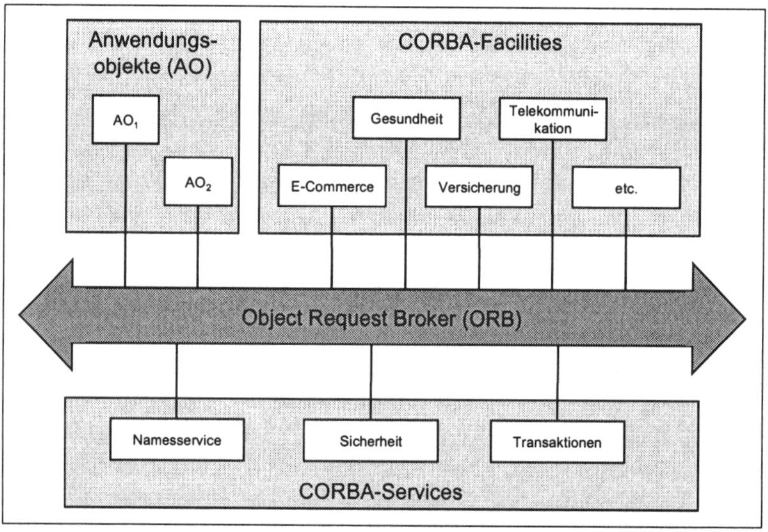

Abbildung 8: Object Management Architecture (OMA)

59 Vgl. Krüger / Reschke (2002), S. 238ff.
60 Vgl. Müller-Stewens / Eymann / Kreutzer (2003), S. 147.
61 Vgl. ; Krüger / Reschke (2002), S. 235ff.; Siegel (1999), S. 120ff.; Tanenbaum / Steen (2002), S. 495.
62 Vgl. Merz (2002), S. 320.

Java RMI

Java Remote Method Invocation (Java RMI) ist von Sun Microsystems entwickelt worden und dient als Infrastruktur für die Entwicklung verteilter Anwendungen auf Basis der Programmiersprache Java.[63] Dabei ermöglicht RMI die Kommunikation von verteilten Objekten. Für die Übertragung der relevanten Informationen zwischen den Objekten ist eine Vielzahl von Objektprotokollen denkbar, jedoch beschränkt sich Java RMI in der Praxis auf die Nutzung des Java Remote Method Protocol (JRMP) als Objektprotokoll.[64] Diese Kombination wird auch als „JavaRMI over JRMP" bezeichnet. Die Übertragung der relevanten Daten zwischen den Objekten erfolgt in binärer Form (Java Marshalled Objects). Jedoch ist es auch möglich, mit Java RMI entfernte Objekte anzusprechen, die ihre Funktionalitäten auf Basis von CORBA und somit unter Verwendung des ORB zur Verfügung stellen. Dazu wird lediglich das in der Regel genutzte Objektprotokoll JRMP ausgetauscht und das etablierte Internet Inter-ORB Protocol genutzt. Dadurch ist ein direkter Zugriff auf den ORB möglich. Eine programmiersprachenunabhängige Beschreibung der Schnittstelle entfällt, da Java RMI lediglich in Verbindung mit der Programmiersprache Java nutzbar ist. Die Beschreibung erfolgt hier in einer Interface-Definition.[65] Neben einem Namensservice zum Auffinden der Objekte, der einen Teil der Funktionalitäten des ORB bei CORBA abdeckt, sind bei Java RMI keine weiteren Mehrwertdienste umgesetzt.

Distributed Common Object Model (DCOM)

Das Distributed Common Object Model (DCOM) ist eine von Microsoft entwickelte Erweiterung des Component Object Models (COM), um die Kommunikation verteilter Anwendungen über Systemgrenzen mittels Object Remote Procedure Calls (ORPC) zu unterstützen.[66] Dabei ist der Begriff des ORPC als Synonym für RMI von Microsoft verwendet worden. Ein Client, der über das Netzwerk auf eine Funktionalität zugreift, kommuniziert über ein Interface mit dem Objekt, welches die angeforderte Leistung erbringt. Dabei wird das Objekt durch einen Class Identifier (CLSID) eindeutig identifiziert, der während der Laufzeit vom Service Control Manager (SCM) aufgelöst wird.[67] Bei DCOM bildet somit der SCM einen Teil der Funktionalitäten des ORB bei CORBA ab. Der Client erhält eine Referenz auf das Objekt und kann dann die im Objekt gekapselten Funktionalitäten nutzen. Die Übertragung der Informationen erfolgt in binärer Form (Network Data Representation, NDR). Die Schnittstellenbeschreibung erfolgt auf

---

63 Vgl. Conallen (2000), S. 46f.
64 Vgl. Monson-Haefel / Kalle Dalheimer (2001), S. 71ff.
65 Vgl. Langner (2002), S. 107ff.
66 Vgl. Wall / Lader (2002), S. 11.
67 Vgl. Conallen (2000), S. 52.; Krüger / Reschke (2002), S. 243ff.

Basis einer speziell für DCOM entwickelten Interface Definition Language von Microsoft (MIDL), so dass prinzipiell eine programmiersprachenunabhängige Realisierung der Objekte möglich ist.[68]

DCOM / COM ist prinzipiell unabhängig von der Programmiersprache und dem Betriebssystem nutzbar. Da jedoch die für den ORPC genutzte Funktionalität bereits in die Plattformen der Windows Familie eingebunden sind, weist DCOM dort die größte Verbreitung auf. Es sind jedoch auch vereinzelt Produkte für die Plattformen Linux, Unix sowie für Mainframes verfügbar, wie beispielsweise das EntireX Produkt des Herstellers Software AG. Eine echte Plattformunabhängigkeit ist dennoch in der Praxis nicht gegeben.[69]

Gegenüberstellung und Beurteilung

CORBA, Java RMI, DCOM und Web Services nutzen in der Regel das Kommunikationsparadigma des Remote Procedure Call in objektorientierter Form. Jedoch ist bei allen Ansätzen auch die nachrichtenorientierte Kommunikation möglich. Dabei werden auf Client- und Serverseite Funktionalitäten vorgehalten, die die entsprechenden Anfrage- und Antwortnachrichten zusammensetzen und die Kommunikation zwischen dem Client und dem Server und somit zwischen den Objekten abwickeln. Obwohl alle Konzepte diese Funktionalitäten bereitstellen, ist die Namensgebung auf Client- und Serverseite bei den einzelnen Ansätzen nicht einheitlich.[70] In der Tabelle 1 wird die unterschiedliche Benennung dieser Funktionalitäten veranschaulicht.

Funktionalität / Technologie	Clientseitig	Serverseitig
CORBA	Stub	Skeleton
Java RMI	Stub	Skeleton
DCOM	Proxy	Stub
Web Services	Service Proxy	Service Implementation Template

Tabelle 1: Bezeichnung der Funktionalitäten auf Client und Serverseite bei RPC

Neben diesen Abweichungen in der Namensgebung der auf Client- und Serverseite vorgehaltenen Funktionalitäten sind weitere Unterschiede in den Konzepten erkennbar,

68 Vgl. Krüger / Reschke (2002), S. 248.; Tanenbaum / Steen (2002), S. 532.
69 Vgl. Hartmann et al. (2003), S. 188ff.
70 Vgl. Gisolfi (2001c).

die Einfluss auf die Interoperabilität haben und diese verschlechtern. Dabei lassen sich die drei folgenden wesentlichen Unterschiede ausmachen[71]:

- **Namensgebung der Verbindungsendpunkte:** Die vorgehaltene Funktionalität eines Dienstes lässt sich unter Verwendung des Verbindungsendpunktes und somit unter Nutzung der Objektreferenz ansprechen. Ein Verbindungsendpunkt ist somit in der Lage, Nachrichten zu empfangen, zu verarbeiten und optional Nachrichten zu versenden. Dieser Verbindungsendpunkt und somit die hinter diesem Punkt verfügbaren Objekte werden in CORBA durch eine Interoperable Object Reference (IOR) identifiziert. Bei DCOM wird hingegen der Class Identifier (CLSID) als eindeutiger Bezeichner verwendet. Beide Namensgebungen verweisen auf ein Objekt, sind jedoch unterschiedlich aufgebaut. Java RMI und Web Services nutzen als Adressinformation den Standard des Uniform Resource Identifier (URI) beziehungsweise den Uniform Resource Locator (URL) und sind somit prinzipiell ähnlich aufgebaut.

- **Unterstützung mehrerer Schnittstellen (Interfaces) pro Objekt:** CORBA und Java RMI unterstützen einfache implizierte Schnittstellen (Interfaces) pro Objekt, hingegen erlauben DCOM und Web Services mehrere Schnittstellen pro Objekt.

- **Format der Nachricht:** Alle Konzepte nutzen unterschiedliche Verpackungen der zu übertragenden Daten. CORBA nutzt die Common Data Representation (CDR), DCOM setzt die Network Data Representation (NDR) ein und Java RMI nutzt Java MarshalledObjects.[72] Diese Übertragsformate transportieren die Informationen in binärer Form. Hingegen basieren die Nachrichten bei Web Services auf der Metasprache XML, die Codierung erfolgt dementsprechend in einer alphanumerischen Form.

Im Vergleich zu CORBA, Java RMI und DCOM setzen Web Services sowohl bei der Bezeichnung der Endpunkte als auch beim Nachrichtenformat sowie bei der Schnittstellenbeschreibung auf offene Standards. So ist es möglich, durch die Nutzung von etablierten Internetprotokollen (z. B. HTTP) und der Metasprache XML wesentliche Nachteile der proprietären Standards von CORBA, Java RMI und DCOM zu eliminieren und die Entwicklung und Wartung von Anwendung erheblich zu vereinfachen. Die Tabelle 2 zeigt die eben dargestellten Unterschiede der einzelnen Konzepte auf.

---

[71] Vgl. Conallen (2000), 46ff.; Krüger / Reschke (2002), S. 233ff.; Langner (2002), S. 107ff.; Gisolfi (2001c).
[72] Vgl. Müller-Stewens / Eymann / Kreutzer (2003), S. 147.

Technologie \ Attribut	Endpunktbezeichner	Interfaces pro Objekt	Nachrichtenformat
CORBA	Interoperable Object Reference	Single	Common Data Representation
Java RMI	Uniform Resource Locator	Single	Java Marshalled Object
DCOM	Object Reference	Multiple	Network Data Representation
Web Services	Uniform Resource Identifier	Multiple	Extensible Markup Language

Tabelle 2: Unterschiede in den Konzepten zur Realisierung von verteilten Anwendungen

Eine Gegenüberstellung der alternativen Konzepte für die Realisierung von verteilten Anwendungen kann dabei anhand der Eigenschaften erfolgen, durch die sich die Anwender von Web Services besondere Vorteile gegenüber bereits etablierten Verfahren versprechen. Diese Eigenschaften lassen sich aus der vorgenommenen Begriffsdefinition ableiten und können mit den Begriffen *Plattform-*, *Programmiersprachenunabhängigkeit*, *Unabhängigkeit hinsichtlich des Übertragungsprotokolls*, *Lesbarkeit der Nachrichten aus Sicht des Entwicklers*, *Objektorientierung* und *Möglichkeit der Beschreibung der Schnittstellen* bezeichnet werden. Anhand dieser Merkmale wird nachfolgend eine Beurteilung vorgenommen, um die Unterschiede und vorhandene Gemeinsamkeiten aufzuzeigen.

Bezogen auf die Plattformunabhängigkeit sind die Konzepte CORBA, Java RMI und Web Services auf allen Betriebssystemen nutzbar. Lediglich DCOM nutzt Funktionalitäten, die standardmäßig nur in Produkte der Windows Plattform eingebunden sind. Anbieter für andere Plattformen sind nur vereinzelt zu finden.[73] Daher ergibt sich für DCOM eine eingeschränkte Plattformunabhängigkeit.

Die Programmiersprachenunabhängigkeit ist bei den Konzepten CORBA, DCOM und Web Services nicht eingeschränkt, all diese Konzepte sind unter beliebigen Programmiersprachen realisierbar. Bei Java RMI zeigt sich ein anderes Bild, da dieses Konzept nur unter der Programmiersprache Java angewendet werden kann. Somit liegt bei Java RMI eine Beschränkung auf diese eine Programmiersprache vor.

Bei der Unabhängigkeit vom Übertragungsprotokoll weisen Web Services die größte Flexibilität auf, da die Nachrichten an beliebige Übertragungsprotokolle gebunden werden können. Bei CORBA und Java RMI haben sich, wie bereits aufgezeigt, mit IIOP und JRMP als Kommunikationsstandards durchgesetzt. Jedoch können auch beliebige andere Übertragsprotokolle zum Einsatz kommen.[74] Bei DCOM werden die möglichen Übertragsprotokolle allerdings durch das Betriebssystem eingeschränkt, so dass durch

[73] Vgl. Hartmann et al. (2003), S. 188ff.
[74] Vgl. Monson-Haefel / Kalle Dalheimer (2001), S. 71ff.

den Anwender kein Einfluss auf diese ausgeübt werden kann. Somit ist die dort erzielte Flexibilität hinsichtlich des Übertragungsprotokolls bei DCOM am geringsten.

Wie bereits angesprochen ist die Lesbarkeit der Nachrichten für den Entwickler bei CORBA, Java RMI als auch DCOM nicht vorhanden, da bei diesen Konzepten eine binäre Nachrichtenstruktur genutzt wird. Hingegen nutzen Web Services die Metasprache XML zur Strukturierung der Nachrichten, wodurch eine alphanumerische Struktur und somit eine gute Lesbarkeit der Nachrichten erreicht wird.[75]

Bei allen vorgestellten Konzepten wird die Kommunikation zwischen Objekten durch den Austausch von Nachrichten ermöglicht. Bei CORBA, DCOM und Java RMI wird allerdings eine Referenz auf das Objekt vorgehalten, so dass bei einem Methodenaufruf nicht immer alle Initialisierungsinformationen der angesprochenen Objekte mit übertragen werden müssen. Dies ist bei Web Services nicht der Fall, da bei der Aktivierung des Web Services das die Funktionalität kapselnde Objekt instanziert wird. Daher werden Web Services auch als zustandlos bezeichnet. Bei der Nutzung des Web Services müssen somit immer alle relevanten Informationen, also auch die notwendigen Initialisierungsinformationen, als Parameter übergeben werden.[76] Daher erfüllen CORBA, DCOM und Java RMI die Eigenschaft der Objektorientierung gut, bei Web Services ist die Objektorientierung nur eingeschränkt vorhanden. Allerdings erlauben alle diskutierten Konzepte die Übertragung von kompletten Objekten zwischen den Kommunikationspartnern.

Die Schnittstellenbeschreibung erfolgt bei Web Services in Form von XML-Dokumenten, wobei die Dokumente zusätzlich mit Metainformationen angereichert werden können. Bei CORBA und DCOM erfolgt die Schnittstellenbeschreibung durch eine Interface Definition Language (IDL). Alle drei Konzepte ermöglichen somit eine Umsetzung der Objekte in beliebigen Programmiersprachen, da die Schnittstellenbeschreibung von der Implementierung getrennt vorliegt. Die Möglichkeit der Schnittstellenbeschreibung fällt jedoch bei Web Services aufgrund der Möglichkeit, optional Metadaten anzureichern, reichhaltiger aus. Bei Java RMI erfolgt die Beschreibung auf Basis von Interfaces, die ebenfalls in der Programmiersprache Java verfasst werden. Dies führt zu einer sehr eingeschränkten Beschreibungsmöglichkeit der Schnittstelle. Somit ist die Beschreibungsmöglichkeit der Schnittstelle bei Java RMI im Vergleich zu den anderen Konzepten mit gering zu bewerten.

In der Tabelle 3 werden die Ergebnisse der Gegenüberstellung in einer Übersicht zusammengefasst. Es wird zudem die bei der Spezifikation von Web Services

[75] Vgl. Hars / Schlüter-Langdon (2002), S. 15.; Müller-Stewens / Eymann / Kreutzer (2003), S. 147.
[76] Vgl. Hoidn / Jungclaus (2002), S. 32f.

ausgegebene Zielsetzung deutlich, die Vorteile der bereits etablierten Konzepte bei Web Services zu vereinigen und die Nachteile abzumildern.

Technologie / Eigenschaft	CORBA	Java RMI	DCOM	Web Services
Plattform-unabhängigkeit	+	+	-	+
Programmiersprachen-unabhängigkeit	+	-	+	+
Übertragungsprotokoll-unabhängigkeit	O	O	-	+
Lesbarkeit der Nachrichten	-	-	-	+
Objektorientierung	+	+	+	O
Schnittstellen-beschreibung	O	-	O	+

Legende: + : Eigenschaft gut erfüllt O: Eigenschaft mittel erfüllt - : Eigenschaft nicht erfüllt

Tabelle 3: Vergleich von Technologien für verteilte Anwendungen

2.4.2 Web Services und Middleware

Im Folgenden wird zuerst eine Einführung des Begriffs Middleware vorgenommen und mögliche Ausprägungsarten von Middleware aufgezeigt. Daran anschließend werden Web Services einer Art von Middleware zugeordnet.

Middleware hat die Aufgabe, eine einheitliche Schnittstelle zwischen verschiedenen Komponenten eines verteilten Systems zu schaffen, über die beteiligte Systemteile Nachrichten austauschen können. Dabei lässt sich Middleware als Verbindungsschicht zwischen den Systemen auffassen. Middleware bedient sich hauptsächlich dem Prinzip der Kapselung, um technische Details einer Komponente hinter einer generischen Schnittstelle zu verbergen.[77]

Bevorzugtes Einsatzgebiet von Middleware ist die Client-Server-Architektur. Neben der Kommunikation ermöglicht Middleware den Clients Zugriff auf so genannte Dienstleistungen („Services"), die der Server bereitstellt. Abstrakt kann Middleware somit zwischen dem Anwendungsprogramm auf dem Client und den Services auf Serverseite angesiedelt werden.[78] In der Abbildung 9 wird dieser Sachverhalt veranschaulicht.

[77] Vgl. Müller-Stewens / Eymann / Kreutzer (2003), S. 146.
[78] Vgl. Orfali / Harkey / Edwards (1997), S. 42.

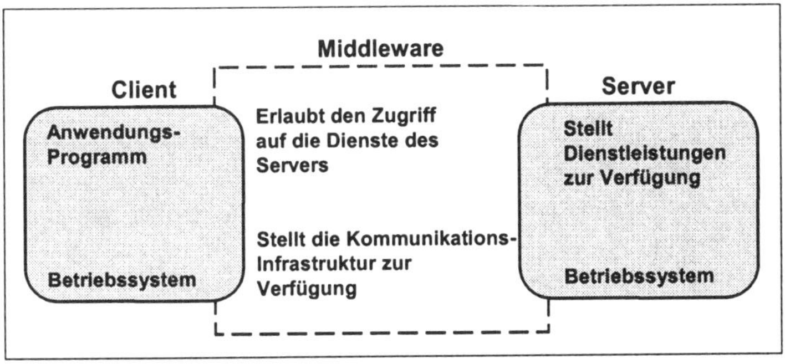

Abbildung 9: Schematische Einordnung von Middleware in eine Client-Server-Umgebung

Middleware lässt sich anhand ihrer Funktionalität und der damit erzielten Integrationsleistung in Datenbank-Middleware, zugreifende Middleware und zugangsschaffende Middleware unterteilen, wobei eine unterschiedliche Bezeichnung innerhalb der Literatur zu finden ist.[79]

Datenbank-Middleware ermöglicht den Zugriff auf verschiedene Datenbanken unterschiedlicher Hersteller. Dabei liegt die Herausforderung in der Verbindung verschiedener Zugriffsprotokolle und der Kombination der benötigten Daten aus teilweise verteilten Datenbeständen. Daher lassen sich in diesem Bereich Datenbank-Schnittstellen von Datenbank-Gateways unterscheiden, wobei DB-Schnittstellen eine offene, standardisierte Schnittstelle für den Datenbankzugriff zur Verfügung stellen. Der Zugriff erfolgt über herstellerspezifische Treiber. DB-Gateways stellen hingegen eine einheitliche herstellerunabhängige Schnittstelle zu verschiedenen Datenbanken zur Verfügung und nutzen daher einen herstellerunabhängigen Zugang. Daher ist der Funktionsumfang bei DB-Gateways im Vergleich zu DB-Schnittstellen geringer und umfasst meistens nur eine Teilmenge der möglichen Funktionalitäten der angebundenen Datenbanksysteme.[80]

Unter zugangsschaffender Middleware werden Mechanismen verstanden, die den Zugang zu Funktionalitäten von Altsystemen ermöglichen und somit dessen Wiederverwendung in neuen Systemkonzeptionen ermöglichen. In diesem Bereich lassen sich Screenscraper und Wrapper unterscheiden. Screenscraper sind Softwarewareprodukte, die eine von einem Großrechner erzeugte alphanumerische Maske einlesen und die darin enthaltenen Informationen extrahieren, um diese in eine grafische Anzeige (GUI) zu überführen oder einer möglichen Weiterverarbeitung zur Verfügung stellen. Wrapper hingegen sind objektorientierte Softwareprodukte, die Anwendungen auf Basis von prozeduralen Code kapseln und in eine objektorientierte

---

[79] Vgl. Itter (1999), S. 47ff.; Kaspar / Burghardt / Hagenhoff (2004).
[80] Vgl. Orfali / Harkey / Edwards (1994), S. 191ff.

Struktur überführen. Dadurch können diese in einer objektorientierten Systemarchitektur ohne Modifikation der prozeduralen Anwendung integriert und weiterverwendet werden. Es wird also eine Kommunikation zwischen Systemen ermöglicht, die auf unterschiedlichen Programmierparadigmen beruhen können.[81]

Zugreifende Middleware hingegen gestattet die Nutzung von Dienstleistungen, die ein Server bereitstellt und die durch einen Client in Anspruch genommen werden. Dabei ermöglicht diese Klasse von Middleware unabhängig von der genutzten Programmiersprache und der eingesetzten Plattform eine flexible Kommunikation zwischen den zwei Anwendungsinstanzen (Server und Client).[82] In diesem Zusammenhang werden die grundlegenden Konzepte des Remote Procedure Calls, die nachrichtenorientierte Middleware, der Object Request Broker sowie die serviceorientierte Architektur unterschieden. Dabei stellen die ersten beiden Konzepte Kommunikationsparadigmen innerhalb zugreifender Middleware dar, die bereits im vorigen Abschnitt ausführlich dargestellt worden sind. Bei den beiden letzten Konzepten handelt es sich um Vermittlungskonzepte, die das Auffinden und die Nutzung der Dienstleistungen ermöglichen.

Diese Systematisierung von Middleware in die drei Klassen wird in der Abbildung 10 grafisch veranschaulicht.

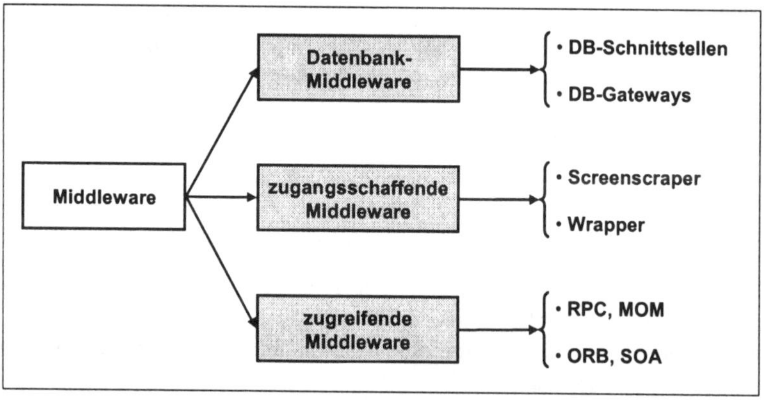

Abbildung 10: Systematisierung von Middleware

Die Ausführungen über die möglichen Arten von Middleware verdeutlichen, dass Web Services neben den bereits etablierten Technologien CORBA, DCOM und Java RMI in den Bereich der zugreifenden Middleware einzuordnen sind. Web Services ermöglichen die programmiersprachen- und plattformunabhängige Kommunikation zwischen zwei

81 Vgl. Balzert (1998), S. 669ff.; Hoch (1996), S. 152ff.; Itter (1999), S. 48ff.
82 Vgl. Badach / Rieger / Schmauch (2003), S. 322f.

Anwendungsinstanzen und nutzen dabei etablierte Internettechnologien. Dabei werden durch Web Services beide Kommunikationsparadigmen umgesetzt. Web Services stellen eine konkrete Umsetzung der serviceorientierten Architektur dar.

2.5 Schlüsselfaktoren für den Einsatz von Web Services

Aus den bisherigen Ausführungen und somit aus den Charakteristika, den Anforderungen, dem Architekturmodell und den darin aufgezeigten Aufgaben sowie dem technischen Umfeld an beziehungsweise von Web Services lassen sich nun Schlüsselfaktoren für ihre Eignung ableiten. Eine detaillierte Herleitung erfolgt im Rahmen der nachfolgenden Diskussion. Um eine Entscheidung für oder gegen Web Services als Basis für die Entwicklung einer Softwarekomponenten beziehungsweise für das Angebot einer digitalen Dienstleistung zu treffen, kann eine Bewertung der speziellen Problemstellung anhand dieser Faktoren erfolgen. Weist diese ein bestimmtes Profil auf, so sind Web Services besonders gut als Schnittstellentechnologie für die Softwarekomponente geeignet. In den anderen Fällen können auch die in Abschnitt 2.4.1 diskutierten Alternativen zum Einsatz kommen. Der Entscheidungsraum besteht also aus den verschiedenen Schnittstellentechnologien. Folgende Schlüsselfaktoren lassen sich für den Einsatz von Web Services identifizieren, die nachfolgend erläutert werden:

- Nutzung etablierter Internettechnologien (TCP/IP, HTTP, SMTP, etc.)
- Programmiersprachen- und Plattformunabhängigkeit
- Performanz der realisierten Dienste
- Interoperabilität der Schnittstelle
- Selbstbeschreibung der Schnittstellen
- Zusatzanforderungen: Sicherheit, Transaktionalität, Abrechnung und Workflow

Einen Schlüsselfaktor bildet die Nutzung etablierter Internettechnologien, da bei Web Services neben TCP/IP als Transportprotokoll eine Vielzahl von darauf aufsetzenden Anwendungsprotokollen wie beispielsweise HTTP und SMTP unterstützt werden. Diese Technologien haben bereits durch das Internet eine weite Verbreitung und Nutzung erfahren.[83] Alle anderen Basistechnologien von Web Services greifen auf die Metasprache XML und somit ebenfalls auf einen etablierten Standard zurück. Soll auf etablierte Techniken und Standards für die Kommunikation und Beschreibung von Softwarekomponenten zurückgegriffen werden, eignen sich Web Services als Schnittstellen-

[83] Vgl. Snell / Tidwell / Kulchenko (2002), S. 6ff.

technologie besonders gut. Wird jedoch der Einsatz etablierter Internettechnologien nicht angestrebt, so können die aufgezeigten Alternativen wie CORBA und Java RMI genutzt werden. Diese setzen zwar auf TCP/IP als Transportprotokoll auf, als Anwendungsprotokolle werden allerdings proprietäre Standards wie IIOP bei CORBA und JRMP bei Java RMI genutzt.[84]

Eng mit diesem Schlüsselfaktor verknüpft sind die beiden Schlüsselfaktoren der Plattform- und der Programmiersprachenunabhängigkeit, die sich aus den Ausführungen in Abschnitt 2.1 ergeben. Wird eine hohe Unabhängigkeit hinsichtlich der zu nutzenden Programmiersprache oder aber der Plattform angestrebt und somit die Wahl den Entwicklern der Softwarekomponente sowie den späteren Nutzern der Schnittstelle überlassen, so sind Web Services besonders gut geeignet. Da Web Services auf etablierten Internettechnologien aufsetzen sowie lediglich die Metasprache XML nutzen, sind auf jeder Systemplattform und in jeder Programmiersprache entsprechende Funktionalitäten vorhanden, die deren Nutzung ermöglichen. Bei den alternativen Schnittstellentechnologien wie CORBA und Java RMI ist entweder die Installation von Zusatzsoftware (beispielsweise bei CORBA für den ORB) nötig, die die Funktionalitäten zur Nutzung bereitstellt, oder aber es liegt eine Beschränkung hinsichtlich der Wahlfreiheit der Programmiersprache vor. Bei DCOM liegt faktisch eine Beschränkung auf die Betriebssysteme der Windows Produktfamilie vor, da auf Funktionalitäten der Systemplattform zugegriffen wird, die standardmäßig nur auf dieser Plattform verfügbar sind. Wird faktisch bereits bei der Entwicklung der Softwarekomponente eine Einschränkung hinsichtlich dieser beiden Kriterien vorgenommen beziehungsweise werden diese Kriterien nicht als essenziell für die Softwarekomponente und deren Schnittstelle angesehen, so ist der Einsatz alternativer Technologien ebenfalls zu prüfen. Allerdings wird bei Web Services die größte Flexibilität hinsichtlich dieser Kriterien erzielt, da keine Einschränkung vorgenommen wird.

Weitere Schlüsselfaktoren lassen sich aus der Nutzung der Metasprache XML ableiten, die die Grundlage für alle Spezifikationen im Umfeld von Web Services bildet. Durch den Einsatz von XML werden die zu übertragenden Daten durch die Anreicherung von Auszeichnungselementen auf bis zu 800% ihres ursprünglichen Volumens vergrößert.[85] Durch diese Vergrößerung des Übertragungsvolumens kann der Datendurchsatz, der durch Web Services erzielt wird, als Schlüsselfaktor angesehen werden. Daher eignen sich Web Services derzeit nur, wenn ein geringer Datendurchsatz beim Einsatz als unproblematisch und somit als unkritisch angesehen werden kann. Bei den Konkurrenzkonzepten CORBA, Java RMI und DCOM erfolgt die Übertragung in einem binären Format, wodurch das Übertragungsvolumen deutlich geringer ausfällt. Neben dem

---

[84] Vgl. Monson-Haefel / Kalle Dalheimer (2001), S. 71ff.
[85] Vgl. Weitzel / Harder / Buxmann (2001), S. 69ff.

Kriterium des Datendurchsatzes kann auch noch die Verarbeitungsgeschwindigkeit des Dienstes durch die Nutzung von XML negativ beeinflusst werden, da die umfangreicheren Nachrichten auf Basis von SOAP vor der Verarbeitung standardmäßig geparst werden. Dieser Vorgang skaliert mit der Größe der Nachricht und fällt bei einem binären Übertragsformat und der damit verbundenen Nachrichtengröße niedriger aus. Beide Kriterien können jedoch unter dem Schlagwort „Performanz" zusammenfasst werden. Wird eine hohe Performanz angestrebt, sind bewährte Technologien mit einem binären Übertragsformat Web Services vorzuziehen. Jedoch kann das Kriterium im Rahmen einer Auswahlentscheidung für oder gegen die Nutzung von Web Services ausgeblendet werden, da auch in Zukunft davon ausgegangen werden kann, dass sowohl die verfügbaren Bandbreiten der Kommunikationsnetze als auch die Verarbeitungsgeschwindigkeit der Prozessoren weiter zunehmen. Zudem kann durch eine Optimierung des eingesetzten Parsers die Performanz deutlich verbessert werden. Jedoch wird diese schlechtere Performanz im Vergleich zu den Konkurrenzkonzepten CORBA, Java RMI und DCOM durch die höhere Flexibilität und die erhöhten Integrationsmöglichkeiten der Schnittstellen überkompensiert, da Funktionalitäten für die Verarbeitung von XML-Dokumenten auf allen Plattformen und unter allen Programmiersprachen verfügbar sind.

Aus den bisherigen Ausführungen lässt sich auch die Interoperabilität der Schnittstelle als weiterer Schlüsselfaktor ausmachen. Sowohl durch die Nutzung etablierter Internetprotokolle als auch die Verwendung von XML und der damit verbundenen Nutzung von Unicode als Zeichensatz wird bei Web Services eine hohe Interoperabilität erreicht. In der Regel treten keine Kompatibilitätsprobleme auf und es ist somit möglich, die Dienste plattformübergreifend in Fremdsysteme einzubinden. Web Services sind daher prinzipiell auf jedem digitalen Endgerät nutzbar. Dies ist beispielsweise bei CORBA nicht gegeben, da die dem ORB zugrunde liegende Spezifikation bei den verschiedenen Herstellern der Softwareprodukte unterschiedlich ausgelegt wird. Dies führt dazu, dass die ORB Implementierungen unterschiedlicher Hersteller Kompatibilitätsprobleme aufweisen und somit unter Umständen nicht miteinander kommunizieren können. Dies hat bei einer systemübergreifenden Integration einen langwierigen und schwierigen Abstimmungsprozess zur Folge.[86] Wird somit für die Schnittstelle eine hohe Interoperabilität gefordert, ist auf Web Services zurückzugreifen; spielt dieses Kriterium eine untergeordnete Rolle, so können auch die alternativen Schnittstellentechnologien zum Einsatz kommen.

Als weitere Eigenschaft wird die Selbstbeschreibung von Web Services in der Begriffsdefinition herausgestellt. Daher sind Web Services besonders gut geeignet, wenn eine umfangreiche Beschreibung der Schnittstelle angestrebt wird. Bei Web Services können die Schnittstellenbeschreibungen neben der Spezifikation der Funktionalität an sich um

[86] Vgl. Wojciechoski / Weinhardt (2002), S. 102.

zusätzliche Metainformationen angereichert werden, die Zusatzinformationen über die Basisfunktionalität aufnehmen können. Bei CORBA, Java RMI und DCOM erfolgt hingegen die Schnittstellenbeschreibung auf Basis einer IDL oder eines Interfaces, welche lediglich die funktionale Schnittstelle spezifiziert. Eine Anreicherung der Schnittstellenbeschreibung um zusätzliche Metainformationen ist jedoch nicht möglich. Wird auf eine umfangreiche über die technischen Aspekte reichende Beschreibung verzichtet, können auch die alternativen Technologien zum Einsatz kommen.

Neben diesen Schlüsselfaktoren, die sich aus den Charakteristika von Web Services ableiten lassen, können weitere Kriterien identifizieren werden, die Zusatzanforderungen an Web Services darstellen. Diese lassen sich aus der zunehmenden Verbreitung des Internets und der damit zunehmenden Vernetzung sowie aus Wirtschaftlichkeitsargumenten herleiten. Werden diese Zusatzanforderungen realisiert und Lösungskonzepte etabliert, so können sich Web Services als neue Schnittstellentechnologie weiter verbreiten und erweisen sich nicht als Modeerscheinung.

Da Web Services Softwaremodule darstellen, deren Funktionalitäten über Netzwerke und somit auch über das Internet in Anspruch genommen werden können, müssen Sicherheitsanforderungen wie Verfügbarkeit, Vertraulichkeit, Zugriffskontrolle, Zurechenbarkeit und Datenintegrität umgesetzt werden. Die zunehmende Vernetzung ermöglicht darüber hinaus firmenübergreifende Prozesse, die in Zukunft durch die Verkettung von Web Services realisiert werden könnten. Daher muss auch die Möglichkeit geschaffen werden, komplexe Geschäftsprozesse und somit Workflows auf Basis von Web Services abzubilden.

Eng mit den beiden eben aufgeführten Kriterien verknüpft ist auch das Thema der Transaktionssicherheit innerhalb dieser komplexen Workflows. Es müssen somit Möglichkeiten geschaffen werden, Web Services zu einem Bündel zusammenzufassen, welches nur als eine Einheit komplett ausgeführt werden darf. Da Web Services als Schnittstelle für das Angebot von digitalen Dienstleistungen genutzt werden können, ist ebenfalls die Möglichkeit der Abrechnung der Dienstleistungen und somit der Nutzung von Web Services sicherzustellen. Durch die Möglichkeit der Abrechnung von digitalen Dienstleistungen und somit von Web Services können sich dann neue Geschäftsmodelle herausbilden, die einen Teil oder ihre gesamten Erlöse durch die Abrechnung der genutzten Dienstleistungen generieren. Die Lösung dieser Eckpunkte kann als essenziell für die weitere Durchsetzung und Verbreitung von Web Services angesehen werden. Derzeit sind lediglich Ansätze von Spezifikationen zur Lösung dieser Zusatzanforderungen in der Diskussion. Web Services eignen sich zur Realisierung von Softwarekomponenten und deren Schnittstellen bisher nur gut, wenn diese Zusatzanforderungen nicht relevant für die Problemstellung eingestuft werden oder wenn die

Nutzung von Web Services lediglich in einem abgeschotteten Netzwerk wie dem Intranet stattfindet.

Im Rahmen dieser Dissertation werden im vierten Kapitel Lösungskonzepte für diese aufgezeigten Herausforderungen diskutiert. Die Abbildung 11 stellt die erläuterten Schlüsselfaktoren und die Ausprägungen grafisch dar und ordnet Web Services anhand einer Bewertung ein.

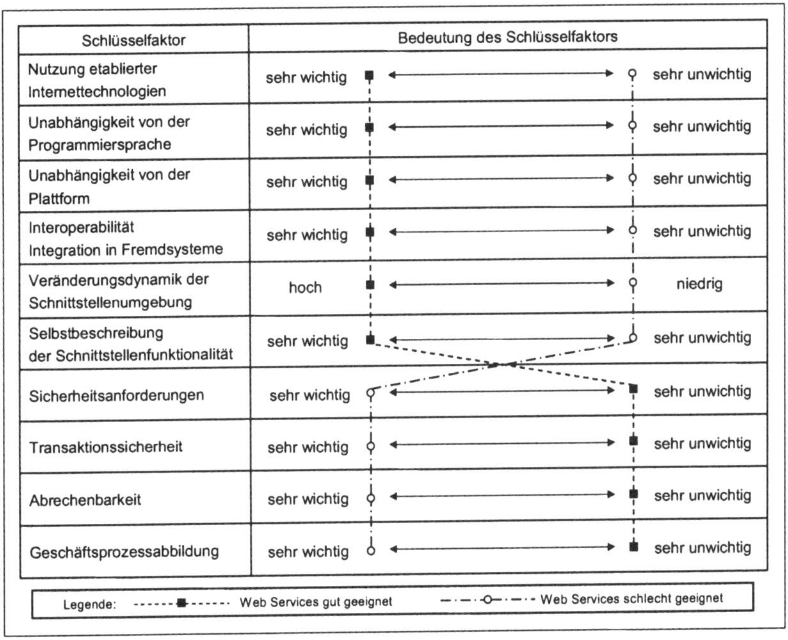

Abbildung 11: Eignungsprofil von Web Services

2.6 Zusammenfassung und Beurteilung

Der vorliegende Abschnitt hat die für die Dissertation relevanten konzeptionellen Grundlagen von Web Services dargestellt. Dazu wurden zuerst aus zwei etablierten Begriffsdefinitionen die wesentlichen Eigenschaften von Web Services abgeleitet und somit eine Arbeitsdefinition formuliert. Eine anschließende Erläuterung der serviceorientierten Architektur (SOA) hat das durch Web Services umgesetzte Architekturprinzip verdeutlicht. Um auch die grundlegenden durch Web Services genutzten Kommunikationsparadigmen dem Leser näher zu bringen, wurden sowohl der Remote

Procedure Call (RPC) als auch die nachorientierte Kommunikation (MOM) eingeführt. Da die Einsatzschwerpunkte von Web Services in Zukunft auf der einen Seite bei der Entwicklung von verteilten Anwendungen und auf der anderen Seite im Aufgabenbereich der Funktionsintegration sein werden, wurde eine Abgrenzung von Web Services zu bisher etablierten Technologien zur Realisierung verteilter Anwendungen (CORBA, RMI) vorgenommen. Zudem wurden Web Services in die etablierten Konzepte der Middleware eingeordnet. Um Anwendungsgebiete zu identifizieren, wurden aus den erarbeiteten Grundlagen Schlüsselfaktoren abgeleitet. Diese Schlüsselfaktoren ermöglichten die Erstellung eines Eignungsprofils von Web Services sowie eine Bewertung von Web Services hinsichtlich ihrer Eignung als Schnittstellentechnologie.

Zusammenfassend lässt sich festhalten, dass Web Services im Vergleich zu etablierten verteilten Technologien und Konzepten deren Vorteile vereinigen und die vorhandenen Nachteile abmildern. Dabei wird die größte Verbesserung durch die Nutzung von offenen und trotzdem standardisierten Protokollen im Gegensatz zu bisher genutzten proprietären Protokollen erreicht, da dadurch eine einfachere Entwicklung und Nutzung von Web Services im Vergleich zu den anderen betrachteten Technologien möglich ist. Dies wird vor allem durch den Wechsel des Nachrichtenformats von binär auf alphanumerisch und durch die Nutzung von XML als Basisspezifikation erreicht. Allerdings wird gerade im Bereich der Schlüsselfaktoren deutlich, dass gerade die Aspekte der Sicherheit, der Transaktionalität, der Abrechnung und der Komposition von Web Services und somit die Schaffung von Workflows relevante Faktoren sind, die die Verbreitung und Etablierung von Web Services vorantreiben können. Sollten sich für die Zusatzanforderungen keine Spezifikationen entwickeln, so könnten Web Services doch nur als Modeerscheinung bezeichnet werden. Jedoch werden im Rahmen dieser Dissertation mögliche Lösungskonzepte für diese Anforderungsbereiche vorgestellt, so dass auch in Zukunft durchaus eine Standardisierung möglich erscheint. Sollte dies eintreten, so kann mit einer weiteren Verbreitung von Web Services gerechnet werden.

Nachfolgend wird nun diese Betrachtungsperspektive von Web Services um einen technischen Blickwinkel ergänzt. Dazu werden die bei Web Services etablierten Basistechnologien in ein Raster eingeordnet und deren Funktionsweise erläutert.

3 Basistechnologien

Dieses Kapitel fokussiert Web Services aus einer technischen Perspektive, nachdem im zweiten Kapitel die konzeptionellen Rahmenbedingungen und Eckpunkte vorgestellt worden sind. Nachfolgend wird der dem Architekturmodell zugrunde liegende Protokollstapel aufgegriffen, mit dessen Hilfe die existierenden Spezifikationen im Umfeld von Web Services systematisiert werden können. Dabei wird auch auf das Zwiebelschalenmodell als eine alternative Darstellungsform des Protokollstapels eingegangen. Daran anschließend wird für jede Schicht im Protokollstapel ein kurzer Überblick über die verfügbaren Spezifikationen gegeben, die die jeweiligen fachlichen Anforderungen der einzelnen Ebenen abdecken. Zudem wird der jeweils bei Web Services etablierte Standard, der auch als Kernstandard bezeichnet wird, genauer vorgestellt. Ein Schwerpunkt liegt dabei auf der Metasprache XML, da alle etablierten Standards bei Web Services auf diese Metasprache zurückgreifen und somit eine Einführung in die Metasprache XML unerlässlich ist. Abschließend wird die Werkzeugunterstützung für diese Kernstandards diskutiert. Das Kapitel schließt mit einer Zusammenfassung sowie einer Beurteilung der vorgestellten Sachverhalte. Die in den Abschnitten 3.2, 3.3, 3.4 sowie 3.5 gewählte Untergliederung, die durch die Nutzung von geeigneten Zwischenüberschriften erreicht wird, orientiert sich an der jeweiligen Spezifikation des vorgestellten Kernstandards.

3.1 Protokollstapel und Zwiebelschalenmodell

Um die aufgezeigten Funktionalitäten der Veröffentlichung, der Suche und der Nutzung innerhalb des Architekturmodells und somit innerhalb der serviceorientierten Architektur[87] zu realisieren, haben sich verschiedene Standards bei Web Services etabliert, die sich anhand eines Protokollstapels oder eines Zwiebelschalenmodells systematisieren und anordnen lassen.[88] Dabei werden die Ebenen beziehungsweise die Schalen selbst anhand ihrer Funktionalität mit Dienstkommunikation, Dienstbeschreibung und Dienstverzeichnis bezeichnet. Bei der Entwicklung der Standards ist ein besonderes

[87] Vgl. hierzu die Ausführungen in Abschnitt 2.2.
[88] Vgl. Marks / Werrell (2003), S. 29.

Augenmerk auf die Interoperabilität gelegt worden.[89] Diese Schichteneinteilung liegt den Ausführungen zugrunde.

Jede Schicht innerhalb des Protokollstapels realisiert einen Teil der benötigten Funktionalitäten, die im bereits vorgestellten Architekturmodell vorgesehen sind.[90] Dabei setzt jede Ebene auf die bereits realisierten Funktionalitäten der darunter liegenden Schicht auf und realisiert darauf aufbauend neue fachliche Anforderungen des Architekturmodells. Durch diese Beziehungen zwischen den einzelnen Ebenen wird sukzessiv die Funktionalität erhöht und in Konsequenz daraus die Nutzung eines einzelnen Dienstes zwischen dem Dienstanbieter und dem Dienstnutzer ermöglicht. Da bei der Spezifikation der auf den einzelnen Ebenen angesiedelten Standards immer ein besonderes Augenmerk auf die Gewährleistung der Interoperabilität gelegt und diese Zielsetzung durch die Nutzung der Metasprache XML auch erfolgreich umgesetzt worden ist, weisen Web Services eine hohe Interoperabilität auf. Durch diese erzielte Interoperabilität ist der Austausch eines Dienstes unabhängig von dessen Implementierung und der genutzten Systemplattform des Betreibers in der Regel problemlos möglich. Einzige Voraussetzung ist, dass die zu substituierenden Dienste über die gleiche Schnittstellensignatur verfügen.[91]

In der Abbildung 12 wird auf der linken Seite die Einordnung der Kernstandards in die Aufgabenbereiche der Dienstkommunikation, der Dienstbeschreibung und der Dienstauffindung anhand des Protokollstapels veranschaulicht. Zur Vervollständigung ist die Transportebene hinzugefügt worden, die jedoch durch etablierte Internetprotokolle abgedeckt wird und daher im Rahmen dieser Arbeit keine weitere Beachtung findet. Des Weiteren ist die Schicht der Inhaltsbeschreibung hinzugefügt worden, da alle Kernstandards auf diese Ebene zurückgreifen und diese daher im Protokollstapel Berücksichtigung finden muss.[92] Auf der rechten Seite in der Abbildung ist die Einordnung der Kernstandards im Rahmen des Zwiebelschalenmodells dargestellt. Im Zwiebelschalenmodell findet die Transportebene zur Wahrung der Übersichtlichkeit keine Berücksichtigung. Innerhalb dieser Abbildung werden die unterschiedlichen Schichten beziehungsweise die unterschiedlichen Schalen durch die gewählten Graustufen verdeutlicht.

---

89 Vgl. Kreger (2001), S. 10ff.
90 Vgl. Jeckle (2002).
91 Vgl. Cerami (2002), S. 11ff.; Galbraith et al. (2002), S. 9ff.
92 Vgl. Gottschalk et al. (2002), S. 170ff.

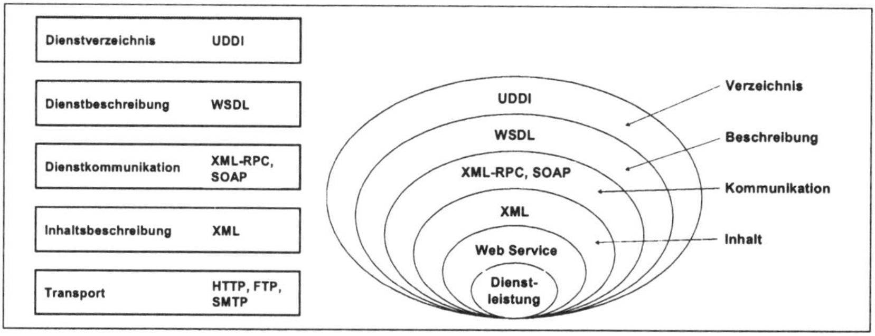

Abbildung 12: Protokollstapel und Zwiebelschalenmodell der Web Service Architektur

3.2 Inhaltsbeschreibung – Extensible Markup Language (XML)

„XML ist eine textbasierte Meta-Auszeichnungssprache, die die Beschreibung, den Austausch, die Darstellung und die Manipulation von strukturierten Daten erlaubt."[93] Auszeichnungssprachen ermöglichen prinzipiell die Anreicherung von textorientierten Informationen mit Strukturinformationen und Metadaten über so genannte Marken (engl. Tags).[94] Dabei lassen sich unter anderem folgende Auszeichnungsarten unterscheiden:

- *Semantische Auszeichnungen*: Anreicherung der Inhalte mit Informationen über die Bedeutung der Inhalte.
- *Strukturelle Auszeichnungen*: Anreicherung der Inhalte mit Informationen über die Position der Inhalte innerhalb eines Dokuments (Überschriften, Absätze, Referenzen, etc.).
- *Stilistische Auszeichnungen*: Anreicherung der Inhalte mit Informationen über die Formatierung bestimmter Passagen innerhalb eines Dokuments (Schriftgröße, Schriftart, etc.).

Die Metasprache XML stellt selbst keine Auszeichungssprache dar, sondern ermöglicht vielmehr die Definition von neuen Auszeichnungssprachen auf Basis von XML.[95] XML kann deshalb in die Klasse der generischen Auszeichnungssprachen eingeordnet werden.[96]

Die Metasprache XML ist durch die XML Working Group, die durch das World Wide Web Consortium (W3C) gegründet worden ist, entwickelt und als Standard in Version 1.0 im Februar 1998 verabschiedet worden. Als Grundlage des Entwicklungsprozesses dient die

93 Weitzel / Harder / Buxmann (2001), S. 18.
94 Für weitere allgemeine Informationen zu Auszeichnungssprachen vgl. Genussa (1999), S. 29ff.
95 Vgl. Phillips (2000), S. 13.
96 Vgl. Rawolle (2002), S. 52.

Standard Generalized Markup Language (SGML), die bereits seit 1986 in vielen Anwendungsgebieten wie im Verlagswesen und in Software-Systemen eingesetzt wird. Zudem ist SGML ein internationaler Standard der International Organization for Standardization (ISO).[97] Als Gründe für die Entwicklung der Metasprache XML werden auf der einen Seite die hohe Komplexität von SGML genannt. Auf der anderen Seite verursachen die so genannten starren Auszeichnungssprachen wie beispielsweise HTML einen Entwicklungsbedarf, da deren Flexibilität durch die Anwender als unzureichend eingeschätzt wird.[98]

Bei den Entwicklungszielen von XML ist das Hauptaugenmerk auf die einfache Handhabung und Beherrschbarkeit gelegt worden. Darüber hinaus sind eine Kompatibilität mit SGML und eine hohe Flexibilität bezüglich der genutzten technischen Plattformen und Anwendungsgebiete gefordert gewesen.[99]

Als Ergebnis dieses Entwicklungsprozesses unter Einhaltung der Entwicklungsziele ist die Metasprache XML entstanden, die ca. 20 % der Komplexität und ca. 80 % der Funktionalität von SGML umfasst.[100] Erreicht wird diese Zielsetzung durch Streichung von komplexen und selten genutzten Eigenschaften und Elementen von SGML. XML-Dokumente sind somit per Konstruktion konforme SGML-Dokumente. Aufgrund der gewählten Konstruktion wird die Metasprache XML häufig als Teilmenge von SGML bezeichnet.[101] Jedoch kann XML nicht als ein Nachfolger oder eine Erweiterung der Hypertext Markup Language (HTML) aufgefasst werden, sondern stellt ein Profil von SGML dar. Im Gegensatz dazu repräsentiert HTML eine Anwendung von SGML mit einem festgelegten Satz an Marken.[102]

Als Zeichensatz verwendet XML standardmäßig Unicode, sofern keine anderen Angaben innerhalb der Dokumente gemacht werden. Unicode stellt dabei ein plattform- und programmiersprachen- und somit ein anwendungsübergreifendes Kodierungssystem zur Verfügung, in welchem die Schriftzeichen aller weltweit gesprochenen Sprachen repräsentiert werden. Daher kann XML plattform- und programmiersprachenunabhängig eingesetzt werden.[103]

---

[97] Vgl. Conallen (2000), S. 54.; Tolksdorf (2000), S. 11.
[98] Vgl. Genussa (1999), S. 33f.; Priesnitz / Teille (2003), S. 16f.
[99] Für einen Überblick über die Entwicklungsziele der Meta-Auszeichnungssprache XML vergleiche u. a. Merz (2002), S.202.; Bray et al. (2000).
[100] Vgl. Hentrich (2001), S. 195.
[101] Vgl. Lobin (2000), S. 69ff.
[102] Vgl. Light (1997), S. 21f.; Priesnitz / Teille (2003), S. 16f.
[103] Vgl. Hars / Schlüter-Langdon (2002), S. 15.;Holzner (2002), S. 32.

Aufbau eines XML-Dokuments

Der XML-Standard spezifiziert eine Menge von Bestandteilen, die entweder obligatorischen oder optionalen Charakter haben. Zu den obligatorischen Bestandteilen sind die Elemente mit optionalen Attributen sowie der Prolog zu rechnen, zu den optionalen Bestandteilen eines XML-Dokuments zählen Kommentare und Verarbeitungsanweisungen (eng. Processing Instruction).[104]

Ein XML-Dokument beginnt mit dem obligatorischen Prolog. Dieser Prolog besteht dann mindestens aus der Deklaration der genutzten XML-Version. Darüber hinaus können dort auch Angaben über den verwendeten Zeichensatz innerhalb des XML-Dokuments gemacht werden.[105]

Darüber hinaus besitzt ein XML-Dokument mindestens ein Wurzelelement, welches den eigentlichen Inhalt des Dokuments umschließt. Ein Element wird durch einen Bezeichner gekennzeichnet und besteht in der Regel aus einer Start- und einer Endmarke, die den eigentlichen Inhalt (weitere Elemente oder Zeichenfolgen) einbetten. Aus dieser Schachtelung ergibt sich insgesamt eine hierarchische Struktur der Dokumente selbst, die auch als Baumstruktur abgebildet werden kann. Optional lassen sich den Elementen Attribute in Form von Attribut-Wert-Paaren zuordnen, die eine genauere Beschreibung der Elemente ermöglichen. Zusätzlich können XML-Dokumente, wie bereits erwähnt, weitere optionale Bestandteile wie Kommentare und Verarbeitungsanweisungen enthalten, die entweder durch die Zeichenfolge `<!--` und `-->` oder durch `<?` und `?>` eingeschlossen werden.[106]

In der Abbildung 13 wird ein Beispiel für ein XML-Dokument mit den eben erläuterten Elementen dargestellt.

---

[104] Vgl. Seely (2002), S. 26ff.
[105] Vgl. Eddy / Delong (2001), S. 660f.
[106] Vgl. Tolksdorf (2000), S. 1177ff.

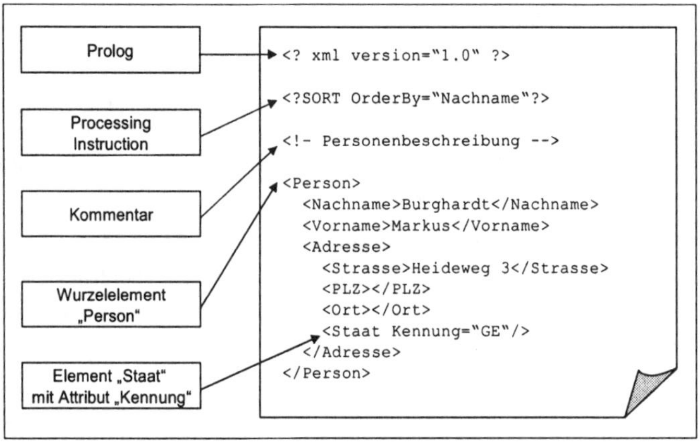

Abbildung 13: Beispiel eines XML-Dokuments

XML-Dokumente, die diese Syntaxregeln einhalten, werden durch die XML-Spezifikation als wohlgeformte XML-Dokumente bezeichnet. Folgt das Dokument darüber hinaus den Strukturbeschreibungen einer zugeordneten Document Type Definition beziehungsweise einem speziellen XML Schema, wird das XML-Dokument als gültig bezeichnet. Aus dieser Darstellung wird deutlich, dass ein gültiges XML-Dokument immer ein wohlgeformtes XML-Dokument darstellt. Ein wohlgeformtes XML-Dokument stellt jedoch nicht immer ein gültiges XML-Dokument dar.[107] Bei der Strukturbeschreibung werden interne von externen Beschreibungen (Document Type Definition / XML Schema) unterschieden, die sich entweder direkt im XML-Dokument befinden oder die durch einen Verweis dem XML-Dokument zugeordnet werden.

Die XML-Spezifikation sieht ergänzend die Aufteilung der XML-Dokumente auf mehrere Einheiten (engl. Entities) vor, die in verschiedenen physischen Dateien abgelegt werden können. Dadurch wird unter anderem eine gewisse Redundanzfreiheit erzeugt, da die Einheiten in verschiedene XML-Dokumente eingebunden werden können.

Strukturbeschreibung

Um die Struktur von XML-Dokumenten zu beschreiben und somit gültige XML-Dokumente zu erstellen, sieht die XML-Spezifikation die beiden Mechanismen der Document Type Definition (DTD) und XML Schema vor. Prinzipiell werden durch die Strukturbeschreibung die zulässigen Elemente mit den dazugehörigen Attributen und die

[107] Vgl. Daconta / Obrst / Smith (2003), S. 36.

hierarchische Anordnung der Elemente innerhalb eines XML-Dokuments beschrieben.[108] Die Strukturbeschreibung selbst kann dabei, wie bereits aufgezeigt, entweder als interne Strukturdefinition ein Bestandteil des XML-Dokuments sein oder aber als externe Strukturdefinition in einer separaten Datei vorliegen. Die XML-Dokumente, die sich auf eine Strukturbeschreibung beziehen, werden als Instanzen dieser Strukturdefinition bezeichnet.[109] Um Instanzen, basierend auf mehreren Strukturdefinitionen, zu ermöglichen, haben sich Namensräume in XML etabliert (XML Namespaces).[110] Diese beiden Möglichkeiten einer Strukturbeschreibung und die Verwendung von Namensräumen werden nachfolgend dargestellt.

In der Abbildung 14 wird eine DTD visualisiert. Dort wird das in der Abbildung 13 aufgezeigte XML-Dokument durch diese Strukturdefinition beschrieben. Als Schlüsselwort zur Deklaration von Elementen dient `ELEMENT`. Die Deklaration von Attributen geschieht über das Schlüsselwort `ATTLIST`. Mit dem Schlüsselwort `#PCDATA` (Parsed Character Data) werden Elementinhalte als Text deklariert. Durch das Schlüsselwort `EMPTY` werden leere Elemente ausgezeichnet.[111] Die Strukturdefinition enthält das Wurzelelement Person, welches die Elemente Nachname, Vorname und Adresse kapselt. Da Elemente auch andere Elemente in XML-Dokumenten umfassen können, ist es möglich, XML-Dokumente als hierarchische Struktur darzustellen.

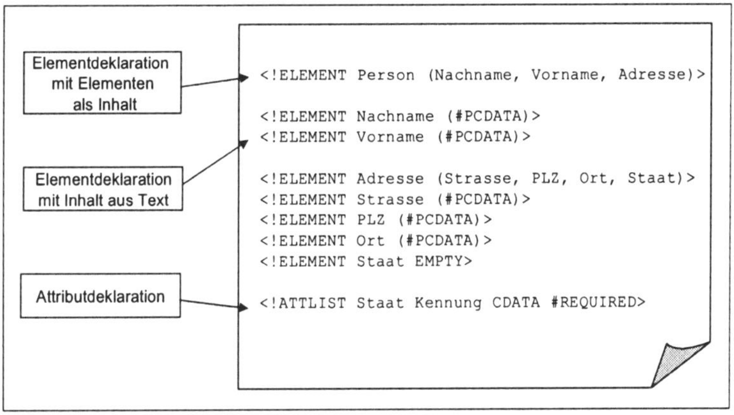

Abbildung 14: Beispiel einer Document Type Definition (DTD)

Auf die gesamten Möglichkeiten der Strukturbeschreibung wird nicht weiter eingegangen, da die Document Type Definition weitere umfangreiche Strukturbeschreibungsmöglich-

---

[108] Vgl. Merz (2002), S. 208ff.
[109] Vgl. Bray et al. (2000).
[110] Vgl. Wutka (2002), S. 537.
[111] Vgl. Hentrich (2001), S. 198ff.

keiten, wie beispielsweise die Definition von optionalen Elementen und Wiederholungsgruppen, ermöglicht.

Ein alternativer Spezifikationsmechanismus für die Strukturbeschreibung liegt mit der XML Schema Spezifikation vor, die auf der einen Seite den Beschreibungsumfang von Document Type Definitions erweitert und auf der anderen Seite einige Nachteile der Document Type Definitions aufhebt.[112]

Folgende wichtige Vorteile sind der XML Schema Spezifikation gegenüber Document Type Definitions anzuführen:[113]

- Schemata sind selbst XML-Dokumente und lassen sich daher mit den gleichen Werkzeugen wie XML-Dokumente bearbeiten.
- Schemata unterstützen Datentypen, die sowohl auf Elementebene als auch auf Attributebene greifen und die möglichen Ausprägungen der Inhalte einschränken.
- Die Kardinalität von Elementen innerhalb von Instanzdokumenten kann anhand von Minimal- und Maximalanzahl genau spezifiziert werden.
- Schemata bieten in Anlehnung an die Objektorientierung sowohl Erweiterungsmechanismen (beispielsweise in Bezug auf die möglichen Datentypen) als auch Vererbungsmechanismen.

In der Abbildung 15 wird analog zu der Abbildung 14 ebenfalls eine Strukturbeschreibung visualisiert und es wird ebenfalls das XML-Dokument aus der Abbildung 13 beschrieben. Allerdings erfolgt die Strukturbeschreibung diesmal unter Verwendung von XML Schema. Bei der dargestellten Strukturbeschreibung handelt es sich um ein wohlgeformtes XML-Dokument, die Ausprägungen der Inhalte der Elemente werden explizit durch die Verwendung von Datentypen festgelegt. Weitere Einzelheiten werden aufgrund der Mächtigkeit der XML Schema Spezifikation an dieser Stelle nicht weiter ausgeführt. Diese sind in der entsprechenden Fachliteratur zu finden.[114]

---

[112] Vgl. Daconta / Obrst / Smith (2003), S. 37.; Weitzel / Harder / Buxmann (2001), S. 29f.

[113] Vgl. Box / Skonnard / Lam (2000), S. 143f.; Hansch / Kuhlins / Schader (2002), S. 363ff.; Hentrich (2001), S. 204.; Mertens (2003), S. 258.

[114] Vgl. zu weiteren Ausführungen bezüglich der XML Schema Spezifikation u. a. Thompson et al. (2001).

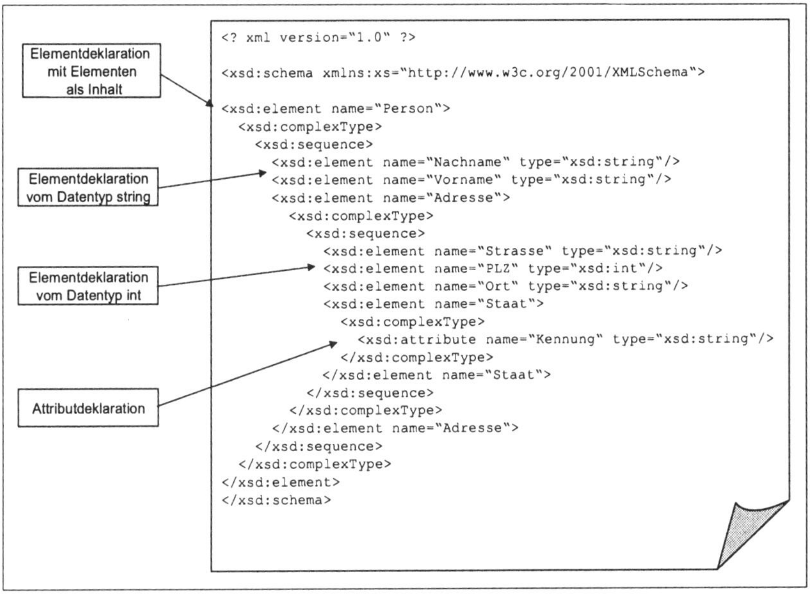

Abbildung 15: Beispiel eines XML Schema

Die XML-Spezifikation sieht prinzipiell vor, dass lediglich Instanzen von XML-Dokumenten auf Basis genau einer Strukturdefinition möglich sind. Dieses Konstrukt ist allerdings sehr unflexibel.[115] Um die Möglichkeit zu schaffen, XML-Dokumente zu erstellen, die auf mehreren verschiedenen Strukturdefinitionen basieren und somit prinzipiell Instanzdokumente aller genutzten Strukturdefinitionen sind, haben sich Namensräume in XML etabliert. Mit Hilfe von Namensräumen ist es möglich, Namenskollisionen zu vermeiden, die entstehen, wenn in mehreren Grammatiken Elemente mit derselben Bezeichnung auftreten und dann keiner Grammatik eindeutig zugeordnet werden können.[116] Namensräume ordnen somit Elemente mit den dazugehörigen optionalen Attributen über eine Uniform Resource Identifier (URI) einer in das XML-Dokument eingebunden Strukturdefinition zu.[117] In der Abbildung 15 werden bereits Namensräume verwendet. Die verwendeten Elemente werden dabei eindeutig dem Namensraum `xsd` und der damit verknüpften Strukturdefinition zugeordnet. Die Strukturdefinition selbst liegt dabei in Form eines XML Schemas vor.

[115] Vgl. Michel (1999), S. 147ff.
[116] Vgl. Bray / Hollander / Layman (1999).
[117] Vgl. Mertens (2003), S. 258f.

3.3 Dienstkommunikation

Im nachfolgenden Abschnitt wird die Ebene der Dienstkommunikation im Protokollstapel von Web Services näher betrachtet. Es werden zuerst mögliche Spezifikationen aufgezeigt, die sich für die Dienstkommunikation bei Web Services eignen. Anschließend wird der etablierte Standard auf dieser Ebene und dessen Vorläufer vorgestellt.

3.3.1 Überblick

Im Rahmen der Dienstkommunikation werden durch Web Services die beiden Kommunikationsparadigmen des Remote Procedure Calls und die nachrichtenorientierte Kommunikation umgesetzt. Bei beiden Umsetzungen basiert die Kommunikation bei Web Services auf einem XML-Protokoll. Diese XML-Protokolle lassen sich in zwei Generationen untergliedern. Die erste Generation von XML-Protokollen basiert auf der XML Spezifikation in der Version 1.0. Dazu zählen die Spezifikationen des Web Distributed Data Exchange (WDDX) als auch die Spezifikation von XML-RPC, einem Mechanismus zur Spezifikation von RPC's auf Basis der Metasprache XML. Die XML-Protokolle der zweiten Generationen umfassen das Simple Object Access Protocol (SOAP) als auch die Direct Internet Message Encapsulation (DIME) und verwenden im Gegensatz zu Protokollen der ersten Generation sowohl XML Namensräume als auch XML Schema zur Datentypdefinition.[118] In der Praxis wird jedoch das Simple Object Access Protocol (SOAP) gegenüber XML-RPC bei Web Services favorisiert. SOAP stellt eine Weiterentwicklung von XML-RPC dar und vereint alle Vorteile von XML-RPC. Aus diesem Grund liegt der Schwerpunkt der nachfolgenden Betrachtung auf SOAP. Neben diesem Schwerpunkt wird auch eine kurze Einführung in XML-RPC gegeben.

3.3.2 XML-RPC

XML-RPC ist ein relatives einfaches, plattform- und programmiersprachenunabhängiges Protokoll für den Aufruf entfernter Methoden oder Prozeduren über ein Netzwerk. Als Nachrichtensprache wird die Metasprache XML und als Transportprotokoll HTTP genutzt. Sowohl der Aufruf einer Methode und die dafür benötigten Informationen wie der Methodenname und die Parameter als auch die Antwort der Methode werden als wohlgeformte XML-Dokumente übermittelt.[119]

---

[118] Vgl. Graham / Simeonov / Boubez (2002), S. 33ff.
[119] Vgl. Saint Laurent / Johnston / Dumbill (2001), S. 13ff.

In der Spezifikation von XML-RPC werden neben dem Aufbau der Anfrage- und Antwortnachrichten auch Datentypen definiert, die innerhalb der Nachrichten zur Anwendung kommen können. Neben den einfachen Datentypen (string, int, etc.) werden auch komplexe Strukturen wie beispielsweise Felder spezifiziert.[120] In der Abbildung 16 wird der Aufbau einer Anfragenachricht auf Basis von XML-RPC verdeutlicht. Zudem werden die genutzten Elemente mit deren Bedeutung versehen.

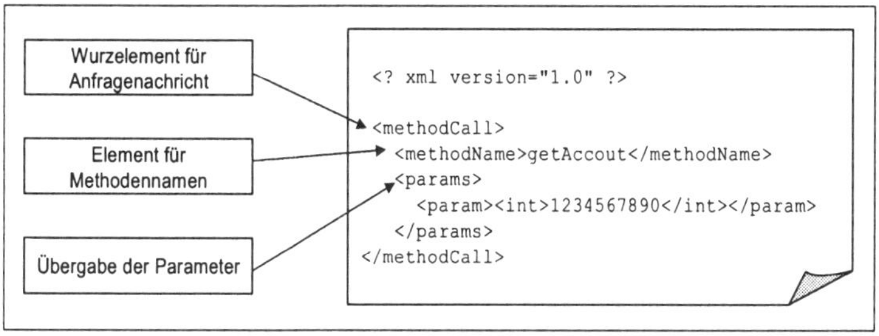

Abbildung 16: Anfragenachricht auf Basis von XML-RPC

Die Spezifikation von XML-RPC ist bereits 1998 durch die Firma UserLand Software und somit unabhängig von der Entwicklung von Web Services erfolgt. Jedoch erweist sich das Protokoll XML-RPC als sehr unflexibel, da keine eigenen XML-Strukturen übertragen werden können und somit ein nicht unerheblicher Transformationsaufwand für die Übertragung beliebiger Informationen anfällt. Eine strukturelle Erweiterbarkeit von XML-RPC ist ebenfalls nicht möglich. Deshalb ist XML-RPC in Zusammenarbeit mit Microsoft weiterentwickelt worden und als Ergebnis das Simple Object Access Protocol (SOAP) entstanden.[121]

Bei Web Services wird XML-RPC als mögliches Protokoll für die Dienstkommunikation heutzutage nur sehr wenig Aufmerksamkeit geschenkt. Jedoch eignet sich das Protokoll für einfache Web Services besonders gut, da es aufgrund der einfachen Spezifikation in Bezug auf das zugrunde liegende XML-Vokabular mit relativ wenig Aufwand erlernbar ist. Demgegenüber ist der Nachteil in Bezug auf die Flexibilität der zu übertragenden Informationen und die fehlende Erweiterbarkeit nicht zu unterschätzen.[122]

3.3.3 Simple Object Access Protocol (SOAP)

Das Simple Object Access Protocol (SOAP) stellt eine Weiterentwicklung der Spezifikation von XML-RPC dar und löst die aufgezeigten Problematik der fehlenden

[120] Vgl. Cerami (2002), S. 31ff.
[121] Vgl. Rawolle / Burghardt (2002), S. 41.
[122] Vgl. Krüger / Reschke (2002), S. 258ff.; Saint Laurent / Johnston / Dumbill (2001), S 169ff.

Flexibilität in Bezug auf die zu übertragenden Inhalte sowie die Erweiterbarkeit hinsichtlich der vorgegebenen Struktur von XML-RPC.

SOAP ist ab 1998 unter Zusammenwirken der Firmen Microsoft, DevelopMentor, Lotus, IBM und SAP entwickelt und schließlich als Spezifikation in der Version 1.1 im Mai 2000 vorgestellt worden. Die Verantwortung für die Weiterentwicklung der Spezifikation liegt heutzutage beim World Wide Web Consortium (W3C), das im Juni 2003 die Spezifikation in der Version 1.2 vorstellt hat. Diese Spezifikation umfasst neben einer allgemeinen Einführung die beiden Hauptabschnitte des SOAP Messaging Frameworks und des SOAP Adjuncts.[123]

SOAP selbst ist ein XML-basiertes und durch die Nutzung der Metasprache XML ein einfaches, sprach-, plattformunabhängiges Kommunikationsprotokoll zum Austausch strukturierter Informationen. Als Einsatzgebiete lassen sich sowohl die Entwicklung verteilter Anwendung im Allgemeinen als auch Web Services im Speziellen ausmachen. Bei Web Services hat sich SOAP als Standard für die Nachrichtenkapselung etabliert. Hinsichtlich der bereits aufgeführten Kommunikationsparadigmen des Remote Procedure Calls (RPC) und der nachrichtenorientierten Kommunikation werden durch SOAP keinerlei Einschränkungen vorgenommen. SOAP ermöglicht somit die Kommunikation anhand beider Kommunikationsparadigmen. Die nachrichtenorientierte Kommunikation wird durch die Möglichkeit geschaffen, beliebige auf Basis von XML kodierte Informationen unter Anwendung von SOAP zu übermitteln. Darauf aufbauend werden spezielle Rahmenbedingungen für die Abbildung eines Remote Procedure Calls vorgegeben, die die Struktur sowohl der Anfrage- und Antwortnachricht als auch der Fehlernachricht regeln und somit die Nachrichtenstruktur im Gegensatz zur nachrichtenorientierten Kommunikation einschränken.[124]

Aufbau einer SOAP-Nachricht

SOAP selbst definiert ein Rahmenwerk zur Beschreibung von Nachrichten und deren inhaltlichen Verarbeitung. Die SOAP-Nachrichten stellen immer wohlgeformte XML-Dokumente dar. Jede Nachricht besteht aus einem Umschlag (`SOAP:Envelope`), der als Wurzelelement dient. Der Umschlag kapselt den optionalen Kopf (`SOAP:Header`) und einen obligatorischen Körper (`SOAP:Body`) der Nachricht. Im Kopf können Verarbeitungsregeln aber auch anwendungsspezifische Informationen wie beispielsweise Angaben zur Transaktionssteuerung hinterlegt werden. Da eine Nachricht auf dem Weg

[123] Vgl. Alonso et al. (2004), S. 155.; Box et al. (2000); Gudgin et al. (2003a); Gudgin et al. (2003b); Mitra (2003).

[124] Vgl. Curbera et al. (2002), S. 86ff.; Krüger / Reschke (2002), S. 259ff.; Snell / Tidwell / Kulchenko (2002), S. 12.

vom Sender zum Empfänger mehrere Zwischenstationen (Intermediäre) durchlaufen kann, sind mehrere individuelle Kopfinhalte möglich. Im Hauptteil werden die Anwendungs- beziehungsweise Nutzdaten der Nachricht, der so genannte Payload, transportiert. Im Falle der nachrichtenorientierten Kommunikation ist an dieser Stelle das zu übertragene XML-Dokument angesiedelt. Im Falle eines Remote Procedure Calls sind dort alle notwendigen Informationen wie der Methodenname und die Parameter im Fall des Methodenaufrufs beziehungsweise die Rückgabewerte oder Fehlermeldungen im Falle der Antwortnachricht eingebettet.[125] Dabei werden alle Elemente, aus denen sich die Nachricht zusammensetzt, also auch der Umschlag, der Kopf und der Körper eindeutig unter Verwendung von XML Namensräumen spezifiziert.[126]

In der Abbildung 17 wird die eben dargestellte abstrakte Struktur einer SOAP-Nachricht visualisiert.

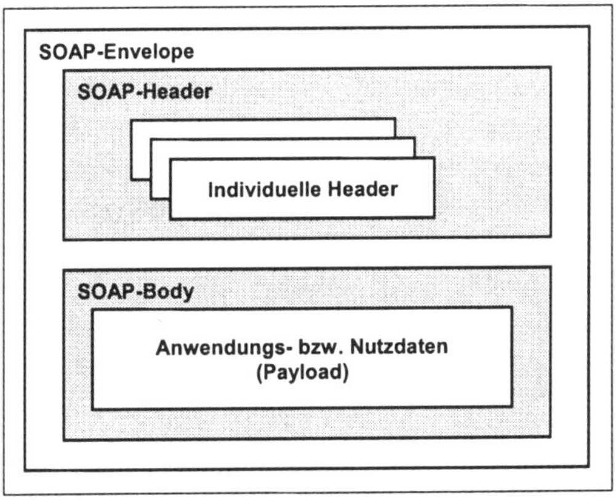

Abbildung 17: Abstrakte Struktur einer SOAP-Nachricht

In einem Datenmodell werden innerhalb der SOAP-Spezifikation analog zu XML-RPC Datentypen und Datenstrukturen für die Nachrichten festgelegt. Innerhalb des Datenmodells werden skalare Datentypen (string, int, etc.) von zusammengesetzten Datentypen (array, structs, etc.) unterschieden. Jedoch können auch eigene Datentypen innerhalb der Nachricht übertragen werden, wodurch die Erweiterbarkeit gewährleistet wird.[127]

In der Abbildung 18 wird die abstrakte Struktur einer SOAP-Nachricht an einem konkreten Beispiel dargestellt. Dabei werden zudem die angesprochene Zuordnung von

[125] Vgl. Keidl et al. (2002), S. 300ff.; Küster (2003), S. 7.; Langner (2003), S. 127.; Box et al. (2000).
[126] Vgl. Basha (2002), S. 45ff.; Mitra (2003).
[127] Vgl. Scribner / Stiver (2000), S. 135ff.; Gudgin et al. (2003b).

Namensräumen zu den einzelnen Elementen innerhalb der Nachricht sowie die zuvor diskutierte Festlegung von Datentypen für die übertragenen Parameter verdeutlicht.

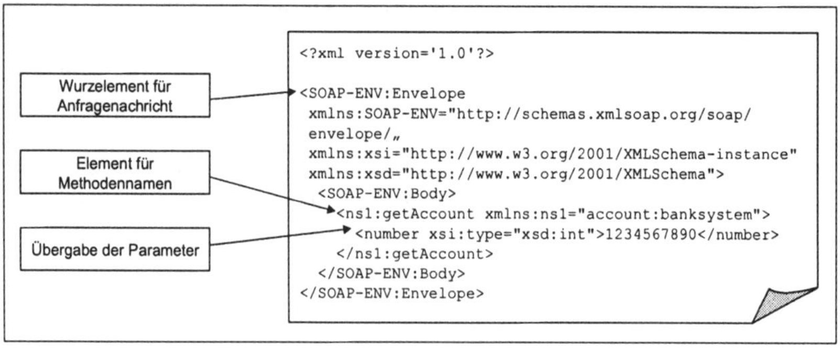

Abbildung 18: Anfragenachricht auf Basis von SOAP

Um die Flexibilität in Bezug auf das genutzte Transportprotokoll zu erhalten, sieht SOAP keine feste Bindung an das Transportprotokoll vor. Es sind eine Vielzahl von Bindungen an unterschiedliche Transportprotokolle wie HTTP, RMI / IIOP, SMTP, FTP und MQ oder sogar JMS möglich. Allerdings sind bisher in der Spezifikation nur konkrete Bindungen an die Transportprotokolle HTTP und SMTP hinterlegt (Stand: Mai 2004).[128]

SOAP zeichnet sich somit durch seine Simplizität und Erweiterbarkeit aus, da es auf der Metasprache XML basiert. Darüber hinaus wird eine hohe Flexibilität in Hinblick auf die Struktur der zu übertragenden Informationen, das genutzte Transportprotokoll sowie die möglichen Kommunikationsmodelle durch die Spezifikation erreicht. Somit ist SOAP programmiersprachen- und plattformunabhängig einsetzbar. Allerdings werden in der Spezifikation von SOAP weiterführende Aspekte wie beispielsweise die Sicherheit der Übertragung nicht behandelt.[129]

Kommunikationsablauf

Beim Ablauf eines Kommunikationsvorgangs auf Basis von SOAP erstellt ein so genannter SOAP-Client aus allen von der Anwendung bereitgestellten Informationen ein XML-Dokument, welches dann als Nutzinformation in einer SOAP-Nachricht verpackt wird. Die Übertragung selbst erfolgt unter Nutzung etablierter Transportprotokolle wie beispielsweise HTTP oder SMTP. Auf der Serverseite wird die Nachricht durch einen so genannten SOAP-Server zerlegt und die Informationen der Nutzlast an die

---

128 Vgl. Alonso et al. (2004), S. 161ff.; Burghardt / Gehrke / Schumann (2003b), S. 72ff.; Snell / Tidwell / Kulchenko (2002), S. 33f.; Box et al. (2000).

129 Vgl. Scribner / Stiver (2000), S. 77f.

Zielanwendung weitergegeben. Das Ergebnis der Verarbeitung durchläuft den Kommunikationsablauf in umgekehrter Richtung. Sowohl der SOAP-Client als auch der SOAP-Server, die bei den beiden Kommunikationsendpunkten vorgehalten werden, werden teilweise auch als Service Proxy (Clientseite) und Service Implementation Template (Serverseite) bezeichnet.[130] Auf der Ebene des Transportprotokolls sind auch die angesprochenen Zwischenstationen (Intermediäre) der Nachrichtenübermittlung angesiedelt, die eine Art Vermittlungsaufgabe zwischen dem Sender und dem Empfänger übernehmen. Entweder überwachen die Intermediäre die komplette Kommunikation, also sowohl die Anfrage als auch die Antwort (Intermediärtyp A), oder sie treten nur bei der Anfrage (Intermediärtyp B) oder der Antwort (Intermediärtyp C) in Erscheinung. Es sind somit drei Arten von Intermediären denkbar. Zudem können mehrere Intermediäre unterschiedlicher oder gleicher Typen hintereinander zwischen dem Sender und dem Empfänger der Nachricht angesiedelt sein.[131]

In der Abbildung 19 wird dieser Ablauf für die Kombination SOAP und HTTP als Transportprotokoll und die drei Arten möglicher Intermediäre veranschaulicht. Der SOAP-Client wird direkt aus einer Anwendung heraus angesprochen.

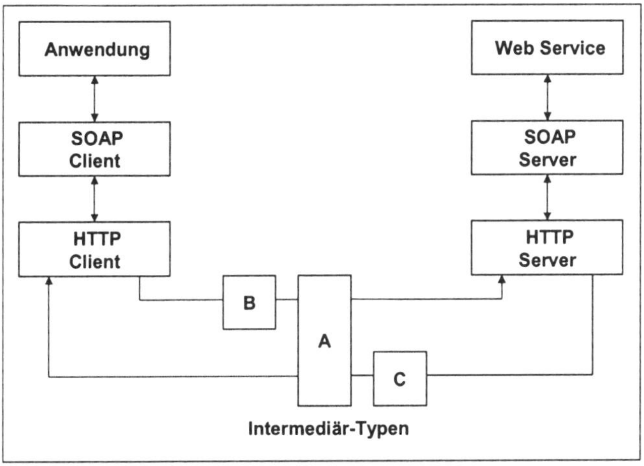

Abbildung 19: Ablauf einer SOAP/HTTP – Kommunikation eines Web Services

[130] Vgl. die Ausführungen in Abschnitt 2.4.1.
[131] Vgl. Rieck et al. (2003), S. 297f.

3.4 Dienstbeschreibung

Im nachfolgenden Abschnitt wird die Ebene der Dienstbeschreibung des Protokollstapels von Web Services näher betrachtet. Es werden zuerst mögliche Spezifikationen aufgezeigt, die sich für die Beschreibung der Schnittstellen und somit der Funktionalitäten bei Web Services eignen und daran anschließend der etablierte Standard auf dieser Ebene erläutert.

3.4.1 Überblick

Die Dienstbeschreibung ermöglicht es, Informationen über die Funktionalität und die angebotenen Schnittstellen eines Web Services bereitzustellen. Die Dienstbeschreibung wird durch den Dienstanbieter erstellt. Wird diese Dienstbeschreibung öffentlich zugänglich hinterlegt beziehungsweise einem Dienstnachfrager übermittelt, so ist dieser in der Lage, anhand dieser Informationen den spezifizierten Web Service in eine Anwendung einzubinden und diesen zu nutzen. In der Literatur werden funktionale und nichtfunktionale Beschreibungen spezifiziert.[132]

Innerhalb der funktionalen Beschreibung wird zwischen der Implementierung und dem Interface unterschieden. Im Interface wird die abstrakte Beschreibung des Web Services niedergelegt, wodurch eine Wiederverwendbarkeit des Interfaces erreicht wird. Innerhalb des Interfaces wird neben dem Aufbau der Anfrage- und Antwortnachricht selbst, die der Web Service erwartet, auch das genutzte Transportprotokoll hinterlegt. Die Implementierung beschreibt dann die konkreten Details der Umsetzung durch den Anbieter. Dort wird dann der Verbindungsendpunkt, also die Netzwerkadresse, mit der Komponente verknüpft. Unter diesem Endpunkt ist der Dienst dann ansprechbar. Auf Basis dieser funktionalen Beschreibung kann der Dienstnutzer die Softwarekomponente in eine Anwendung einbinden und aktivieren.

Die nichtfunktionale Beschreibung beinhaltet Informationen, die über die funktionale Beschreibung hinausgehen, und somit nicht direkt für die Einbindung und Nutzung des Web Services nötig sind. Dazu zählen beispielsweise Informationen über den Dienstanbieter, aber auch Informationen, die zusätzlich vor der Nutzung des Web Services zwischen dem Dienstanbieter und Dienstnutzer ausgetauscht werden müssen.

Um diese Dienstbeschreibung von Web Services vorzunehmen, können unterschiedliche Spezifikationen angewendet werden. Dazu zählt beispielsweise das Resource Description Framework (RDF)[133] oder die DARPA Agent Markup Language Ontology for

---

[132] Vgl. Graham / Simeonov / Boubez (2002), S. 41ff.
[133] Vgl. Klyne / Carroll (2003).

Web Services (DAML-S)[134]. Im Bereich der Dienstbeschreibung hat sich die Web Service Description Language (WSDL)[135] etabliert, die nachfolgend dargestellt wird.

3.4.2 Web Service Description Language (WSDL)

Die Web Service Description Language (WSDL) legt fest, in welcher Weise die für den Aufruf eines Web Services notwendigen Informationen in einem XML-Dokument niedergelegt werden müssen. Dabei ist WSDL durch Ariba, Microsoft und IBM entwickelt und eine Standardisierung durch das W3C erreicht worden. WSDL liegt in Version 1.2 vor (Stand: Mai 2004). Die in dieser Form abgelegte Dienstbeschreibung kann dann aufgrund der Nutzung von XML als Basis plattform- und programmiersprachenunabhängig interpretiert und genutzt werden.[136]

Innerhalb von WSDL werden Web Services über die Verbindungsendpunkte in einem Netzwerk identifiziert, die in der Lage sind, Nachrichten auf Basis von XML zu empfangen, diese zu verarbeiten und optional Antwortnachrichten zu generieren.[137] Die Nachrichten selbst können entweder frei gestaltbare XML-Dokumente oder aber entfernte Methodenaufrufe enthalten. Innerhalb der Beschreibung wird festgelegt, wie die Nachrichten strukturell beschaffen sein müssen sowie das für die Übertragung genutzte Transportprotokoll und der Port des Dienstes. Es erfolgt durch WSDL somit eine Beschreibung unabhängig von der gewählten Implementierung, wodurch eine Änderung der Implementierung keinen Einfluss auf die Dienstbeschreibung nach sich zieht, es sei denn, die Funktionalität des Dienstes und in Konsequenz daraus die Signatur der Schnittstelle ändert sich.

WSDL kapselt also alle Informationen, die zur Nutzung eines Web Services nötig sind, es handelt sich somit um eine Art Interface Definition Language (IDL) für Web Services auf Basis von XML.[138]

Aufbau eines WSDL-Dokuments

In der Abbildung 20 wird der schematische Aufbau eines WSDL-Dokuments veranschaulicht, auf dessen einzelne Elemente im Folgenden eingegangen wird. Die

---

[134] Vgl. Martin et al. (2002).
[135] Vgl. Christensen et al. (2002).
[136] Vgl. Keidl et al. (2002), S. 320ff.; Küster (2003), S. 9.; Chinnici et al. (2003); Christensen et al. (2002).
[137] Vgl. Chappell / Jewell / Dalheimer (2003), S. 80.
[138] Vgl. Chappell / Jewell / Dalheimer (2003), S. 80ff.; Langner (2003), S. 168ff.

eingezeichneten Verbindungen in Form der Pfeile zeigen die Referenzierung zwischen den Elementen auf.[139]

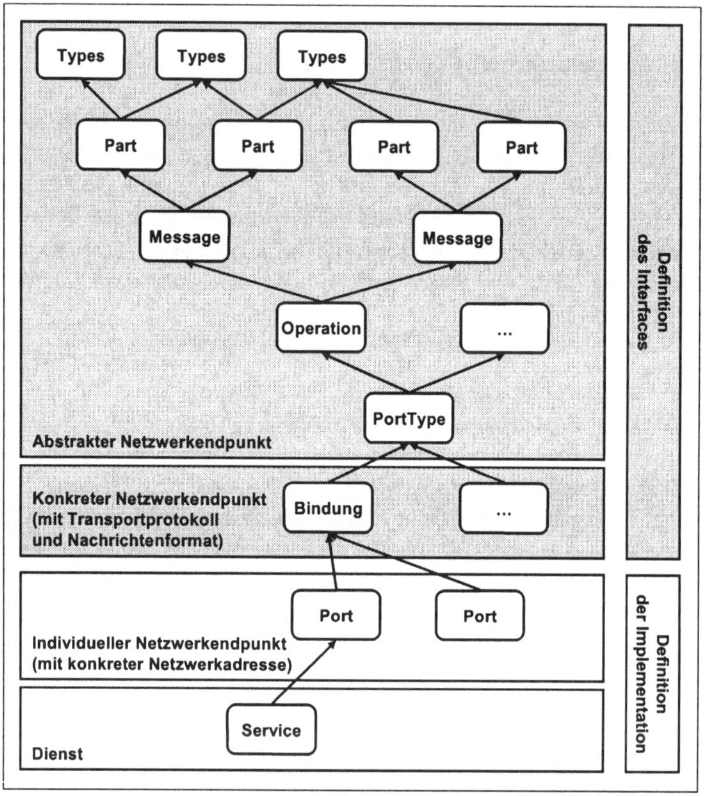

Abbildung 20: Aufbau eines WSDL-Dokuments

Die Dienstbeschreibung in WSDL kann in die Teile der Definition des Interfaces (Schnittstellenbeschreibung) und der Definition der Implementation (Implementierungsbeschreibung) eingeteilt werden. Die Definition von Interfaces erfolgt in einer abstrakten Form, die es gestattet, bei verschiedenen Umsetzungen eine Wiederverwendbarkeit der Interfacedefinition zu erzielen. Die Definition der Implementation übernimmt dann die konkrete Zuordnung des Web Services zu einer Netzwerkadresse und den genutzten Port.

[139] Vgl. Keidl et al. (2002), S. 320f.

Innerhalb der Definition des Interfaces werden ein Datentyp-, ein Nachrichten-, ein Porttyp- sowie ein Anbindungselement als Hauptelemente spezifiziert, die nachfolgend erläutert werden. Alle Elemente werden innerhalb der Dienstbeschreibung durch einen eindeutigen Namen in Form eines Attributs gekennzeichnet, der zur Referenzierung innerhalb der Dienstbeschreibung genutzt wird.[140]

- Das Datentypelement (`<wsdl:types>`) dient zur Definition von eigenen Datentypen, die nicht in der XML Schema Spezifikation vorgesehen sind und die innerhalb der ausgetauschten Nachrichten verwendet werden sollen. Dabei sollten alle eigenen Datentypen ebenfalls aus Gründen der Interoperabilität unter Nutzung von XML Schema spezifiziert werden.

- Das Nachrichtenelement (`<wsdl:message>`) dient zum Festlegen der Anfrage- und Antwort- sowie der Fehlernachrichten, die ein Web Service verarbeitet und die somit zwischen dem Dienstanbieter und dem Dienstnachfrager ausgetauscht werden. Dabei besteht jede Nachricht aus logischen Bestandteilen (`<wsdl:part>`), die eine nähere Spezifizierung der Nachricht vornehmen, indem beispielsweise über Attribute die genutzten Datentypen zugeordnet werden. Die Bestandteile sind selber Kindelemente der Nachricht.

- Das Porttypelement (`<wsdl:portType>`) kapselt eine Menge von Operationen, die dem Dienstnutzer zur Verfügung stehen. Die Operationen (`<wsdl:operation>`) besitzen Kindelemente, über die die Verweise auf die beteiligten Anfrage-, Antwort- und Fehlernachrichten abgebildet werden. An dieser Stelle wird auch der Methodenname festgelegt, den der Dienstnutzer zur Aktivierung des Dienstes ansprechen muss.

- Das Anbindungselement (`<wsdl:bindung>`) spezifiziert das genutzte Kommunikationsparadigma sowie das Transportprotokoll, welches zur Übermittlung der Nachrichten an den Verbindungsendpunkt genutzt werden soll. Es wird somit die Kommunikation zwischen Dienstanbieter und Dienstnutzer definiert.

Neben dieser abstrakten Definition des Interfaces werden bei der Definition der Implementation nun die konkreten Details der Umsetzung spezifiziert. Dabei werden das Portelement und das Serviceelement als Hauptelemente unterschieden. Diesen Elementen wird ebenfalls analog zu den Elementen der Interfacedefinition ein eindeutiger Name über ein Attribut zugeordnet, über welches eine Referenzierung innerhalb des WSDL-Dokuments erfolgt. Diese Hauptelemente werden nachfolgend erläutert:

---

[140] Vgl. Chappell / Jewell / Dalheimer (2003), S. 82ff.; Keidl et al. (2002), S. 320ff.; Newcomer (2002), S. 65ff.; Chinnici et al. (2003); Christensen et al. (2002).

- Das Portelement (<wsdl:port>) spezifiziert die möglichen Verbindungsendpunkte eines Web Services und somit die Netzwerkadresse und den zugehörigen Port, über die die Nutzung erfolgen kann. Es erfolgt auch eine Referenzierung auf ein Anbindungselement. Hier wird der Kreis zwischen der abstrakten und der konkreten Definition geschlossen.
- Das Serviceelement (<wsdl:service>) bildet den Web Service ab und enthält die Portelemente als Kindelemente. Das Serviceelement bündelt somit eine Menge von Kommunikationsendpunkten, die den Web Services implementieren. Diese Kommunikationsendpunkte werden als Kindelemente hinterlegt und besitzen eine entsprechende Referenz auf die Portelemente.

Optional kann ein Dokumentationselement (<wsdl:documentation>) an beliebigen Stellen des WSDL-Dokuments verankert werden, welches eine allgemeine Beschreibung des Dienstes oder der jeweiligen Elemente ermöglicht. Dieses Dokumentationselement ist die einzige Möglichkeit, eine nichtfunktionale Beschreibung des Web Services vorzunehmen. Eine automatische Weiterverarbeitung der Inhalte des Dokumentationselements ist aufgrund der fehlenden Standardisierung nicht gegeben.

Auf Basis dieser Spezifizierung des Dienstes ist es nun möglich, den Dienst einzubinden und zu nutzen. In der Abbildung 21 wird der aufgezeigte abstrakte Aufbau eines WSDL-Dokuments (vgl. Abbildung 20) an einem Beispiel verdeutlicht. Dabei wird das bereits in Abschnitt der Dienstkommunikation eingeführte Beispiel (vgl. Abbildung 18) weiterverwendet und für diesen Dienst eine Dienstbeschreibung erstellt.

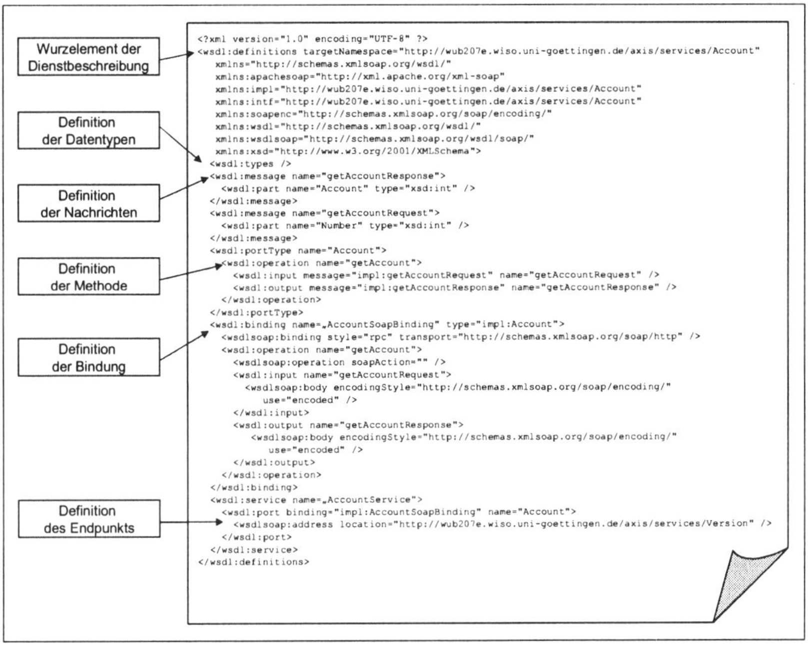

Abbildung 21: Beispiel einer Dienstbeschreibung in WSDL

3.5 Dienstverzeichnis

Im nachfolgenden Abschnitt wird die Ebene des Dienstverzeichnisses im Protokollstapel von Web Services näher betrachtet. Es werden zuerst mögliche Arten von Dienstverzeichnissen und Spezifikationen aufgezeigt, die sich für die Bereitstellung eines Dienstverzeichnisses eignen. Daran anschließend wird das etablierte Dienstverzeichnis für Web Services ausführlich erläutert.

3.5.1 Überblick

Um den Dienstnutzer die Möglichkeit zu geben, einen Dienst eines Dienstanbieters zu aktivieren und diesen in eine Anwendung einzubinden, muss der Dienstnutzer über die Existenz des Dienstes in geeigneter Weise informiert werden. Wie bereits dargestellt, untergliedert sich diese Informationsphase in die beiden Unterabschnitte der Dienstveröffentlichung und der Dienstsuche. Die Dienstveröffentlichung kann dabei entweder statisch oder dynamisch erfolgen. Die Phase der Dienstsuche fällt jedoch nur bei der dynamischen Veröffentlichung der Dienstbeschreibung an.[141]

Im Rahmen der statischen Dienstveröffentlichung kann diese Übermittlung der Dienstbeschreibung in Form einer E-Mail erfolgen. Auch ist eine Ablage der Dienstbeschreibung in einer Datei denkbar, die dann über einen FTP-Server zum Download zur Verfügung gestellt wird. Der Dienstnutzer erhält bei der direkten Veröffentlichung somit immer eine Kopie der Dienstbeschreibung.[142]

Bei der dynamischen Dienstveröffentlichung wird die Dienstbeschreibung beziehungsweise ein Verweis auf diese in einem Verzeichnis hinterlegt, welches dann durch den potenziellen Dienstnutzer durchsucht werden kann. Diese Verzeichnisse unterscheiden sich untereinander auf der einen Seite hinsichtlich ihres Funktionsumfangs und auf der anderen Seite hinsichtlich des Umfangs der abgelegten Dienstbeschreibungen.

Die einfachste Form von Verzeichnissen stellen Webseiten dar, die eine Auflistung verfügbarer Web Services anbieten und eine Referenz auf die Dienstbeschreibung vorhalten. Web Services werden in diesen einfachen Verzeichnissen in der Regel durch Nutzung von HTML-Formularen veröffentlicht. Eine Suchmöglichkeit auf den Webseiten ist meistens nicht vorhanden. Die Webseite von XMethods[143] kann als ein solch einfaches Verzeichnis angesehen werden. Darüber hinaus spezifizieren die Ansätze des Advertisement and Discovery of Services (ADS) von IBM[144] als auch der Ansatz des Discovery of Web Services von Microsoft[145] einfache Mechanismen auf Basis von HTTP-GET, die den Bezug von Dienstbeschreibungen von einer vorgegebenen URL erlauben.

Wird statt der Referenz auf die Dienstbeschreibung auch die Möglichkeit geboten, eine komplette Dienstbeschreibung im Verzeichnis abzulegen, so wird von einem WSDL-Repository gesprochen. Diese erweiterten Verzeichnisse können auch über umfangreichere Mechanismen zur Veröffentlichung und Funktionalitäten zur Suche veröffentlichter Web Services verfügen.

Eines dieser erweiterten Verzeichnisse mit den umfangreichsten Funktionalitäten zur Veröffentlichung und zur Suche ist ein Verzeichnis mit dem Namen Universal Description, Discovery and Integration (UDDI) (Stand: Mai 2004).[146] Nachfolgend wird somit UDDI als Verzeichnisdienst betrachtet, da sich dieses als Verzeichnis für Web Services und deren Veröffentlichung und deren Suche etabliert hat.

---

141 Vgl. Beimborn / Mintert / Weitzel (2002), S. 277f.; Bettag (2001), S. 302ff.
142 Vgl. Kreger (2001), S. 21.
143 Vgl. http://www.xmethods.com
144 Vgl. Nagy / Curbera / Weerawaranna (2000).
145 Vgl. Skonnard (2002), S. 23ff.
146 Vgl. Bellwood et al. (2002).

In der Abbildung 22 werden die möglichen Veröffentlichungsformen und die dafür existierenden Möglichkeiten dargestellt. Es wird anhand der angebotenen Funktionalität eine Aufsplittung der Möglichkeiten bei der dynamischen Veröffentlichung erreicht.[147]

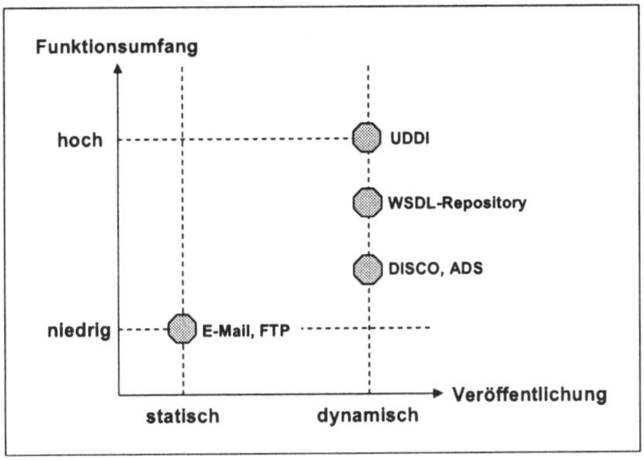

Abbildung 22: Veröffentlichungsmöglichkeiten von Web Services

3.5.2 Universal Description, Discovery and Integration (UDDI)

Die Grundidee von Universal Description, Discovery and Integration (UDDI) ist es, ein Verzeichnis zur Verfügung zu stellen, welches zur Veröffentlichung und zur Suche von Web Services dient. Die erste Spezifikation in Version 1.0 von UDDI ist bereits im September 2000 durch die Organisation UDDI.org, in der über 200 Softwareunternehmen vertreten sind, entwickelt worden. Die Weiterentwicklung dieser Basisspezifikation erfolgt durch das Standardisierungsgremium OASIS. Mittlerweile ist die Spezifikation in Version 3.0 im Juli 2002 verabschiedet worden.[148]

UDDI selbst stellt aus konzeptioneller Sicht ein verteiltes Datenbanksystem zur Speicherung der Dienstbeschreibung und zusätzlicher Metadaten der Dienstanbieter dar. Dafür wird innerhalb der UDDI-Spezifikation neben den zu erfassenden Daten ein einheitliches Datenschema für die Speicherung der Daten definiert. Darüber hinaus spezifiziert UDDI die Zugriffsmöglichkeiten auf das Datenbanksystem und eine Replikationsstrategie.[149]

In der Spezifikation in Version 3.0 unterscheidet UDDI mit privaten, halbprivaten und öffentlichen Verzeichnissen drei unterschiedliche Verzeichnisarten. Private Verzeichnisse

---

[147] Vgl. Badach / Rieger / Schmauch (2003), S. 338.; Kreger (2001), S. 20ff.
[148] Vgl. Bellwood et al. (2002).
[149] Vgl. Keidl et al. (2002), S. 304ff.

befinden sich innerhalb eines Intranets eines Unternehmens und können beispielsweise als Testumgebung verwendet werden. Halbprivate Verzeichnisse sind ebenfalls innerhalb eines Unternehmens angesiedelt. Diese werden von Anwendern innerhalb des Unternehmens und von Geschäftspartnern genutzt. Innerhalb dieser Verzeichnisse können beispielsweise Dienste veröffentlicht werden, die durch die Geschäftspartner genutzt werden können. Somit werden halbprivate Verzeichnisse in der Regel im Extranet von Unternehmen eingesetzt. Die öffentlichen Verzeichnisse erfahren keine Einschränkung der Nutzer und werden gegenwärtig von IBM, Microsoft, NTT Communications und SAP betrieben (Stand: Mai 2004).[150]

Datenumfang und Datenstruktur

Der Verzeichnisdienst UDDI unterscheidet drei verschiedene Klassen von Informationen, die gespeichert werden:[151]

- Weiße Seiten: Diese Klasse von Informationen umfasst allgemeine Informationen über den Dienstanbieter. Dazu zählen Angaben über das Unternehmen, wie der Firmenname, die Adresse, die Telefonnummer und Daten über die Kontaktperson innerhalb des Unternehmens.
- Gelbe Seiten: Diese Klasse von Informationen ermöglicht später die komfortable Suche innerhalb der im UDDI-Verzeichnis abgelegten Daten. Hier findet eine Kategorisierung der Dienstanbieter und des Dienstes statt, wobei eine vorgegebene Taxonomie verwendet wird, die aber durch den Dienstanbieter beliebig verfeinert werden kann. So ist beispielsweise beim Dienstanbieter eine Einordnung sowohl anhand geografischer Parameter als auch anhand der Unternehmensbranche möglich.[152]
- Grüne Seiten: Die dort angesiedelten Informationen umfassen den technischen Datenbestand, der innerhalb des Verzeichnisses gespeichert wird. Daher werden hier Spezifikationsdokumente oder Referenzen auf diese sowie die Verbindungsendpunkte der einzelnen Web Services abgelegt, über die der Dienstnutzer den Dienst aktivieren kann. Die Spezifikationsdokumente selbst sind in der Regel in WSDL verfasst.

Diese aufgezeigten Daten werden in einer speziellen Datenstruktur innerhalb des Verzeichnisses abgelegt. Diese Datenstruktur kann analog zur Struktur des WSDL-

[150] Vgl. Bellwood et al. (2002), S. 174ff.; Kreger (2001), S. 20.
[151] Vgl. Cerami (2002) , S. 158ff.; Chappell / Jewell / Dalheimer (2003), S. 110ff.; Daconta / Obrst / Smith (2003), S. 69f.
[152] Ein konkretes Beispiel für eine solche vorgesehene Taxonomie ist die Kategorisierung nach Ländercodes nach ISO 3166; vgl. Wojciechoski / Weinhardt (2002), S. 108.

Dokuments in die beiden Teile der Implementierungs- und der Schnittstellenbeschreibung aufgespaltet werden. Die Abbildung erfolgt in Form eines XML-Dokuments und enthält vier zentrale Datenelemente.

In der Implementierungsbeschreibung (`businessEntity`) werden die Daten der weißen Seiten niedergelegt. Darüber hinaus finden sich hier Daten der gelben Seiten wieder, die sich aus einer Kategorisierung des Dienstanbieters ergeben. Eine Zuordnung der angebotenen Dienste und somit die Speicherung der restlichen Daten der gelben Seiten erfolgt in der informellen Dienstbeschreibung (`businessService`), die in der Implementierungsbeschreibung als Kindelement enthalten ist. Die technischen Details der konkreten Implementierung und somit ein Teil der Daten der grünen Seiten werden als Implementierungsorte (`bindingTemplates`) gespeichert. Wesentliches Element der Speicherung ist der Verbindungsendpunkt, also die Adresse des Web Service, über den der Dienst aktiviert werden kann. Die Implementierungsorte sind der informellen Dienstbeschreibung als Kindelemente zugeordnet. Darüber hinaus enthält der Implementierungsort eine Referenz auf die Schnittstellenbeschreibung (`tModel`), in der die Dienstschnittstelle in Form eines WSDL-Dokuments oder aber als Referenz auf ein solches Dokument hinterlegt wird. Aufgrund der Hinterlegung als Referenz kann die Schnittstellenbeschreibung innerhalb verschiedener Implementierungsbeschreibungen wieder verwendet werden. Dadurch wird die Implementierung eines Dienstes auf Basis der gleichen Schnittstellensignatur durch verschiedene Dienstanbieter ermöglicht.[153]

In der Tabelle 4 werden die Informationsklassen innerhalb von UDDI den genutzten Datenstrukturen zugeordnet.

Struktur \ Klasse	Weiße Seiten	Gelbe Seiten	Grüne Seiten
businessEntity	+	+	-
businessService	-	+	-
bindingTemplate	-	-	+
tModel	-	-	+

Legende: + : Struktur beinhaltet Klasseininformationen - : Struktur beinhaltet keine Klasseininformationen

Tabelle 4: Zuordnung der Daten auf die Datenstruktur bei UDDI

In der Abbildung 23 wird die Schachtelung der Datenelemente innerhalb der Datenstruktur von UDDI veranschaulicht. Es wird auch die aufgezeigte Referenzierung auf die Schnittstellenbeschreibung aus den Implementierungsorten heraus durch den

[153] Vgl. Badach / Rieger / Schmauch (2003), S. 340.; Bellwood et al. (2002), S. 30ff.

Pfeil verdeutlicht. Eine komplette Darstellung der Datenstruktur von UDDI in UML-Notation ist beispielsweise bei Keidl et al. zu finden.[154]

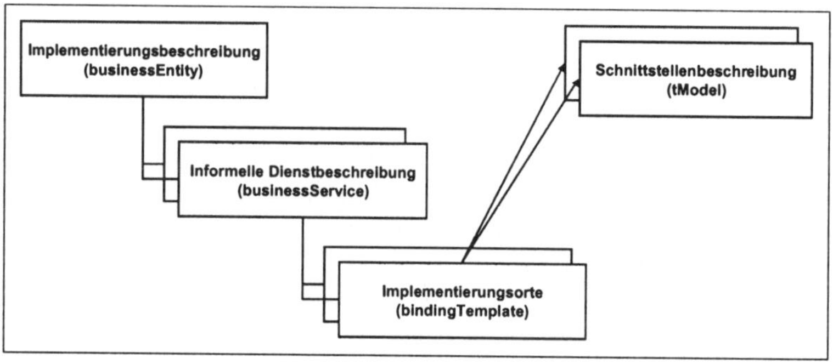

Abbildung 23: Beziehungen innerhalb der UDDI Datenstruktur

Zugriff

Der Zugriff auf die Daten erfolgt über standardisierte Schnittstellen, die die Grundfunktionalitäten des Einfügens, des Änderns, des Löschens und des Suchens abdecken. Die ersten drei Grundfunktionalitäten werden über Datenmodifikationsschnittstellen realisiert, deren Spezifikation als Publishing-API bezeichnet wird. Die Grundfunktionalität des Suchens wird durch die Inquiry-API realisiert. Neben diesem Zugriff über Application Programming Interfaces besteht optional bei manchen Betreibern des Verzeichnisdienstes die Möglichkeit, über nicht standardisierte Weboberflächen die Grundfunktionalitäten von UDDI in Anspruch zu nehmen. Für eine ausführliche Einführung in die Zugriffsmöglichkeiten sei an dieser Stelle ebenfalls auf die Spezifikation beziehungsweise auf Keidl et al. verwiesen.[155]

3.6 Werkzeugunterstützung

Nachdem nun die relevanten Spezifikationen für die einzelnen fachlichen Anforderungen im Protokollstapel von Web Services aufgezeigt worden sind, widmet sich der nachfolgende Abschnitt der möglichen Werkzeugunterstützung der einzelnen Ebenen und dort speziell der diskutierten Kernstandards XML, SOAP, WSDL und UDDI. Dabei wird zuerst ein Überblick der Arten der Werkzeugunterstützung gegeben und danach auf jeder Ebene die Werkzeugunterstützung untersucht.

---

[154] Vgl. Keidl et al. (2002), S. 308.
[155] Vgl. Bellwood et al. (2002), S. 62ff.; Keidl et al. (2002), S. 313ff.

3.6.1 Überblick

Für Web Services sind eine Vielzahl von kostenlosen und kostenpflichtigen Werkzeugen für nahezu jede Systemplattform und Application Programming Interfaces (APIs) für jede gängige Programmiersprache verfügbar. Dabei setzen die Werkzeuge immer auf den APIs auf, die die grundlegenden Mechanismen und Verfahrensweisen für die Entwicklung sowie Veröffentlichung und Nutzung von Web Services zur Verfügung stellen, und ergänzen in der Regel eine textuelle oder grafische Benutzeroberfläche. Teilweise wird der Funktionsumfang durch geschickte Kombination der durch die grundlegenden APIs zur Verfügung gestellten Funktionalitäten oder durch entsprechende Neuentwicklungen noch erweitert.

Nachfolgend werden verfügbare APIs und Werkzeuge für die Kerntechnologien bei Web Services ausschnittsweise aufgeführt, die die Arbeit mit Web Services sowohl aus Entwicklersicht als auch aus Nutzersicht erleichtern. Da alle Kernstandards bei Web Services auf der Metasprache XML aufsetzen, wird zu Beginn ein besonderer Fokus auf die verfügbaren APIs und die Werkzeugunterstützung von XML gelegt. Auf diese dort etablierten APIs setzen dann in der Regel die APIs und Werkzeuge für die Kernstandards bei Web Services auf.

3.6.2 Inhaltsbeschreibung - XML

Die Verarbeitung und somit der Zugriff auf XML-Dokumente kann über verschiedene Abstraktionsschichten erfolgen. Dabei kann der Zugriff für die Verarbeitung über XML-Prozessoren, über Anfrage- und Transformationssprachen oder aber über Standardwerkzeuge erfolgen. Diese drei prinzipiellen Zugriffsformen, die von ihrer Funktionalität immer weiter zunehmen und somit den Zugriff aus Sicht des Benutzers immer weiter vereinfachen, werden nachfolgend kurz dargestellt.[156]

Die Abbildung 24 veranschaulicht den Zusammenhang zwischen diesen drei Zugriffsformen und stellt das Zusammengreifen der verschiedenen Zugriffsformen bei der Verarbeitung von XML-Dokumenten dar. Der potenzielle Nutzer wird ebenfalls in die Darstellung eingeordnet.

---

[156] Vgl. Rawolle (2002), S. 60ff.

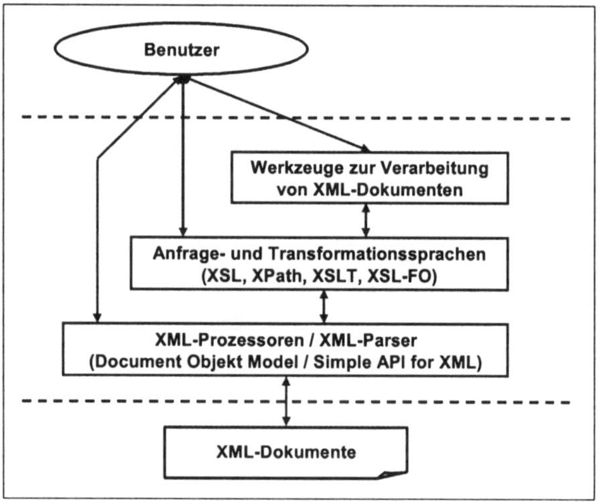

Abbildung 24: Verarbeitungsschichten beim Zugriff auf XML-Dokumente

Der Basisbaustein für die Verarbeitung und den Zugriff auf XML-Dokumente durch potenzielle Nutzer sind so genannte XML-Prozessoren, die auch als XML-Parser bezeichnet werden. Es handelt sich dabei um Softwaremodule, die XML-Dokumente einlesen und einen Zugang auf die Strukturen und den Inhalt von XML-Dokumenten gestatten. Die Zugriffsmöglichkeiten für die Verarbeitung und die Analyse von XML-Dokumenten werden dabei über standardisierte Application Programming Interfaces (APIs) der nutzenden Anwendung zur Verfügung gestellt.[157] Es lassen sich prinzipiell mit dem Document Object Model (DOM) und dem Simple API for XML (SAX) zwei Arten von APIs unterscheiden, die im Folgenden kurz skizziert werden sollen. Konkrete Umsetzungen der vorgestellten APIs und somit XML-Parser sind für alle wichtigen Programmiersprachen verfügbar.[158]

XML-Parser, die die API von DOM realisieren, repräsentieren XML-Dokumente durch entsprechende Baumstrukturen, die die hierarchischen Strukturen innerhalb der Dokumente abbilden. Es werden in dieser Baumstruktur Element-, Attribut- und Inhaltsknoten unterschieden, denen jeweils Zugriffsmethoden unter anderem zum Lesen, Suchen, Löschen und Schreiben der Knoteninhalte zugeordnet werden.[159] Vor dem Zugriff wird das komplette XML-Dokument analysiert und in eine statische Repräsentation in Form eines Baumes überführt. Dies führt gerade bei umfangreichen XML-Dokumenten zu einem hohen Speicherbedarf und einer gewissen zeitlichen

[157] Vgl. Goldfarb / Prescod (2002), S. 50f.
[158] Vgl. McLaughlin / Kersken / Key (2002), S. 111ff.
[159] Vgl. Wood (1998).

Verzögerung, bis das XML-Dokument für den Zugriff bereitsteht.[160] Sowohl durch die Bereitstellung der kompletten Struktur als Baum als auch durch die vorhandenen Zugriffsmethoden in jedem Knoten wird jedoch ein sehr benutzerfreundlicher Zugriff auf das XML-Dokument erreicht.

Um die Nachteile des Speicherbedarfs sowie die zeitliche Verzögerung zu umgehen, hat sich mit SAX eine zweite Variante für den Zugriff in der Praxis etabliert. SAX zählt zu den ereignisbasierten APIs, die bei jedem Auftreten eines XML-Konstrukts (Start-Marke, End-Marke, Elementinhalt, etc.) während des Analysierens des XML-Dokuments ein Ereignis auslösen, welches die nutzende Anwendung abfangen und weiterverarbeiten muss.[161] Dieses ereignisbasierte Konzept hat allerdings negative Auswirkungen auf die Effizienz und die Benutzerfreundlichkeit von SAX, da die komplette Verarbeitungslogik in die nutzende Anwendung verlagert wird.

Da XML-Prozessoren lediglich die grundlegenden Zugriffsmechanismen dem Nutzer zur Verfügung stellen, haben sich zur Erweiterung dieser Basisfunktionalitäten Anfrage- und Transformationssprachen entwickelt. Diese bauen auf den XML-Prozessoren auf und unterstützen sowohl die Gewinnung von Informationen aus Datenbeständen als auch die Konvertierung von Datenbeständen aus einer Struktur in eine andere Struktur. Diese erweiterten Funktionalitäten werden ebenfalls über Application Programming Interfaces zur Verfügung gestellt.

Die durch das W3C entwickelte Extensible Stylesheet Language (XSL), die sowohl zur Formatierung als auch zur Transformation von XML-Dokumenten eingesetzt werden kann, bildet diese erweiterten Aufgaben in einer entsprechenden Spezifikation ab.[162] Bei der Spezifikation von XSL werden die grundlegenden Konzepte der seit 1996 der etablierten Document Style Semantics and Specification Language (DSSSL)[163] übernommen, da diese bereits erfolgreich im Umfeld von SGML im Einsatz ist. Die Umsetzung erfolgt in einer syntaktisch anderen Form.[164] Die Spezifikation von XSL besteht mit XML Path Language (XPath), XSL Transformations (XSLT) und XSL Formatting Objects (XSL-FO) aus drei aufeinander aufbauenden Spezifikationen.[165]

XPath ist im November 1999 als Standard für eine Anfragesprache verabschiedet worden und dient der Adressierung von Teilen eines XML-Dokuments. So können nicht nur XML-

---

[160] Vgl. Laurent (2001), S. 199.
[161] Vgl. Morgenthal / Forge (2001), S. 56ff.
[162] Vgl. Harold (2001), S. 433ff.
[163] Die DSSSL Spezifikation besteht aus einer Transformations- und einer Stilsprache. Die Transformationssprache wandelt SGML-Dokumente, die Instanzen in einer bestimmten Strukturdefinition sind, in Instanzdokumente einer beliebigen anderen Strukturdefinition um. Die Stilsprache legt das Layout einzelner Bestandteile des SGML-Dokuments fest, wobei Ausgabeformate in Form von Portable Document Form (PDF), Postscript und Rich Text Format (RTF) unterstützt werden. Vgl. u. a. Behme / Mintert (2001), S. 123ff.
[164] Vgl. Behme / Mintert (2001), S. 134f.
[165] Vgl. Thompson (2002).

Dokumente als Ganzes über Links angesprochen werden, sondern auch einzelne Abschnitte eines XML-Dokuments oder sogar konkrete Elemente.[166] Somit werden durch XPath Wegbeschreibungen in Form von Pfadangaben innerhalb von XML-Dokumenten ermöglicht, die sich syntaktisch an die Notation von URIs halten und somit eine Navigation innerhalb der XML-Dokumente ermöglichen.[167] Jedoch erwies sich XPath in der Version 1.0 aufgrund der eingeschränkten Funktionalität und der schwachen Ausdruckskraft in Bezug auf die Darstellung von Abfragen als unzureichend. Daher ist mit der Entwicklung von XQuery als neue Anfragesprache begonnen worden. In der aktuellsten Spezifikation liegt XQuery seit November 2003 vor (Stand: Mai 2004).[168] XQuery vereinigt die herausragenden Eigenschaften existierender Anfragesprachen (allen voran von XPath und der Extensible Query Language) und verbindet diese mit den bewährten Design von Anfragesprachen wie der Structured Query Language (SQL) und der Object Query Language (OQL). Auch die neben XQuery vorangetriebene Weiterentwicklung von XPath ist mittlerweile abgeschlossen worden und so hat XPath deutlich an Mächtigkeit zugelegt und liegt mittlerweile in Version 2.0 vor (Stand: Mai 2004). XPath hält nun neben diversen Datentypen eine Vielzahl von vordefinierten Funktionen bereit, die auf diesen Datentypen operieren. Somit verwundert es nicht, dass XPath zentraler Bestandteil der Spezifikation von XQuery ist und in der Spezifikation von XQuery über 80% einnimmt. Somit ist jede in XPath spezifizierte Anfrage auch eine gültige Anfrage in XQuery.[169]

XSLT ist ebenfalls im November 1999 als Standard vom W3C verabschiedet worden und verwendet XPath als Anfragesprache. Die Spezifikation umfasst Vorschriften zur Transformation eines XML-Quelldokuments in ein beliebiges Zieldokument, wobei es sich beim Quelldokument um ein wohlgeformtes XML-Dokument handeln muss.[170] Die konkreten Umwandlungsvorschriften werden in einem so genannten Stylesheet hinterlegt. Die Durchführung einer Transformation wird dann von einem XSLT-Prozessor übernommen, der das Quelldokument und das Stylesheet einliest und dann das Stylesheet auf das Quelldokument anwendet. XSLT-Prozessoren unterscheiden sich also grundlegend von XML-Prozessoren, da XSLT-Prozessoren XML-Dokumente transformieren, XML-Prozessoren jedoch lediglich die Struktur und den Inhalt von XML-Dokumenten für andere Anwendungen zur Verfügung stellen.

Auch XSL-FO ist im Oktober 2001 vom W3C standardisiert worden und beinhaltet Mechanismen zur Formatierung von XML-Dokumenten. Dazu werden XML-Quelldokumente mit so genannten Formatting Objects (FOs) ausgestattet, in dem ein

166 Vgl. Goldfarb / Prescod (2002), S. 1005ff.
167 Vgl. Clark / DeRose (1999).
168 Vgl. Boag et al. (2003).
169 Vgl. Berglund et al. (2003); Malhotra et al. (2003).
170 Vgl. Weitzel / Harder / Buxmann (2001), S 40f.

XSL-FO-Stylesheet auf die Quelldokumente angewendet wird.[171] XSL-FO teilt die XML-Dokumente in verschiedene Bereiche auf. Dabei ist eine Überlappungen oder eine Schachtelung von verschiedenen Abschnitten möglich. Die einzelnen Teile werden dann mittels Formatting Objects formal beschrieben, indem beispielsweise Ränder und Abstände zwischen Inhalten festgelegt oder bestimmten Bereichen Hintergrundfarben zugewiesen werden können. Für weitere Ausführungen sei jedoch aufgrund der Komplexität auf die Spezifikation verwiesen.[172]

Die Werkzeuge setzen nun auf diesen Basisfunktionalitäten und Erweiterungen auf und ermöglichen die komfortable Erstellung und Verarbeitung von XML-Dokumenten von Strukturdefinitionen. Dabei werden die durch die XML-Prozessoren und die Anfrage- und Transformationssprachen vorgehaltenen Funktionalitäten dem Nutzer über grafische oder textuelle Benutzungsoberflächen zur Verfügung gestellt.[173]

Im Bereich der Bearbeitung von XML-Dokumenten sind speziell XML-Editoren anzuführen, die die Einhaltung von XML-spezifischen Eigenschaften überwachen. Dazu zählen beispielsweise die Prüfung auf Wohlgeformtheit und Gültigkeit, die Unterstützung bei der Elementauswahl sowie verschiedene Sichten (Quelltext, Strukturbaum) auf die zu bearbeiteten XML-Dokumente. Bei den Nutzern von XML-Editoren bilden die Gruppe der Anwender den Schwerpunkt, die die inhaltliche Arbeit an den XML-Dokumenten absolvieren. Daher wird bei diesem Werkzeugen ein Hauptaugenmerk auf eine einfache Benutzerführung und die entsprechende Unterstützung durch Hilfemenüs gelegt.

Das Erstellen und das Bearbeiten von Strukturdefinitionen werden durch so genannte Struktureditoren ermöglicht. Durch die Struktureditoren werden sowohl Document Type Definitions (DTD) als auch XML Schemata als mögliche Spezifikationsgrundlagen unterstützt. Als Anwender werden schwerpunktmäßig Nutzer angesprochen, die die strukturellen Vorgaben für die darauf basierenden XML-Dokumente erstellen.

3.6.3 Dienstkommunikation - SOAP

SOAP selbst ist ein XML-basiertes und dadurch einfaches, sprach-, plattformunabhängiges Kommunikationsprotokoll zum Austausch strukturierter Informationen. Die zu übertragene Nachricht wird in Form eines XML-Dokuments übermittelt. Daher setzen die Application Programming Interfaces auf den Basisbausteinen für XML-Dokumente zur Verarbeitung und zum Zugriff, den XML-Prozessoren oder XML-Parsern, auf.

---

[171] Vgl. Bach (2000), S. 206ff.
[172] Vgl. Adler et al. (2001).
[173] Vgl. Rawolle (2002), S. 64ff.

Die API stellt Funktionalitäten zur Verfügung, die auf der einen Seite die Erzeugung und die Verarbeitung von Nachrichten ermöglichen. Auf der anderen Seite werden Funktionalitäten angeboten, die die Übertragung und somit das Senden und Empfangen von Nachrichten auf Basis beliebiger Übertragungsprotokolle übernehmen. Diese Application Programming Interfaces sind für alle gängigen Programmiersprachen erhältlich.

Werkzeuge setzen auf diesen Basisfunktionalitäten auf, und bieten folgende Funktionalitäten an:

- Generierung von Proxies aus Schnittstellenbeschreibungen, die die Verarbeitung und die Übermittlung von Nachrichten übernehmen.
- Erzeugung von Testumgebungen, die bereits umgesetzte Schnittstellen auf Funktionalität und Fehlerfreiheit überprüfen.
- Kontrolle und Überwachung des Nachrichtenverkehrs zwischen Sender und Empfänger, so genannte Monitoring-Tools.

Als beispielhafte Werkzeuge sind Apache SOAP[174], Apaches Extensible Interaction System (AXIS)[175], das Web Services Toolkit (WSTK)[176] von IBM für die Programmiersprache Java oder aber das SOAP Toolkit[177] von Microsoft für die Programmiersprachen C++ und C# zu nennen. Für die Skriptsprache PHP ist mit PHPSOAP[178] ebenfalls eine Umsetzung verfügbar. Eine aktuelle Zusammenstellung auf der Webseite von SoapWare.org verzeichnet über 90 verschiedene Umsetzungen von Application Programming Interfaces und Werkzeugen für die Dienstkommunikation auf Basis von SOAP (Stand: Mai 2004).[179]

3.6.4 Dienstbeschreibung - WSDL

WSDL spezifiziert die Struktur eines XML-Dokuments, das die Beschreibung eines Web Services und übernimmt die Funktion einer Interface Definition Language (IDL) bei Web Services übernimmt. Die verfügbaren APIs setzen auf dem XML-Prozessoren als Basisbaustein für die Erstellung und Verarbeitung von XML-Dokumenten auf.

Die APIs stellen dabei analog zu SOAP Funktionalitäten zur Verfügung, die die Erstellung und die Bearbeitung von WSDL-Dokumenten ermöglichen.

---

174 Vgl. http://ws.apache.org/soap/
175 Vgl. http://ws.apache.org/axis/
176 Vgl. http://www.alphaworks.ibm.com/tech/webservicestoolkit
177 Vgl. http://msdn.microsoft.com/soap/
178 Vgl. http://phpsoaptoolkit.sourceforge.net/phpsoap/
179 Vgl. Kulchenko (2003).

Werkzeuge setzen wiederum auf diesen Basisfunktionalitäten auf und lassen sich in folgende Aufgabenklassen gliedern:

- Grafische Editoren zur Erstellung und Bearbeitung von WSDL-Dokumenten:
  Diese Editoren übernehmen auf der einen Seite die gleichen Aufgaben wie XML-Editoren, auf der anderen Seite überprüfen die Editoren die Struktur des WSDL und ermöglichen eine spezielle Elementauswahl, die nur bei WSDL-Dokumenten gültige Elemente anbietet.
- Tools zur Generierung von WSDL-Dokumenten aus existierenden Quellcodes, beispielsweise aus Java-Klassen oder Enterprise Java Beans:
  Diese Tools erstellen vollautomatisiert aus existierendem Quellcode und dort enthaltenen Funktionalitäten WSDL-Dokumente, die die Schnittstellen beschreiben. Dabei kann eine Auswahl der vorgehaltenen Funktionalitäten erfolgen, die durch das WSDL-Dokument beschrieben werden soll. Das Vorgehen, aus existierendem Quellcode WSDL-Dokumente zu erzeugen, kann als Botton-Up-Vorgehen bezeichnet werden, da ausgehend von einer konkreten Umsetzung die Schnittstellenbeschreibung generiert wird. Der Anwender kann bei der Entwicklung der Softwarekomponente seine vertraute Entwicklungsumgebung und die Programmiersprache beibehalten und muss sich nicht mit WSDL auskennen.
- Tools zur Generierung von Proxy-Klassen (Service Proxies auf der Clientseite und Service Implementation Templates auf der Serverseite) als Rahmenklassen, die die Erstellung und die Übertragung von Nachrichten übernehmen:
  Diese Tools verfolgen genau den umgekehrten Weg wie die vorige Klasse von Werkzeugen. Aus einer existierenden Schnittstellenbeschreibung werden die Proxy-Klassen sowohl für die Client- als auch für die Serverseite erstellt. In diesem Fall handelt es sich um ein Top-Down-Vorgehen, da ausgehend von einer Schnittstellenbeschreibung die entsprechende Umsetzung der Rahmenklassen in jeder beliebigen Programmiersprache ermöglicht wird. Der Anwender muss somit keine Kenntnisse in Bezug auf WSDL haben.
- Tools zur Erstellung von Testumgebungen:
  Diese Tools erstellen vollautomatisiert Testumgebungen für bereits implementierte und beschriebene Web Services. Diese Testumgebungen ermöglichen es, die bereits umgesetzte Funktionalität und die Beschreibung der Web Services zu verifizieren.

Folgender Sachverhalt ergibt sich bei einer näheren Betrachtung der Werkzeuge und bedarf einer besonderen Hervorhebung. Wird zuerst das Botton-Up-Vorgehen und danach das Top-Down-Vorgehen angewendet, so ist es möglich, Web Services zu realisieren, die dafür benötigte Schnittstellenbeschreibung zu erstellen und Dienste zu nutzen, ohne Kenntnisse von WSDL und SOAP zu haben. Die kompletten anfallenden Aufgaben werden nahezu vollautomatisiert durch die Werkzeuge erfüllt.

An dieser Stelle sind analog zur Werkzeugunterstützung von SOAP die Produkte von beispielsweise Apache SOAP[180], Apaches Extensible Interaction System (AXIS)[181], das Web Services Toolkit (WSTK)[182] von IBM für die Programmiersprache Java zu nennen. Auch die .NET-Plattform[183] von Microsoft bietet die aufgeführten Funktionalitäten für die Programmiersprachen C++ und C# sowie entsprechende Werkzeuge an. Beispielhaft sollen die aufgeführten Funktionalitäten mit konkreten Produkten belegt werden.

WSDL4J aus dem Produkt WSTK ermöglicht die Erstellung und Verarbeitung von WSDL-Dokumenten auf Basis der Programmiersprache Java, in dem es ein Application Programming Interface für diese Aufgabe realisiert. WSDL2Java aus dem Produkt AXIS ermöglicht die Generierung von Proxy-Klassen in der Programmiersprache Java aus einem vorliegenden WSDL-Dokument. Das durch AXIS ausgelieferte Servlet gestattet eine automatisierte Erzeugung eines WSDL-Dokuments aus einer Java-Klasse selbst zur Laufzeit der Anwendung.

3.6.5 Dienstverzeichnis - UDDI

Bei UDDI wird der Zugriff auf die im Verzeichnis gespeicherten Daten durch Application Programming Interfaces und Werkzeuge unterstützt.

Die APIs setzen die Funktionalitäten gemäß der Spezifikation für den Zugriff um. Die Publishing-API übernimmt das Einfügen, das Ändern und das Löschen von Datensätzen und die Inquiry-API die Suche innerhalb des Verzeichnisses.[184]

Die Werkzeuge setzen auf diesen Grundfunktionalitäten auf und automatisieren den Zugriff auf das Verzeichnis, indem der Nutzer durch textuelle oder grafische Oberflächen unterstützt wird. Dazu zählen beispielsweise Assistenten, die dem Nutzer eine Abfolge von Formularen anbieten, die die Eingabe der nötigen Informationen zur Veröffentlichung beziehungsweise zur Modifikation ermöglichen. Die Änderung der Daten im jeweiligen Verzeichnis verläuft dann vollautomatisch und ohne jegliche Benutzerinteraktion. Es sind zudem Assistenten verfügbar, die eine komfortable Schnittstelle zum Suchen zur Verfügung stellen. Diese ermöglichen die Eingabe von Suchparametern. Die

---

[180] Vgl. http://ws.apache.org/soap/
[181] Vgl. http://ws.apache.org/axis/
[182] Vgl. http://www.alphaworks.ibm.com/tech/webservicestoolkit
[183] Vgl. http://www.mircosoft.com/net/
[184] Vgl. Bellwood et al. (2002), S. 62ff.; Keidl et al. (2002), S. 313ff.

Suchergebnisse werden dann in grafischer Form beispielsweise als Rangliste für den Anwender aufbereitet.

Solche Assistenten sind beispielsweise in der .NET-Plattform von Microsoft vertreten und kapseln die Kommunikation zwischen dem Nutzer und dem Verzeichnis, die auf Basis der aufgezeigten API-Spezifikation der Verzeichnisse erfolgt. Der Nutzer selbst erhält eine grafische Oberfläche, die die Eingabe der für die Anforderung notwendigen Daten ermöglicht. Der WebSphere Studio Application Developer bietet mit dem UDDI-Explorer ebenfalls ein solches Werkzeug an, welches die Veröffentlichung in einem UDDI-Verzeichnis unterstützt.[185]

3.7 Zusammenfassung und Beurteilung

Das vorstehende Kapitel hat den Protokollstapel, der dem Architekturmodell zugrunde liegt, erläutert und eine Systematisierung der für Web Services relevanten Spezifikationen vorgenommen. Es wurde für jede im Protokollstapel aufgezeigte Funktionalität zuerst ein Überblick über mögliche Spezifikationen gegeben, die in diesem Bereich zum Einsatz kommen können. Anschließend wurde der Kernstandard, also die auf dieser Ebene etablierte Spezifikation, näher vorgestellt und beleuchtet. Dabei fiel auf, dass alle etablierten Spezifikationen speziell für Web Services entwickelt wurden. Abschließend wurde dann die Werkzeugunterstützung auf den einzelnen Ebenen des Protokollstapels näher untersucht, da durch vorhandene Werkzeuge die Verbreitung und Etablierung von Web Services gefördert werden kann.

Zusammenfassend lässt sich festhalten, dass alle etablierten Protokolle und Spezifikationen relativ leicht zu verstehen und somit zu erlernen sind. Der Grund für diesen Sachverhalt liegt darin, dass alle Standards auf der Metasprache XML basieren und somit die genutzten Strukturen in einer alphanumerischen Form abgelegt werden. Dadurch wird eine gute Menschenlesbarkeit der erzeugten XML-Dokumente erreicht. Durch die Nutzung der Metasprache XML in allen relevanten Kernspezifikationen wird darüber hinaus eine hohe Interoperabilität von Web Services erzielt, da sowohl die Entwicklung als auch die spätere Nutzung unabhängig von der gewählten Plattform und der gewählten Programmiersprache erfolgen kann. Es ist in der Praxis mittlerweile möglich, Web Services relativ einfach zu konzipieren und umzusetzen, da für alle relevanten Kernstandards eine große Anzahl von Werkzeugen verfügbar sind, die einen Großteil der anfallenden Aufgaben vollautomatisiert durchführen. Die Entwickler werden in fast allen notwendigen Aufgabenbereichen unterstützen. Dies führt in letzter Konsequenz dazu, dass Entwickler Softwarekomponenten mit Schnittstellen auf Basis

[185] Vgl. Badach / Rieger / Schmauch (2003), S. 342f.

von Web Services realisieren können, ohne tiefgreifende Fachkenntnisse von Web Services zu besitzen.

In der Abbildung 25 wird der Zusammenhang zwischen dem bereits in Abschnitt 2.2 aufgezeigten Architekturmodell von Web Services, den dort etablierten Rollen und den in diesem Abschnitt erläuterten Kernstandards dargestellt. Die Aufgaben der einzelnen beteiligten Akteure werden durch entsprechend beschriftete Pfeile in die Abbildung integriert. Es wird somit an dieser Stelle implizit durch diese Abbildung der Kreis zwischen den in Kapitel zwei geschilderten und bei Web Services umgesetzten Grundkonzepten und den in Kapitel drei etablierten Kernstandards für Web Services geschlossen. Um eine Zuordnung der Rollen zu den Kernstandards optisch zu untermauern, werden entsprechende Zusammenhänge durch die gleiche Graufärbung der Objekte innerhalb der Abbildung verdeutlicht. Aus diesem Grund wird in der Abbildung für jede Rolle eine unterschiedliche Graufärbung verwendet.

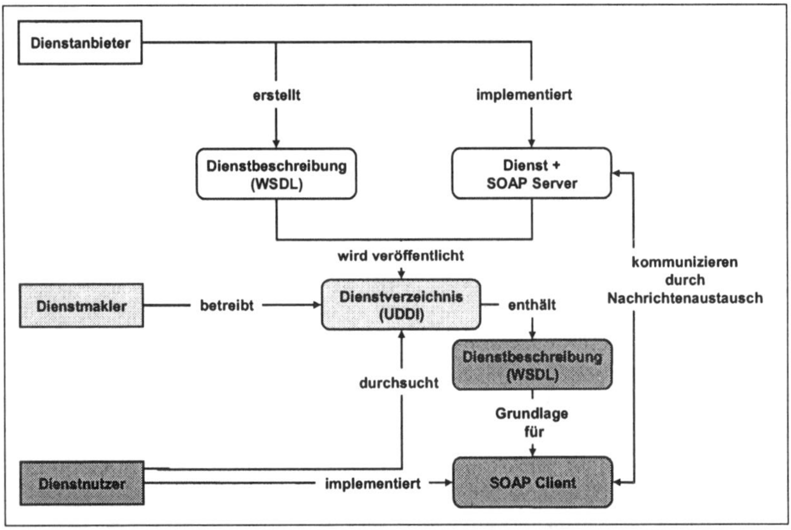

Abbildung 25: Rollen und Technologien von Web Services im Zusammenwirken

4 Bestehende Herausforderungen und Lösungskonzepte

Web Services sind Softwaremodule, deren Funktionalitäten über Netzwerke in Anspruch genommen werden können. Sie ermöglichen somit das Angebot von digitalen Dienstleistungen. Bei der Dienstaktivierung stellt der Dienstnutzer dienstspezifische Informationen dem Dienstanbieter zur Verfügung, damit dieser die Dienstleistung erbringen kann. Da diese übermittelten Informationen in der Regel als vertraulich gelten, muss ein Sicherheitskonzept etabliert werden, welches nur den beteiligten Kommunikationspartnern den Zugriff auf diese Daten erlaubt. Darüber hinaus muss eine geeignete Zugriffssteuerung für die Dienste etabliert werden, um eine unberechtigte Dienstaktivierung durch einen nicht autorisierten Dienstnutzer zu verhindern. Durch die zunehmende Vernetzung wird darüber hinaus die Möglichkeit geschaffen, verschiedene Softwaremodule zu kombinieren und somit digitale Dienstleistungen von unterschiedlichen Anbietern zu konsumieren. Im Extremfall könnten in Zukunft komplette Geschäftsprozesse durch die Kombination von Web Services abgebildet und realisiert werden. Greift eine Anwendung beim Dienstnutzer auf verschiedene Dienste zu, die nur gemeinsam die gewünschte Aufgabe erfüllen, so muss auch eine Möglichkeit geschaffen werden, Web Services zu Bündeln zusammenzufassen, die nur in der Gesamtheit ausgeführt werden können. Dieser Sachverhalt wird unter dem Aspekt der Transaktionalität subsumiert.

Neben diesen beiden eher technischen Herausforderungen bei Web Services können aber auch konzeptionelle Fragestellungen identifiziert werden. Da durch den Einsatz von Web Services digitale Dienstleistungen angeboten werden, muss auch eine Entlohnung des Dienstanbieters durch den Dienstnutzer möglich sein. Unter diesem Blickwinkel stellt auch die Abrechnung von Web Services eine zentrale Herausforderung dar. Durch die Möglichkeit der Abrechnung von digitalen Dienstleistungen und somit von Web Services können sich dann neue Geschäftsmodelle herausbilden beziehungsweise bestehende Geschäftsmodelle verändern. Die Erlöse könnten dann teilweise oder komplett durch die Abrechnung der angebotenen Dienstleistungen generiert werden.

Eine Betrachtung dieser aufgezeigten Herausforderungen zeigt, dass Geschäftsprozesse komplett oder abschnittsweise in Zukunft durch Web Services realisiert werden könnten. Dabei werden die Softwarekomponenten und die darin gekapselten Funktionalitäten geeignet kombiniert. Es werden also faktisch Workflows auf Basis von Web Services erstellt. Daher kann auch dieser Aspekt als Herausforderung angesehen werden, der entsprechend unterstützt werden muss.

Die Lösung dieser technischen (Sicherheit und Transaktionalität) und konzeptionellen (Abrechnung und Workflows) Herausforderungen kann als essenziell für die weitere Durchsetzung und Verbreitung von Web Services angesehen werden. Derzeit sind lediglich Ansätze von Spezifikationen zur Lösung dieser Fragestellungen in der Diskussion. Daher werden nachfolgend genau diese vier Aspekte in der eben dargestellten Reihenfolge abgehandelt sowie Lösungskonzepte vorgestellt und diskutiert.

4.1 Sicherheit

Die Integration von Sicherheitsaspekten in die Dienstnutzung nimmt einen zentralen Stellenwert in der Weiterentwicklung dieser neuen Technologiekombination ein, da die Dienstleistungen über beliebige Netzwerke in Anspruch genommen werden können und somit sowohl die übertragene Nachricht als auch der Zugang zum Dienst durch geeignete Mechanismen abgesichert werden müssen. Ziel dieses Abschnitts ist es daher, ein mögliches Sicherheitskonzept für Web Services zu erarbeiten. Dazu wird zunächst die Problemstellung genauer erläutert, die als Auslöser für eine Analyse dieses Bereiches angesehen werden kann. Daran anschließend werden die möglichen Bedrohungen bei der Aktivierung eines Web Services aufgezeigt und daraus Sicherheitsziele für Web Services abgeleitet. Eine nachfolgende Analyse der Ansatzpunkte für Sicherheitsmechanismen führt dazu, dass sowohl auf der Transportebene als auch auf der Anwendungsebene Mechanismen realisiert werden können. Für diese beiden Ebenen werden dann geeignete Konzepte vorgestellt. Zum Abschluss wird ein technisches Konzept diskutiert, welches die Anforderungen und Spezifikationen praktisch in die Kommunikation zwischen dem Dienstnutzer und dem Dienstanbieter einbindet und bei welchem keine Veränderungen an den Implementierungen anfallen. Den Abschluss dieses Abschnitts bilden eine Zusammenfassung und eine Beurteilung.

4.1.1 Problemstellung

Zur Verdeutlichung der Problemstellung werden nachfolgend die wesentlichen Eckpunkte der Kommunikation eines Web Services auf Basis von SOAP dargestellt. Ein SOAP-Client erstellt aus allen von der Anwendung bereitgestellten Informationen ein XML-Dokument, welches dann als Nutzinformation in einer SOAP-Nachricht übermittelt wird. Die Übertragung selbst erfolgt unter Verwendung eines beliebigen Transportprotokolls. Auf der Serverseite wird die Nachricht durch einen SOAP-Server zerlegt und die Informationen an die Zielanwendung weitergegeben. Das Ergebnis der Verarbeitung durchläuft den Kommunikationsablauf in umgekehrter Richtung. Auf der Ebene der Nachrichtenübertragung können verschiedene Zwischenstationen (Intermediäre) angesiedelt sein, die unterschiedliche Aufgaben wahrnehmen können und die zwischen Sender und Empfänger übertragene Nachricht ebenfalls weiterverarbeiten. Dabei können drei verschiedene Intermediärtypen unterschieden werden. Entweder überwachen die Intermediäre die komplette Kommunikation (Intermediärtyp A), oder sie treten nur bei der Anfrage (Intermediärtyp B) oder der Antwort (Intermediärtyp C) in Erscheinung. Auch eine Aneinanderreihung von Intermediären verschiedener oder gleicher Typen ist möglich.

Folgendes Beispiel verdeutlicht den eben abstrakt dargestellten Kommunikationsablauf und vereinfacht gleichzeitig die Identifizierung von Schwachstellen bei der Nutzung von Web Services über SOAP. Als Dienstanbieter tritt ein Dienstleister in Erscheinung, der Seminare ausrichtet und durchführt. Dieser Dienstanbieter offeriert die Buchung eines Seminars mit Sonderleistungen (beispielsweise Hotelunterkunft und Transport) als digitale Dienstleistung auf Basis eines Web Services. Diese digitale Dienstleistung wird durch einen Dienstnachfrager konsumiert, indem eine Aktivierung des Web Services aus der nutzenden Anwendung erfolgt. Zur Erstellung der digitalen Dienstleistung erwartet der Dienstanbieter vom Dienstnutzer neben der Seminarnummer des Seminars, welches durch den Dienstnutzer gebucht werden soll, optional sowohl die Hotelkategorie als auch den Abfahrtsort für die Organisation des Transports zum Seminarort. Diese relevanten Informationen werden dem Dienst „Buchung des Seminars mit Sonderleistung" als Parameter übergeben und somit beim Dienstaufruf in der übermittelten SOAP-Nachricht übertragen. Die Erstellung und Interpretation der SOAP-Nachricht wird durch den SOAP-Client beziehungsweise den SOAP-Server durchgeführt. Um sicherzustellen, dass der eingegebene Abfahrtsort gültig ist, wird in den Kommunikationsfluss zwischen dem Dienstnutzer und dem Dienstanbieter ein Intermediär etabliert, der den Abfahrtsort ausliest und validiert. Wird der Abfahrtsort durch die Validierung falsifiziert, wird der Ort aus der SOAP-Nachricht gelöscht. Der optionale Parameter entfällt. Der Dienst übermittelt den Status der Seminarbuchung (erfolgreich oder fehlgeschlagen) an den Dienstnachfrager zurück.

Aus diesen Ausführungen lassen sich Schwachstellen identifizieren, die gelöst werden müssen, um die Sicherheit von Web Services zu garantieren. Dabei können zwei Problembereiche unterschieden werden.

1. Die Übertragung der Informationen in Form eines XML-Dokuments durch Nutzung von SOAP erfolgt im „Klartext" und in alphanumerischer Form. Aufgrund dieser Übermittlungsform sind die folgenden Szenarien denkbar:

    a. Potenzielle Angreifer können sich in den Kommunikationsfluss zwischen dem Dienstnutzer und dem Dienstanbieter einklinken und die in der SOAP-Nachricht verankerten Informationen auslesen, verändern und somit verfälschte Informationen an den Empfänger der Nachricht weiterleiten. Dies hätte bezogen auf das aufgezeigte Beispiel bei Veränderung der Seminarnummer zur Folge, dass das falsche Seminar gebucht wird. Der Angreifer kann ebenso eine falsche Identität vortäuschen und somit eine Dienstaktivierungen für den Dienstnutzer vornehmen. Im Beispiel würden dadurch Seminarbuchungen ausgelöst, die nicht durch den Dienstnutzer gewünscht sind.

b. Die Intermediäre, die in den Kommunikationsfluss eingebunden sind, empfangen die Nachricht und können ebenfalls auf alle in der Nachricht übertragenen Informationen zugreifen. Somit kann jeder Intermediär auch Informationen auslesen, die nicht speziell für ihn bestimmt sind und die der Intermediär nicht zur Absolvierung seiner Aufgabe benötigt. Im Extremfall kann auch der Intermediär die Rolle eines Angreifers einnehmen. Bezogen auf das Beispiel benötigt der Intermediär zur Validierung des Abfahrtortes lediglich den Zugriff auf diese Information, jedoch wird ihm auch das Auslesen der Seminarnummer und der Hotelkategorie gestattet.

c. Die Informationen, die der Empfänger in der SOAP-Nachricht übermittelt bekommt, können vom Sender, den beteiligten Intermediären und potenziellen Angreifern erstellt beziehungsweise modifiziert worden sein. Es ist nicht möglich, die Informationen hinsichtlich ihrer Herkunft einer dieser drei Instanzen zuzuordnen. Bezogen auf das Beispiel ist es nicht möglich, zu überprüfen, ob der übermittelte Seminarort durch den Sender erstellt oder aber durch den Intermediär modifiziert worden ist.

2. Die Fragestellung der Berechtigung zur Nutzung eines Web Services wird durch SOAP ebenfalls nicht beantwortet. Somit ist es möglich, dass unberechtigte Instanzen einen Web Services in Anspruch nehmen und somit aktivieren können. Bezogen auf das Beispiel ist es möglich, dass ein Dienstnutzer den Dienst aktiviert, ohne die notwendigen Absprachen mit dem Dienstanbieter getroffen zu haben und daher nicht die entsprechende Nutzungsberechtigung besitzt.

Diese Schwachstellen von SOAP werden nachfolgend durch ein geeignetes Konzept gelöst, um eine sichere Nutzung von Web Services über beliebige Netzwerke zu ermöglichen.

4.1.2 Fachliche Anforderungen an Sicherheitsdienste

Aus den Ausführungen im vorigen Abschnitt lassen sich Bedrohungen identifizieren, die beim Einsatz von Web Services auftreten. Unter einer Bedrohung sind potenzielle Ereignisse beziehungsweise eine Reihe von Ereignissen zu verstehen, die die

Sicherheitsziele gefährden. Wird eine Bedrohung tatsächlich durch einen Angreifer realisiert, wird von einem Angriff gesprochen. Nachfolgend sollen die bereits im vorigen Abschnitt identifizierten Bedrohungen einzeln aufgeschlüsselt und erläutert werden. Auf der anderen Seite werden die relevanten Sicherheitsziele bei der Nutzung von Web Services aufgezeigt und den Bedrohungen gegenübergestellt. Die konkrete Umsetzung eines Sicherheitsziels in einer Architektur wird dann als Sicherheitsdienst bezeichnet. Dabei wird der Begriff Instanz als Synonym sowohl für den Dienstnutzer und den Dienstanbieter als auch für die möglichen Intermediäre verwendet.[186]

Nach der Analyse der aufgezeigten Schwachstellen beim Einsatz von Web Services ergeben sich folgende Bedrohungen, die aber typisch für den Bereich der Kommunikation in offenen Netzen sind und somit bereits mehrfach in der Literatur dokumentiert worden sind:

- **Maskerade**: Eine Instanz täuscht bei der Aktivierung eines Web Services eine falsche Identität vor. In unserem Beispiel könnte ein Angreifer im Namen eines Dienstnutzers den Dienst aktivieren und somit eine Seminarbuchung veranlassen.
- **Abhören**: Eine Instanz liest Informationen aus den Nutzinformationen der SOAP-Nachricht aus, die nicht für sie selbst bestimmt sind. Bezogen auf unser Beispiel können sowohl alle beteiligten Intermediäre als auch die potenziellen Angreifer auf die übermittelten Informationen (Seminarort, Hotelkategorie und Abfahrtsort) zugreifen und die ausgespähten Informationen zweckentfremden.
- **Autorisationsverletzung**: Eine Instanz nutzt Web Services, für die sie keine Berechtigung besitzt. In dem Beispiel bucht ein Dienstnachfrager Seminare durch Aktivierung des Dienstes, ohne aber durch den Dienstanbieter für diesen Vertriebsweg autorisiert worden zu sein.
- **Verlust, Modifikation oder Erzeugung von Informationen**: Eine Instanz zerstört, modifiziert oder erzeugt Informationen, die als Nutzlast in der SOAP-Nachricht eingebettet werden. Dieser Sachverhalt ist bereits bei der Schilderung der Problemstellung besonders deutlich geworden. Im Beispiel sind alle übermittelten Informationen wie der Seminarort, die Hotelkategorie und der Abfahrtsort betroffen.
- **Abstreiten von Nutzungsanfragen**: Eine Instanz bestreitet die Nutzung eines Web Services beziehungsweise das Mitwirken an einer Nutzung im Falle eines

[186] Vgl. hierzu und zu den folgenden Ausführungen Badach / Rieger / Schmauch (2003), S. 347ff.; Bertsch (2002), S. 3.; Diederich (2001), S. 195f.; Eckert (2003), S. 128ff.; Krüger / Reschke (2002), S. 299ff.; Müller-Stewens / Eymann / Kreutzer (2003), S. 392ff.; Rannenberg / Pfitzmann / Müller (1996), S. 7ff; Schäfer (2003), S. 8.; Zimmermann / Tomlinson / Peuser (2003), S. 474ff.

Intermediärs. In dem aufgezeigten Beispielszenario bucht der Dienstnutzer ein Seminar und bestreitet danach diese Seminarbuchung.

Aus diesen Bedrohungen lassen sich nun Sicherheitsziele ableiten, deren Realisierung einen konkreten Angriff vermeiden sollen. Diese Sicherheitsziele sind im Umfeld der Netzwerksicherheit mehrfach diskutiert worden und werden nachfolgend eingeführt:

- **Vertraulichkeit**: Die in SOAP-Nachrichten eingebetteten Informationen sollen nur von berechtigten Instanzen lesbar sein, gegenüber allen nicht befugten Instanzen ist die Vertraulichkeit der Informationen zu wahren.
- **Datenintegrität**: Die durch SOAP-Nachrichten übertragenen Informationen sollen korrekt und vollständig übermittelt werden. Jeglicher Verlust, jegliche Modifikation und jegliche Ergänzung der Informationen muss erkannt werden.
- **Zurechenbarkeit**: Die übermittelten Informationen und alle durchgeführten Modifikationen müssen eindeutig einer Instanz zugeordnet und auch die Aktivierung eines Web Services darf nicht abgestritten werden können.
- **Zugriffskontrolle**: Es dürfen nur Instanzen einen Web Service nutzen, die auch über die notwendigen Berechtigungen verfügen.

Die Tabelle 5 stellt die eben aufgezeigten Sicherheitsziele und die Bedrohungen gegenüber. Durch diese Gegenüberstellung wird verdeutlicht, mit welchem Sicherheitsziel welcher Bedrohung entgegengewirkt wird.

Bedrohung / Sicherheitsziel	Maskerade	Abhören	Autorisationsverletzung	Verlust oder Modifikation	Abstreiten von Nutzungsanfragen
Vertraulichkeit	+	+	+	-	-
Datenintegrität	+	-	+	+	-
Zurechenbarkeit	+	-	+	+	+
Zugriffskontrolle	+	-	+	-	-

Legende: + : Sicherheitsziel wirkt Bedrohung entgegen - : Sicherheitsziel hat keinen Einfluss auf Bedrohung

Tabelle 5: Gegenüberstellung von Sicherheitsbedrohungen und -zielen

4.1.3 Technische Umsetzung von Sicherheitsdiensten

Um die aufgezeigten fachlichen Anforderungen in Bezug auf die Sicherheitsaspekte technisch umzusetzen, müssen zwei Sachverhalte aus technischer Sicht in diesem Zusammenhang diskutiert werden. Auf der einen Seite müssen Regeln für die Verankerung von Sicherheitsmechanismen bei der SOAP-Kommunikation festgelegt werden. Auf der anderen Seite müssen Regeln vorgehalten werden, die die entsprechenden Formate der Sicherheitsmechanismen innerhalb der SOAP-Nachricht spezifizieren. Anhand dieser zwei Aspekte gliedert sich der Aufbau der nachfolgenden Abschnitte. Da alle Konzepte zur Gewährleistung der aufgezeigten Sicherheitsanforderungen auf Verfahren der Kryptografie beruhen, werden nachfolgend zuerst die Grundlagen der Kryptografie und somit die allgemeinen und etablierten Lösungsansätze erläutert. Jedem vorgestellten Verfahren werden die Sicherheitsziele zugeordnet, die durch das entsprechende Verfahren gewährleistet werden. Daran anschließend werden mögliche Verankerungspunkte von Sicherheitsmechanismen auf Basis eines Referenzmodells für die Kommunikation zwischen zwei Systemen abgeleitet und für die beiden identifizierten Ansatzpunkte Lösungskonzepte erarbeitet.

4.1.3.1 Allgemeine Lösungsansätze

In diesem Abschnitt werden allgemeine Lösungsansätze vorgestellt, die die Realisierung der aufgezeigten Sicherheitsziele gestatten. Die Lösungsansätze lassen sich in das Umfeld der Kryptologie einordnen. Die Kryptologie zerfällt in zwei Aufgabenbereiche. Die Kryptografie beschäftigt sich mit der Geheimhaltung von Informationen, die zweite Teildisziplin, die Kryptoanalyse mit dem Aufdecken verborgener Informationen.[187] Im Rahmen der Kryptografie erfolgt eine Unterscheidung nach Verschlüsselungsverfahren und digitalen Signaturen, wobei eine enge Verknüpfung zwischen Zertifikaten und digitalen Signaturen vorhanden ist. Als zentraler Baustein all dieser Verfahren werden Schlüssel eingesetzt, die als wesentliche Information in die bei den Verfahren genutzten Algorithmen einfließen. Aus diesen Anforderungen ergibt sich der Aufbau des nachfolgenden Abschnitts, in dem Verschlüsselungsverfahren, digitale Signaturen und Zertifikate erläutert und die Kernfunktionalitäten des Schlüsselmanagements aufgezeigt werden.

4.1.3.1.1 Verschlüsselungsverfahren

Verschlüsselungsverfahren lassen sich anhand der Anzahl der verwendeten Schlüssel in symmetrische und asymmetrische Verfahren unterteilen, die nachfolgend vorgestellt werden.

Beide Klassen operieren nach dem gleichen Vorgehen. Die zu übertragenden Daten, die in der Regel als Klartext bezeichnet werden, werden durch Nutzung eines Verschlüsselungsalgorithmus und eines Schlüssels verschlüsselt (chiffriert), bevor diese vom Sender zum Empfänger übermittelt werden. Während der Übertragung selbst sind die Informationen aufgrund der Verschlüsselung vor der Einsicht durch Dritte geschützt.

---

[187] Vgl. Bertsch (2002), S. 10ff.; Krüger / Reschke (2002), S. 313.; Schäfer (2003), S. 17ff.

Der Empfänger entschlüsselt (dechiffriert) die Daten und erhält dadurch die Informationen wieder im Klartext, den er dann entsprechend interpretieren kann.[188]

Beim symmetrischen Verschlüsselungsverfahren, welches auch als Private-Key-Verfahren bezeichnet wird, verwenden sowohl Sender als auch Empfänger der Nachricht einen gemeinsamen, geheimen Schlüssel. Dieser wird sowohl beim Verschlüsseln als auch beim Entschlüsseln der Informationen verwendet. Als Verschlüsselungsalgorithmen sind bei der symmetrischen Verschlüsselung unter anderem der Data Encryption Standard (DES) beziehungsweise Triple-DES mit einer Schlüssellänge von 168-Bit und der Advanced Encryption Standard (AES) mit einer Schlüssellänge von 256-Bit verfügbar. Der bei der symmetrischen Verschlüsselung benötigte Schlüssel, der sowohl auf Sender- als auch auf Empfängerseite zum Einsatz kommt, muss vor der Nutzung des Verfahrens über einen geeigneten vertraulichen Kanal ausgetauscht werden. Es werden somit für die verschlüsselte Kommunikation zwischen n Kommunikationspartnern [n * (n-1) * 0,5] verschiedene Schlüssel benötigt. Bezogen auf die Geschwindigkeit sind symmetrische Verfahren gegenüber asymmetrischen Verfahren allerdings im Vorteil.[189]

Beim asymmetrischen Verfahren, das auch als Public-Key-Verfahren bezeichnet wird, werden zwei unterschiedliche Schlüssel beim Verschlüsseln und beim Entschlüsseln verwendet, wobei einer der beiden Schlüssel öffentlich zugänglich abgelegt wird. Die Verschlüsselung des Klartextes erfolgt unter Nutzung des öffentlichen Schlüssels des Empfängers, die Entschlüsselung ist nur mit dem Schlüssel des Empfängers möglich, der auch nur ihm bekannt ist und daher als privater Schlüssel bezeichnet wird. Das Verfahren setzt somit immer die Existenz eines Schlüsselpaares voraus. In der Praxis hat sich unter anderem das RSA-Verfahren[190] als Verschlüsselungsalgorithmus bewährt, das nach seinen drei Erfindern Ronald Rivest, Adi Shamir und Leonard Adleman benannt ist. Asymmetrische Verfahren haben Vorteile in der Schlüsselverwaltung, da kein sicherer Kanal für die Übermittlung des Schlüssels bereitgestellt werden muss. Der öffentliche Schlüssel kann einfach frei zugänglich beispielsweise in einer speziellen Schlüsseldatenbank abgelegt werden. Die Anzahl der Schlüssel, die für die Kommunikation mehrerer Teilnehmer vorgehalten werden muss, ist im Vergleich zur symmetrischen Verschlüsselung ebenfalls geringer. Für eine verschlüsselte Kommunikation zwischen n Kommunikationspartnern müssen für jeden Partner der öffentliche und der private Schlüssel und somit lediglich 2n verschiedene Schlüssel vorgehalten werden.

[188] Vgl. Badach / Rieger / Schmauch (2003), S. 359.; Deitel (2002), S. 177f.

[189] Vgl. Deitel (2002), S. 177ff.; Diederich (2001), S. 196f.; Eckert (2003), S. 239ff.; Langner (2003), S. 378f.; Krüger / Reschke (2002) , S. 314f.; Schäfer (2003), S. 33ff.; Tanenbaum / Steen (2002), S. 463.; Zhang / Wang (2003), S. 13ff.

[190] Vgl. Buchmann (2001), S. 46ff.; Rivest / Shamir / Adleman (1978), S. 120ff.; Kaliski / Staddon (1998).

In Bezug auf die Geschwindigkeit sind jedoch im Vergleich zu symmetrischen Verschlüsselungsverfahren Einbußen zu verzeichnen.[191]

In der Praxis haben sich neben reinen Verfahren der symmetrischen und asymmetrischen Verschlüsselung auch hybride Verfahren etabliert. Bei diesem hybriden Verfahren wird ein Sitzungsschlüssel unter Nutzung der asymmetrischen Verschlüsselung zwischen den Kommunikationspartner ausgetauscht. Der nachgelagerte verschlüsselte Informationsaustausch erfolgt unter Verwendung von symmetrischen Verfahren auf Basis des ausgetauschten Schlüssels, der nur den beiden Parteien bekannt ist.

Die Verschlüsselungsverfahren gewährleisten in erster Linie die Vertraulichkeit der zu übertragenden Informationen zwischen den beiden beteiligten Kommunikationspartnern. Jedoch ist es auch möglich, die Zurechenbarkeit einer Information zu einem Sender zu garantieren, indem asymmetrische Verschlüsselungsverfahren eingesetzt werden. In diesen Fällen wird die Verschlüsselung der Daten mit dem privaten Schlüssel des Senders durchgeführt, der Empfänger kann die Information nur unter Nutzung des öffentlichen Schlüssels des Senders entschlüsseln, so dass dadurch dem Empfänger die Identität des Senders bekannt ist. Es kann somit eine Zugriffskontrolle erfolgen, die prüft, ob der Sender Berechtigungen für die angeforderten Ressourcen besitzt. Jedoch kann in der Regel durch Verschlüsselungsverfahren nicht die Integrität der Informationen gewährleistet werden.[192]

4.1.3.1.2 Digitale Signaturen und Zertifikate

Die digitale Signatur entspricht einer digitalen Unterschrift der zu übermittelten Informationen. Die digitale Signatur kann durch Nutzung sowohl symmetrischer als auch asymmetrischer Verschlüsselungsverfahren erstellt werden. Da sich in der Praxis jedoch asymmetrische Verfahren bei digitalen Signaturen bewährt haben, werden Signaturen auf dieser Basis nachfolgend betrachtet.[193]

Der Signierungsvorgang kann folgendermaßen dargestellt werden. Der Sender erzeugt von den zu signierenden Daten einen Fingerabdruck, in dem eine Hash-Funktion, die auch als Einwegfunktion bezeichnet wird, genutzt wird. Einwegfunktionen haben die Eigenschaft, dass aus dem berechneten Fingerabdruck nicht die zugrunde liegenden Daten rekonstruiert werden können.[194] Darüber hinaus ist der Fingerabdruck eindeutig für

---

[191] Vgl. Deitel (2002), S. 180ff.; Diederich (2001), S. 196f.; Langner (2003), S. 378f.; Krüger / Reschke (2002), S. 317ff.; Schäfer (2003), S. 59ff.; Zhang / Wang (2003), S. 17ff.

[192] Vgl. Krüger / Reschke (2002), S. 318f.

[193] Vgl. Tanenbaum (2003), S. 816f.

[194] Bei der Generierung eines Schlüsselpaares werden Verfahren auf Basis beispielsweise der diskreten Logarithmierung und somit keine Hash-Funktionen eingesetzt. Der Fokus liegt bei der Erstellung des Schlüsselpaares auf der Nichtreproduzierbarkeit der Schlüssel. Hingegen liefert die Hash-Funktion bei

die signierten Daten. Als Einwegfunktionen können beispielsweise die kryptografische Hash-Funktion Message Digest 5 (MD5)[195] oder der Secure Hash Algorithm 1 (SHA-1)[196] genutzt werden. Diesen Fingerabdruck verschlüsselt der Sender mit seinem privaten Schlüssel. Nun übermittelt der Sender sowohl die Daten als auch die dazugehörige Signatur an den Empfänger, der nun die Signatur überprüft. Dafür entschlüsselt der Empfänger auf der einen Seite den Fingerabdruck, indem er den öffentlichen Schlüssel des Senders nutzt und erhält den vom Sender erstellten Fingerabdruck. Auf der anderen Seite nutzt der Empfänger die gleiche Hash-Funktion wie der Sender, berechnet den Fingerabdruck der Daten erneut und vergleicht diese beiden Fingerabdrücke. Stimmen die beiden Fingerabdrücke überein, so sind keine Modifikationen an den Daten während der Übertragung vorgenommen worden.[197]

In der Abbildung 26 wird der eben dargestellte Vorgang der digitalen Signatur veranschaulicht.

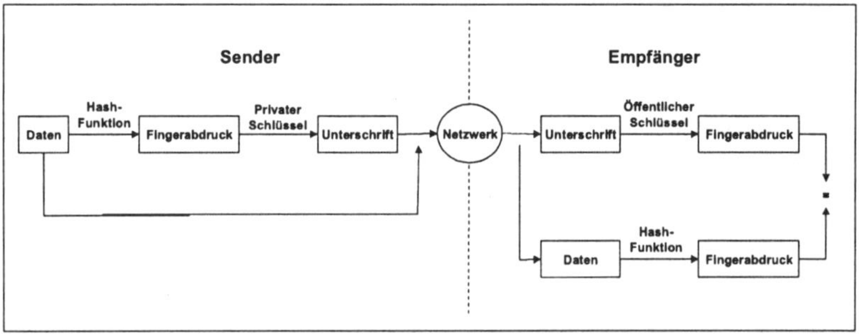

Abbildung 26: Erstellung und Prüfung einer digitalen Signatur

Für die Verifikation der digitalen Signatur wird der öffentliche Schlüssel des Senders benötigt. Um sicherzustellen, dass der dem Empfänger bekannte öffentliche Schlüssel auch dem Sender zugeordnet werden kann, werden Zertifikate genutzt. Ein Zertifikat ist ein genormtes Dokument, welches den öffentlichen Schlüssel einer juristischen Person zuordnet. Die Ausstellung und Signierung eines Zertifikats übernehmen so genannte Zertifizierungsstellen (Trust Center). Ein Zertifikat erhält also neben den Daten des Inhabers und dessen öffentlichen Schlüssel auch die Daten der ausstellenden Zertifizierungsstelle und eine Signatur des Zertifikats durch die Zertifizierungsstelle.[198]

Anwendung auf die gleichen Daten den gleichen Fingerabdruck, die Reproduzierbarkeit ist also gegeben. Diese Eigenschaft wird bei der digitalen Signatur auch genutzt.

195 Vgl. Rivest (1992).

196 Vgl. Eastlake / Jones (2001).

197 Vgl. Bertsch (2002), S. 8ff.; Deitel (2002), S. 183ff.; Schäfer (2003), S. 91ff.; Tanenbaum (2003), S. 815ff.

198 Vgl. Badach / Rieger / Schmauch (2003), S. 374.; Deitel (2002), S. 185ff.; Gollmann (2001), S. 152f.

Durch digitale Signaturen wird das Sicherheitsziel der Datenintegrität gewährleistet. Jedoch ist durch die eindeutige Zuordnung der Informationen auf einen Urheber auch die Garantie der Zurechenbarkeit möglich. Es kann eine Zugriffskontrolle erfolgen, die die Berechtigungen des Senders für die angeforderten Ressourcen überprüft, da der Empfänger die Identität des Senders kennt.

4.1.3.1.3 Schlüsselmanagement

Bei den beiden vorgestellten Konzepten der Verschlüsselung und der digitalen Signatur werden Schlüssel als wesentliches Element eingesetzt, die die notwendigen Informationen für die erfolgreiche Anwendung des genutzten Algorithmus beinhalten. Die Schlüsselverwaltung ist eine besonders kritische Aufgabe, da durch das Offenlegen des Schlüssels bei symmetrischen Verfahren beziehungsweise des privaten Schlüssels bei asymmetrischen Verfahren der kryptografische Schutz der Informationen aufgehoben wird. Im Bereich des Schlüsselmanagements fallen somit vier Aufgaben an, die sich aus dem Lebenszyklus eines Schlüssels ableiten lassen und nachfolgend kurz erläutert werden. Die Aufgaben werden in der Regel durch Zertifizierungsstellen (Trust Center) übernommen.[199]

Zu Beginn des Lebenszyklus erfolgt die Schlüsselgenerierung, bei der ein Schlüsselpaar (privater und öffentlicher Schlüssel) oder ein Schlüssel (für symmetrische Verfahren) erzeugt wird. Für diesen Prozess stehen verschiedene Verfahren auf Basis beispielsweise der diskreten Logarithmierung zur Verfügung. Die auf diesem Wege generierten Schlüssel sind nicht reproduzierbar.

Daran anschließend werden die Schlüssel unter den beteiligten Parteien verteilt. Dies erfolgt im einfachsten Fall durch den direkten Kontakt der Parteien. Dabei wird beim symmetrischen Verfahren der Schlüssel und beim asymmetrischen Verfahren der private Schlüssel der entsprechenden Partei zugestellt. In der Praxis wird das Schlüsselverteilen jedoch über verschlüsselte Kanäle durchgeführt. Der öffentliche Schlüssel wird frei zugänglich, beispielsweise in einer speziellen Datenbank beziehungsweise in einem speziell erstellten Zertifikat, hinterlegt.

Während der Nutzungsphase des Schlüssels kann es zum Verlust eines Schlüssels kommen. Aus diesem Grund enthält das Schlüsselmanagement die Aufgabe, Schlüssel bei Bedarf wiederherzustellen. Dies ist allerdings nur möglich, wenn zuvor eine Kopie an einem sicheren Ort aufbewahrt worden ist und diese von dem Ort aus wiederhergestellt werden kann. Eine erneute algorithmische Berechnung der Schlüssel ist aus den beschriebenen Gründen nicht möglich.

---

199 Vgl. Badach / Rieger / Schmauch (2003), S. 383ff.; Deitel (2002), S. 183.; Li / Wang (2003), S. 40ff.; Tanenbaum (2003), S. 825ff.; Tanenbaum / Steen (2002), S. 461ff.

Ist eine Wiederherstellung des Schlüssels nicht möglich oder ist die Geheimhaltung der Schlüssel nicht mehr gewährleistet, so werden die Schlüssel zerstört und für ungültig erklärt. Mit diesem Vorgang endet somit der Lebenszyklus der Schlüssel.

4.1.3.2 Ansatzpunkte für Lösungskonzepte

Um Lösungen für einen sicheren Einsatz von Web Services aufzuzeigen, müssen zuerst mögliche Ansatzpunkte für Sicherheitsmechanismen identifiziert werden. Für diese Aufgabe können etablierte Referenzmodelle für die Übermittlung von Daten zwischen zwei Systemen als Erklärungsmodelle genutzt werden. Mit dem ISO-OSI-Referenzmodell[200] und dem TCP/IP-Referenzmodell[201] haben sich zwei solche Erklärungsmodelle für den Datenaustausch etabliert. Durch eine Zusammenführung dieser beiden Modelle auf einen gemeinsamen Nenner wird ein vereinfachtes Referenzmodell geschaffen, welches die Kommunikation zwischen zwei Systemen abbildet und die beiden möglichen Ansatzpunkte für Sicherheitsmechanismen besonders gut verdeutlicht.[202] Dieses Modell wird nachfolgend vorgestellt. Darauf aufbauend werden die beiden Lösungsebenen für Sicherheitskonzepte bei der Nutzung von Web Services aus diesem Modell abgeleitet.

In diesem zusammengeführten Referenzmodell werden fünf Schichten unterschieden, die die Kommunikation zwischen zwei Systemen abbilden. Dabei kommuniziert jede Schicht über das entsprechende Protokoll mit der gleichen Schicht auf dem entfernten System und greift auf bereits vorhandene Funktionalitäten tieferer Schichten zurück. Die Syntax und die Semantik der übertragenen Informationen werden durch die auf den einzelnen Schichten etablierten Protokolle definiert.[203]

Die unteren drei Schichten der Kommunikation übertragen die Daten zwischen den beiden Endsystemen. Auf Ebene der Bitübertragung wird die Übermittlung der Daten über ein physikalisches Medium realisiert. Die darüber liegende Schicht der Datensicherung fasst mehrere Bits zu Übertragungspaketen zusammen und realisiert eine gegen Fehler gesicherte Übermittlung zwischen den Endsystemen. Die in der Schicht vorgehaltenen Mechanismen steuern auf der einen Seite den Zugriff auf das physikalische Medium, auf der anderen Seite werden Übertragungsfehler innerhalb der Pakete erkannt. Auf der Ebene des Netzwerks erfolgt letztendlich die Kommunikation zwischen den beiden Endsystemen. Die Hauptaufgabe auf dieser Schicht besteht darin, einen Weg zwischen den beiden Endsystemen durch das Netzwerk zu ermitteln. Die

---

200 Vgl. Eckert (2003), S. 59ff.; Müller-Stewens / Eymann / Kreutzer (2003), S. 31ff.; Tanenbaum (2003), S. 54ff.

201 Vgl. Eckert (2003), S. 62ff.; Müller-Stewens / Eymann / Kreutzer (2003), S. 44ff.; Tanenbaum (2003), S. 58ff.

202 Vgl. Schäfer (2003), S. 10f.

203 Vgl. hierzu und zu den nachfolgenden Ausführungen Drews / Schwab (1997), S. 15f.; Müller-Stewens / Eymann / Kreutzer (2003), S. 31ff.; Schäfer (2003), S. 10ff.; Tanenbaum (2003), S. 31ff.

Endsysteme sind dabei in der Regel über mehrere Netzwerknoten miteinander verbunden.

Die Transportebene realisiert den Austausch der Daten zwischen den auf den jeweiligen Endsystemen laufenden Prozessen. Auf dieser Ebene sind Handlungsanweisungen verfügbar, die entsprechende Maßnahmen im Falle eines von der Netzwerkebene gemeldeten Übertragungsfehlers einleiten. Dies kann beispielsweise beim Nutzen des Protokolls TCP die Einleitung einer Übertragungswiederholung sein. Die Anwendungsschicht enthält eine Vielzahl von Protokollen, die direkt durch die Endsysteme genutzt werden können und eine komfortable Übertragung der Daten zwischen den beiden Endsystemen gestatten.

In der Abbildung 27 wird diese Referenzarchitektur veranschaulicht und zudem die auf jeder Schicht etablierten Protokolle zugeordnet. SOAP als Kommunikationsprotokoll für Web Services kann dabei ebenfalls in die Anwendungsschicht eingeordnet werden, da es auf den zugeordneten Protokollen aufsetzt und eine komfortable Datenübertragung zwischen zwei Endsystemen ermöglicht.

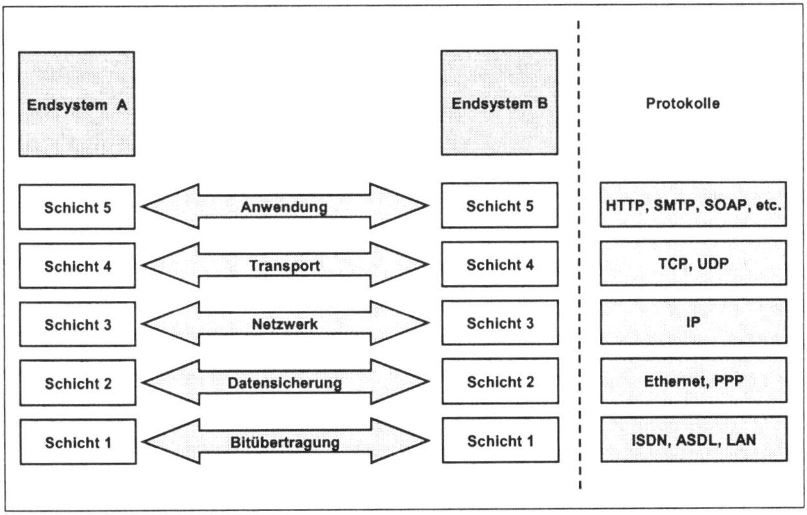

Abbildung 27: Referenzarchitektur für die Kommunikation zwischen zwei Systemen

Die Funktionalitäten auf den unteren drei Ebenen werden in jedem Netzwerkknoten realisiert, der auf dem Übertragungsweg zwischen den beiden Endsystemen liegt.[204] Mögliche Sicherheitsmechanismen auf diesen Ebenen ziehen Modifikationen auf allen

[204] Vgl. Schäfer (2003), S. 12.

Netzwerkknoten nach sich. Somit können sich Sicherheitskonzepte auf diesen Ebenen in der Praxis nicht etablieren und werden nachfolgend nicht näher betrachtet.

Sowohl in der Transportschicht als auch in der Anwendungsschicht lassen sich jedoch entsprechende Sicherheitsmechanismen umsetzen, da diese beiden Ebenen lediglich auf den zwei Netzwerkknoten der Endsysteme realisiert sind. Diese beiden Sicherheitskonzepte auf diesen beiden Ebenen werden als „Punkt-zu-Punkt"-Sicherheit und als „Ende-zu-Ende"-Sicherheit bezeichnet.[205]

Das „Punkt-zu-Punkt"-Sicherheitskonzept wird auf der Transportebene umgesetzt. Es wird ein transportgebundener Sicherheitsmechanismus realisiert, der alle zu übertragenden Informationen zwischen den Kommunikationspartnern gleich behandelt. Dabei werden durch dieses Sicherheitskonzept die Vertraulichkeit und die Datenintegrität während der Übertragung der Informationen zwischen den zwei Kommunikationspartnern gewährleistet. Diese Datenübertragung findet in der Regel über einen sicheren Kanal statt, der zu Beginn der Übertragung zwischen den beiden Partnern ausgehandelt wird. Bei dieser Aushandlung müssen sich die beiden Partner authentifizieren, so dass dadurch die Zugriffskontrolle realisiert werden kann. Zudem kann zwischen den beiden Kommunikationspartnern die Zurechenbarkeit garantiert werden, da die Übertragung lediglich zwischen zwei Kommunikationspartnern stattfindet und somit der Sender die Informationen bereitgestellt haben muss. Es werden somit zwischen den beiden Kommunikationspartnern alle aufgezeigten Sicherheitsziele gewährleistet.

Jedoch wird bei einer Kommunikation auf Basis von SOAP die Übertragung der Informationen bei den möglichen Intermediären unterbrochen. Dies hat zur Folge, dass bei den Intermediären die Vertraulichkeit und die Datenintegrität nicht mehr gewährleistet werden. Die Intermediäre können die Informationen im Klartext einsehen und sie können somit Informationen auslesen, die nicht für sie selbst bestimmt sind, oder aber selbst die Rolle eines Angreifers einnehmen und Informationen innerhalb der Nachricht verfälschen. Bei einer Nachricht, die vom Sender über mehrere Intermediäre zum Empfänger vermittelt wird, kann das Sicherheitsziel der Zurechenbarkeit ebenfalls durch dieses Sicherheitskonzept nicht gewährleistet werden, da sowohl der Sender als auch die Intermediäre Informationen in der Nachricht modifizieren können. Zudem kann ebenfalls die Zugriffskontrolle nicht realisiert werden, da der sichere Übertragungskanal nicht direkt zwischen Sender und Empfänger aufgebaut wird, sondern dieser immer abschnittsweise zwischen Sender und Intermediär, optional zwischen zwei Intermediären und zum Schluss zwischen dem Intermediär und dem Empfänger realisiert wird. Neben diesem „Punkt-zu-Punkt"-Sicherheitskonzept muss somit ein weiterer Mechanismus auf

---

[205] Vgl. Galbraith et al. (2002), S. 37ff.; Jeckle / Zengler (2002), S. 40.

Anwendungsebene realisiert werden, der die aufgezeigte Problematik, die durch das Zwischenschalten von Intermediären entsteht, löst.

Das „Ende-zu-Ende"-Sicherheitskonzept löst das aufgezeigte Intermediärproblem des transportgebundenen Konzepts auf Anwendungsebene selbst. Im Rahmen dieses Sicherheitskonzepts wird ein informationsgebundener Mechanismus umgesetzt, der den Intermediären lediglich den Zugriff auf die für sie notwendigen Daten ermöglicht. Für die anderen Informationen innerhalb der SOAP-Nachricht bleiben die Vertraulichkeit und die Datenintegrität gewahrt. Auf dieser Ebene wird zudem das Sicherheitsziel der Zurechenbarkeit für jede in die Kommunikation eingebundene Instanz realisiert, in dem jede Veränderung der Daten durch die beteiligten Kommunikationspartner unter Verwendung der digitalen Signatur dokumentiert wird. Darüber hinaus kann auf Anwendungsebene auch eine komfortable Zugriffskontrolle umgesetzt werden, die sowohl beim Dienstanbieter als auch optional bei den Intermediären greifen kann.

Die Abbildung 28 veranschaulicht den Unterschied zwischen transportgebundenen und informationsgebundenen Sicherheitsmechanismen bei Web Services bei der Verwendung von SOAP als Kommunikations- und HTTP als Übertragungsprotokoll. Dabei durchläuft sowohl die Anfrage- als auch die Antwortnachricht zwei Intermediäre. Es wird aus Gründen der Übersichtlichkeit nur die informationsgebundene Sicherheit der SOAP-Nachricht zwischen dem Sender und dem Empfänger dargestellt.

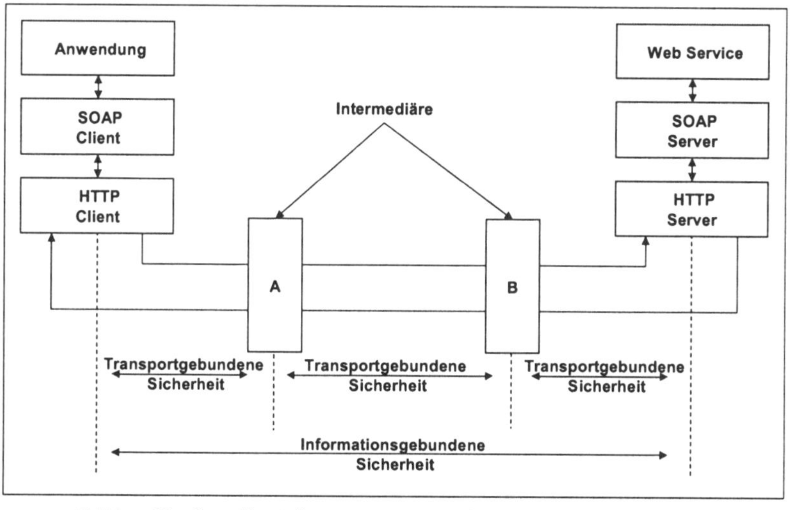

Abbildung 28: Gegenüberstellung von daten- und informationsgebundener Sicherheit

Zusammenfassend lässt sich festhalten, dass sowohl auf der Transportebene („Punkt-zu-Punkt"-Sicherheitskonzept) als auch auf der Anwendungsebene („Ende-zu-Ende"-

Sicherheitskonzept) Sicherheitsmechanismen verankert werden können, da Konzepte auf diesen beiden Ebenen keine Modifikationen auf benachbarten beziehungsweise an der Kommunikation beteiligten Netzwerkknoten nach sich ziehen. Es werden deshalb nachfolgend Lösungskonzepte sowohl für die Transportebene als auch für die Anwendungsebene diskutiert.

4.1.3.3 Lösungskonzepte auf der Transportebene

Mögliche Sicherheitslösungen auf der Transportebene haben das Ziel, die von der Transportsschicht durch spezielle Protokolle erbrachten Dienste um zusätzliche Sicherheitseigenschaften zu ergänzen, um so die aufgezeigten Sicherheitsziele zu erreichen. Daher werden Protokolle, die diese zusätzlichen Sicherheitseigenschaften zusichern, als Sicherheitsprotokolle der Transportschicht bezeichnet. Hierbei haben sich verschiedene Sicherheitsprotokolle wie der Secure Socket Layer (SSL), die Transport Layer Security (TLS) sowie unabhängig davon die Secure Shell (SSH) in der Praxis etabliert.[206] Da SSL in der Praxis auch oft in Kombination mit HTTP genutzt wird und HTTP sich als Transportprotokoll innerhalb von SOAP bei Web Services etabliert hat, werden nachfolgend SSL und die durch SSL realisierten Sicherheitsdienste aufgezeigt.

Das Protokoll Secure Socket Layer ist bereits 1995 von der Netscape Communications entwickelt worden, dem damals führenden Browseranbieter. SSL liegt in Version 3.0 vor (Stand: Mai 2004). SSL besteht aus zwei Teilprotokollen, eines zur Errichtung einer sicheren Verbindung zwischen den Kommunikationspartnern und eines für dessen konkrete Nutzung. Durch SSL werden eine Vielzahl von kryptografischen Verfahren wie Tripple-DES, SHA-1 und MD5 unterstützt und umgesetzt. Für eine ausführliche Erläuterung von SSL sei an dieser Stelle jedoch auf die umfangreiche Fachliteratur verwiesen.[207]

Der Ablauf einer SSL gesicherten Kommunikationssitzung stellt sich wie folgt dar: Vor der Übertragung der Informationen wird zwischen den beiden Kommunikationspartnern eine Authentifizierung durchgeführt, die wahlweise einseitig oder beidseitig erfolgt. Dadurch wird das Sicherheitsziel der Zugriffskontrolle erfolgreich umgesetzt. Die Daten werden danach in einem sicheren Kanal übertragen, der aufgrund der durch SSL unterstützten kryptografischen Verfahren sowohl die Sicherheitsziele der Vertraulichkeit als auch der Datenintegrität während der Übertragung realisiert. Erfolgt eine direkte Kommunikation zwischen Sender und Empfänger und sind keine Intermediäre in den Kommunikationsablauf eingebunden, so wird auch die Zurechenbarkeit durch SSL garantiert, da die übertragenen Informationen lediglich durch den Sender bereitgestellt werden können. Es

---

[206] Vgl. Jeckle / Zengler (2002), S. 44ff.; Schäfer (2003), S. 269.

[207] Vgl. Badach / Rieger / Schmauch (2003), S. 388ff.; Deitel (2002) , S. 191f.; Eckert (2003), S. 563ff.; Schäfer (2003), S. 269ff.; Tanenbaum (2003), S. 876ff.;

werden also alle aufgezeigten Sicherheitsziele bei einem solchen direkten Kommunikationsszenario durch SSL umgesetzt.

Da jedoch in die Kommunikation auch Intermediären einbezogen und die Sicherheitsziele lediglich während der Übertragung und zwischen zwei Kommunikationspartnern garantiert werden können, werden bei den Intermediären die Vertraulichkeit und die Datenintegrität der Informationen aufgehoben. Auch kann dann nicht das Sicherheitsziel der Zurechenbarkeit erfüllt werden, da prinzipiell jeder Intermediär Änderungen an der Nachricht vornehmen kann und diese Modifikationen nicht eindeutig einem Intermediär zugeordnet werden können. Das Sicherheitsziel der Zugriffskontrolle kann somit ebenfalls nicht mehr durch SSL abdeckt werden, da kein direkter und sicherer Kanal zwischen dem Sender und dem Empfänger aufgebaut wird. Anhand dieser Ausführungen wird deutlich, dass durch SSL lediglich ein transportgebundener Sicherheitsmechanismus umgesetzt werden kann.

Ergänzend sei an dieser Stelle noch auf die Möglichkeit des Einsatzes von IPSec als Sicherheitsprotokoll hinzuweisen. Dieses Protokoll wird jedoch der Netzwerkebene im Referenzmodell zugeordnet. Es kann bisher prinzipiell nicht als Lösungsansatz angesehen werden, da die zugehörigen Funktionalitäten auf jedem beteiligten Netzwerkknoten vorgehalten werden müssen. Allerdings wird sich IPSec als Basisprotokoll auf den Netzwerkknoten eventuell etablieren, so dass dann neben SSL auch IPSec als Protokoll für die Übertragung der Informationen genutzt werden kann. IPSec setzt dabei die gleichen Sicherheitsziele wie SSL um und weist die gleiche Problematik auf.[208]

4.1.3.4 Lösungskonzepte auf der Anwendungsebene

Auf der Anwendungsebene muss der Datenaustausch zwischen den Kommunikationspartnern und den zwischengeschalteten Intermediären nochmals näher betrachtet werden. Als Kommunikationsprotokoll wird bei Web Services zur Übermittlung der XML-Dokumente SOAP eingesetzt. Daher werden zuerst Lösungskonzepte aufgezeigt, die die Sicherheitsziele bei XML-Dokumenten umsetzen. Daran anschließend wird die Grundidee aufgezeigt, wie diese Konzepte in die SOAP-Nachrichten integriert werden können. Da sich eine Spezifikation für die Gewährleistung der Sicherheit bei Web Services als quasi Standard etabliert hat, wird diese als eine mögliche Umsetzung der Grundidee kurz erläutert.

4.1.3.4.1 Konzepte auf Basis von XML

Die aufgezeigten Sicherheitsziele können sowohl durch Verschlüsselungsverfahren als auch durch digitale Signaturen umgesetzt werden, so dass im Folgenden die beiden

[208] Vgl. Eckert (2003), S. 569ff.; Schäfer (2003), S. 215ff.; Tanenbaum (2003), S. 833ff.

Spezifikationen XML Encryption und XML Signature erläutert werden. Da bei beiden Verfahren Schlüssel als zentrales Element im Prozess zum Einsatz kommen, die durch eine PKI verwaltet werden können, wird darüber hinaus die XML Key Management Specification als eine Möglichkeit für das XML-basierte Schlüsselmanagement aufgegriffen.

XML Encryption

XML Encryption ermöglicht die Umsetzung von Verschlüsselverfahren innerhalb von XML-Dokumenten. Dabei ist mit der Entwicklung von XML Encryption, bei der Microsoft und IBM mitgewirkt haben, bereits im Jahre 2001 begonnen worden. Die letzte verfügbare, vom W3C standardisierte Spezifikation datiert vom Dezember 2002 (Stand: Mai 2004). Die Spezifikation verweist dabei auf bereits existierende Verschlüsselungsverfahren und beschreibt selbst lediglich die Integration der Verfahren in XML-Dokumente. Das konkrete Vorgehen beim Verschlüsseln und beim Entschlüsseln wird in der Spezifikation ebenfalls erläutert. Somit unterstützt XML Encryption sowohl die symmetrische als auch die asymmetrische Verschlüsselung.[209]

Bei der Entwicklung von XML Encryption ist das Hauptaugenmerk auf die mögliche Verschlüsselungsgranularität innerhalb eines XML-Dokuments gelegt worden. Bisher war es lediglich möglich, ein XML-Dokument unter Nutzung eines Schlüssels in der Gesamtheit zu verschlüsseln. Durch XML Encryption ist es nun möglich, neben dem gesamten XML-Dokument auch einzelne Teile zu chiffrieren. In der feinsten Granularität können einzelne Elemente im XML-Dokument verschlüsselt werden, es lassen sich jedoch auch beliebige in einem Wurzelelement gekapselte Abschnitte eines XML-Dokuments chiffrieren. Somit ist es möglich, verschiedene Teile eines XML-Dokuments unter Verwendung unterschiedlicher Schlüssel zu chiffrieren und somit die Vertraulichkeit abschnittsweise innerhalb eines XML-Dokuments zu garantieren.[210]

Alle relevanten Verschlüsselungsinformationen werden durch ein Verschlüsselungselement (`<EncryptedData>`) innerhalb des XML-Dokuments eingeschlossen. Dieses Wurzelelement selbst enthält obligatorisch das `<CipherData>` Element, welches die verschlüsselten Informationen (`<CipherValue>`) kapselt. Darüber hinaus können optional Informationen über das verwendete Verschlüsselungsverfahren (`<EncryptionMethod>`), Informationen zum genutzten Schlüssel selbst (`<KeyInfo>`) sowie notwendige Initialisierungsparameter für die genutzten Verfahren (`<EncryptionProperties>`) enthalten sein. Diese Zusatzinformationen werden

---

209 Vgl. Galbraith et al. (2002), S. 223ff.; Hartmann et al. (2003), S. 85ff.; Imamura / Dillaway / Simon (2002); Reagle (2002).

210 Vgl. Buchholz (2003), S. 73f.

ebenfalls mit dem verschlüsselten XML-Dokument übertragen. Für weitere Einzelheiten sei an dieser Stelle auf die entsprechenden Spezifikationen verwiesen.[211]

In der Abbildung 29 wird die Syntax von XML Encryption in einer in der Informatik typischen Notation verdeutlicht.[212]

```
<EncryptedData Id? Type? MimeType? Encoding?>
  <EncryptionMethod/>?
    <ds:KeyInfo>?
      <EncryptedKey>?
      <AgreementMethod>?
      <ds:KeyName>?
      <ds:RetrievalMethod>?
      <ds:*>?
    </ds:KeyInfo>
  <CipherData>
    <CipherValue>
    <CipherReference URI?>?
  </CipherData>
  <EncryptionProperties>?
</EncryptedData>
```

Abbildung 29: Syntax von XML Encryption

XML Encryption ermöglicht die plattform- und programmiersprachenunabhängige Verschlüsselung von XML-Dokumenten. Somit werden diese Eigenschaften der Metasprache XML beim Einsatz von XML Encryption gewahrt. Die Verschlüsselungsgranularität ist frei wählbar. XML Encryption gewährleistet die Vertraulichkeit der zu übertragenden Informationen zwischen den beteiligten Instanzen. Da auf Basis von XML Encryption verschlüsselte XML-Dokumente ebenfalls XML-Dokumente darstellen, eignet sich XML Encryption besonders gut für Web Services, da alle relevanten Informationen durch SOAP in Form von XML-Dokumenten übertragen werden. Durch die geeignete Wahl der Verschlüsselungsgranularität kann auch die Vertraulichkeit der Inhalte empfängerabhängig entlang des Nachrichtenweges durch die beteiligten Instanzen (Sender, Empfänger sowie Intermediäre) gewährleistet werden.

---

211 Vgl. Imamura / Dillaway / Simon (2002); Reagle (2002).

212 In der Abbildung wird eine weit verbreitete Notation aus der Informatik verwendet. Dabei kennzeichnet ein „?", dass das entsprechende Element einfach oder keinmal in der konkreten Instanz der Verschlüsselung auftaucht, ein „*" schränkt die Kardinalität des Elements in der Instanz nicht ein, vgl. hierzu auch Imamura / Dillaway / Simon (2002).

XML Signature

XML Signature ermöglicht die Realisierung von digitalen Signaturen innerhalb von XML-Dokumenten. Dabei ist mit der Entwicklung bereits 1999 im W3C in Zusammenarbeit mit der Internet Engineering Task Force (IETF) begonnen worden. Die letzte standardisierte Spezifikation von XML Signature datiert vom Februar 2002 (Stand: Mai 2004). Die Spezifikation beschreibt, wie XML-basierte Informationen signiert und die erstellte Signatur in XML-Dokumente eingebettet werden. Neben diesem Prozess der Signierung wird auch die Verifizierung einer Signatur dargestellt. In der Spezifikation wird auf bereits etablierte Verfahren zur Erzeugung von Fingerabdrücken von Dokumenten sowie bekannte Signaturverfahren verwiesen.

In der Spezifikation selbst sind zahlreiche Parallelen zur Spezifikation von XML Encryption zu finden. Beispielsweise unterstützt XML Signature analog zu XML Encryption eine beliebige Granularität bei der Erstellung einer digitalen Signatur. So lassen sich in der feinsten Granularität einzelne Elemente, in der mittleren Granularität komplette Abschnitte sowie in der gröbsten Granularität komplette XML-Dokumente signieren. Somit ist es möglich, unterschiedliche Abschnitte eines XML-Dokuments analog zu XML Encryption mit unterschiedlichen Schlüsseln zu signieren und jede Änderung innerhalb eines XML-Dokuments eindeutig einer Instanz zuzuordnen.[213]

Alle relevanten Signaturinformationen werden durch das Signaturelement (`<Signature>`) gekapselt. Dieses enthält auf der einen Seite alle für den Empfänger der Nachricht notwendigen Informationen zur Verifikation der Signatur (`<SignedInfo>`). Zu diesen notwendigen Signaturinformationen zählen eine Referenz in Form eines Uniform Ressource Identifier (URI) auf den bei der Erstellung der Signatur verwendeten kanonischen Algorithmus[214] (`<CanonicalizationMethod>`). Es wird auch eine Referenz auf das genutzte Verschlüsselungsverfahren (`<SignatureMethod>`) sowie das genaue Vorgehen bei der Erstellung der Signatur (`<Reference>`) in Form einer URI eingebettet. Auf der anderen Seite beinhaltet das Signaturelement die Signatur selbst (`<SignatureValue>`). Diese beiden Angaben sind in jeder XML Signatur obligatorisch zu finden. Daneben können aber analog zu XML Encryption optional Informationen zu den genutzten Schlüsseln (`<KeyInfo>`) in das Signaturelement eingebettet werden.[215]

---

[213] Vgl. Buchholz (2003), S. 74.; Hartmann et al. (2003), S. 88ff.; Bartel et al. (2002); Reagle (1999).

[214] Eine Kanonisierung versetzt ein Dokument in ein Standardformat, sodass beim Berechnen des Fingerabdrucks immer der gleiche Wert bestimmt wird. Gerade bei XML-Dokumenten ist die Kanonisierung wesentlich, da XML Parser unbedeutende Veränderungen (z. B. Hinzufügen von Leerraum) beim Parsen vornehmen können. Dadurch wäre ohne Kanonisierung der Fingerabdruck eines XML-Dokuments nicht immer eindeutig bestimmbar.

[215] Vgl. Bartel et al. (2002); Reagle (1999).

Die Abbildung 30 verdeutlicht die Syntax von XML Signature. In der Abbildung wird in Anlehnung an die Darstellung der Syntax von XML Encryption die gleiche Notation verwendet.

```
<Signature ID?>
  <SignedInfo>
    <CanonicalizationMethod/>
    <SignatureMethod/>
    (<Reference URI? >+
    (<Transforms>)?
    <DigestMethod>
    <DigestValue>
    </Reference>)
  </SignedInfo>
  <SignatureValue>
  (<KeyInfo>/)?
</Signature>
```

Abbildung 30: Syntax von XML Signatur

Im Gegensatz zu XML Encryption ist es möglich, dass die Signatur nicht zwingend im gleichen zu signierenden XML-Dokument stehen muss. Es werden vier Formen unterscheiden, wie die zu signierenden Daten in Beziehung mit dem Signaturelement stehen können:[216]

- Liegen die zu signierenden Daten innerhalb des Signaturelements, so wird von einer umgebenden Signatur gesprochen (enveloping signature).
- Liegt das Signaturelement innerhalb der zu signierenden Daten, so wird dieses als eine umhüllte Signatur (enveloped signature) bezeichnet. Das Signaturelement ist in diesem Fall ein Kindelement der zu signierenden Daten.
- Liegen sowohl die zu signierenden Daten als auch das Signaturelement auf einer Ebene innerhalb des gleichen Dokuments, so liegt eine getrennte Signatur vor (detached signature).
- Liegen die zu signierenden Daten außerhalb des XML Dokuments, spricht man von einer angehangenen und getrennten Signatur (attached signature). Das Signaturelement enthält in diesem Fall eine Referenz auf die externen Daten.

XML Signature gewährleistet analog zu XML Encryption die plattform- und programmiersprachenunabhängige Signierung von XML-Dokumenten und wahrt somit die

[216] Vgl. Galbraith et al. (2002), S. 187f.; Bartel et al. (2002); Reagle (1999).

Eigenschaften von XML. Die Signierungsgranularität innerhalb eines XML-Dokuments ist frei wählbar. XML Signature eignet sich daher, um die Sicherheitsziele der Datenintegrität, der Zurechenbarkeit sowie die Zugriffskontrolle zu gewährleisten. Da XML Signature in XML-Dokumente eingebettet ist, eignet es sich besonders gut für Web Services, da alle relevanten Informationen auf Basis von XML in SOAP Nachrichten übertragen werden. Durch die freie Wahl der Signierungsgranularität kann bei allen an einer Web Service Nutzung beteiligten Instanzen sowohl die Integrität als auch die Zurechenbarkeit jeder Änderung der Nachricht garantiert werden. Beim Anbieter des Web Services selbst kann auf dieser Basis auch eine Zugriffskontrolle durchgeführt werden.

XML Key Management

Die Zielsetzung bei der Entwicklung der XML Key Management Spezifikation (XKMS) ist gewesen, die Integration von Public Key Infrastrukturen (PKI) und digitalen Zertifikaten in eigenen Anwendungen zu vereinfachen und dabei die Metasprache XML einzusetzen. Die in XKMS vorgesehenen Funktionalitäten werden auf Basis von Web Services zur Verfügung gestellt. Die Entwicklung selbst ist von Microsoft, VeriSign und WebMethods initiiert und später vom W3C übernommen worden. Die Version 2.0 von XKMS datiert vom April 2003 (Stand: Mai 2004).[217]

Um diese Zielsetzung zu erreichen, enthält XKMS ein Protokoll für die Registrierung, Verteilung und Verarbeitung von öffentlichen Schlüsseln. Dieses Protokoll enthält mehrere vordefinierte Dienste, Nachrichtenformate für diese Dienste, Kommunikationsprotokollbindungen und Verarbeitungsrichtlinien. Da die Funktionalitäten der XKMS Dienste als Web Services verfügbar sind, werden für die Spezifikation des Protokolls die im Web Service Umfeld etablierten Standards XML, SOAP und WSDL verwendet.

XKMS selbst sieht drei Hauptdienste vor:[218]

- Ein Registrierungsdienst (Register Service) ermöglicht das Registrieren eines Schlüsselpaars. Nach der Registrierung verwaltet XKMS die Schlüssel und ermöglicht ein Widerrufen und Wiederherstellen der Schlüssel. Des Weiteren unterstützt der Dienst die Erzeugung eines Schlüsselpaars, welches aus einem öffentlichen und einem privaten Schlüssel besteht.
- Der Suchdienst (Locate Service) definiert einen Satz von Tags, mit denen eine Anwendung Informationen über einen öffentlichen Schlüssel beziehen kann. Der

[217] Vgl. Chappell / Jewell / Dalheimer (2003),S. 215f.; Galbraith et al. (2002), S. 261.; Hallam-Baker (2003); Hirsch / Just (2003).

[218] Vgl. Galbraith et al. (2002), S. 265ff.; Hallam-Baker (2003).

Nutzer muss dazu lediglich das Schlüsselinformationselement (`<ds:KeyInfo>`) einreichen, um die benötigen Informationen zu erhalten.

- Der Überprüfungsdienst (Validate Service) stellt die gleiche Funktionalität wie der Suchdienst zur Verfügung. Ergänzend dazu können Schlüssel validiert werden. Die Nutzer können somit überprüfen, ob ein öffentlicher Schlüssel gültig oder bereits durch den Eigentümer zurückgezogen worden ist.

Um XKMS zu nutzen, müssen als Vorbedingung alle beteiligten Instanzen ihre öffentlichen Schlüssel durch Verwendung des Registrierungsdienstes anmelden. Nur dann ist eine effiziente Nutzung von XKMS und damit eine vereinfachte Nutzung von XML Encryption und XML Signature sowie der Einsatz in anderen Anwendungsbereichen möglich.[219]

4.1.3.4.2 Integration der Konzepte in SOAP

SOAP erlaubt es, den Kopf einer Nachricht mit zusätzlichen Informationen anzureichern.[220] Genau diese Grundidee wird bei der Integration von XML Encryption und XML Signature in SOAP verfolgt. Der Kopf einer Nachricht wird erweitert, indem für jede an der Kommunikation beteiligte Instanz (Sender, Empfänger sowie die zwischengeschalteten Intermediäre) jeweils ein Element hinzugefügt wird, welches alle notwendigen Informationen für den erfolgreichen Einsatz von XML Encryption und XML Signature kapselt. Im Kopf der Nachricht innerhalb dieses Wurzelelements werden alle notwendigen Schlüssel- und Verfahrensinformationen hinterlegt, die zur Verifizierung der Signatur und zum Dechiffrieren der Informationen beim Empfänger benötigt werden. Die digitale Signatur selbst, also der chiffrierte Fingerabdruck, kann ebenfalls an dieser Stelle in der SOAP-Nachricht abgelegt werden. Die chiffrierten Informationen selbst verbleiben, wie es die SOAP-Spezifikation für Nutzinformationen versieht, im Körper der SOAP-Nachricht. Ansonsten werden die Syntax von XML Encryption und XML Signature und die darin erläuterten Verfahrensweisen beibehalten.

Dieses Integrationskonzept hält sich sowohl an die SOAP-Spezifikation (es entstehen SOAP konforme Nachrichten) als auch an die Spezifikationen XML Signature und XML Encryption. Heutzutage hat lediglich ein Konzept die Entwicklung erfolgreich abgeschlossen. Es ist in Form einer Spezifikation verfügbar und wird als WS-Security bezeichnet. WS-Security wird nachfolgend erläutert.

Die Spezifikation von WS-Security ist in Zusammenarbeit von Microsoft, IBM und VeriSign entwickelt worden und liegt seit April 2002 in Version 1.0 vor. WS-Security gehört zu einem umfangreichen Stapel von Spezifikationen, die demnächst im Umfeld

---

[219] Vgl. Buchholz (2003), S. 75.
[220] Vgl. hierzu die Ausführungen in Abschnitt 3.3.3.

von Web Services und SOAP folgen sollen. Lediglich die WS-Security Spezifikation ist zurzeit verfügbar (Stand: Mai 2004).[221]

In der Abbildung 31 werden diese im Sicherheitsumfeld von Web Services geplanten und bereits realisierten Spezifikationen veranschaulicht.

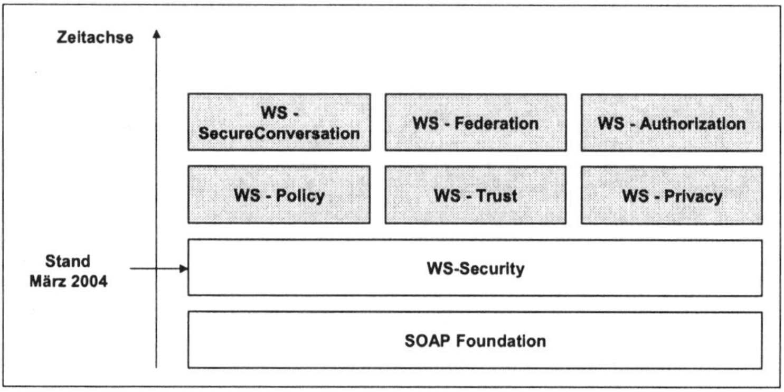

Abbildung 31: Web Services Security Spezifikationen (Stand und Ausblick)

Die bereits dargestellte Grundidee der Erweiterung des Kopfes einer SOAP-Nachricht wird innerhalb der WS-Security Spezifikation umgesetzt. Es wird dazu für jede Instanz (Intermediär, Sender und Empfänger), die auf dem Nachrichtenweg liegt, ein Sicherheitselement (`<Security>`) eingeführt, welches die für die Instanz notwendigen Informationen enthält. Innerhalb dieses Sicherheitselements als Wurzelelement wird durch ein Nutzernamenelement (`<UsernameToken>`) das Übertragen von einem Nutzernamen und einem Passwort ermöglicht, wodurch eine Zugriffskontrolle in den jeweiligen Instanzen erfolgen kann.[222] Darüber hinaus kann das von XML Signature bekannte Signaturelement (`<Signature>`) innerhalb des Sicherheitselements enthalten sein. Für den Einsatz von XML Encryption wird das bereits erläuterte `<EncryptedKey>` Element in das Sicherheitselement eingebettet. Innerhalb dieses Elements wird dann direkt auf die verschlüsselten Daten (`<EncryptedData>`) verwiesen, die sich allerdings, wie alle Nutzinformationen bei SOAP, im Körper der SOAP-Nachricht befinden. Ansonsten wird innerhalb der WS-Security Spezifikation immer auf die zugrunde liegenden Spezifikationen von XML Signature und XML Encryption verwiesen.[223] Um die notwendigen öffentlichen Schlüssel zu beziehen beziehungsweise diese zu verifizieren,

[221] Vgl. Daconta / Obrst / Smith (2003), S. 81.; Atkinson et al. (2002); Della-Libera et al. (2002).

[222] Diese Möglichkeit der direkten Übermittlung von Username und Passwort in einer optional verschlüsselten Form weist im Gegensatz zur Umsetzung der Zugriffskontrolle durch XML Signature und XML Encryption einen höheren Komfort auf. Jedoch ist auch auf Basis dieser beiden vorgestellten Basisspezifikationen, wie bereits dargestellt, eine Realisierung einer Zugriffskontrolle möglich.

[223] Vgl. Buchholz (2003), S. 73.

kann eine PKI auf Basis von XKMS eingesetzt werden. Diese Möglichkeit wird allerdings bei WS-Security nur am Rande aufgegriffen. Zudem ist eine Integration der Security Assertion Markup Language (SAML) innerhalb dieses Konzepts denkbar, die die Aufgaben der Authentifikation und Autorisierung innerhalb verschiedener Anwendungsdomänen auf unterschiedliche Weisen sicherstellt.[224]

Die Abbildung 32 veranschaulicht den Aufbau der SOAP-Nachricht nach Integration der Konzepte von XML Signature und XML Encryption. Dabei wird ebenfalls die bereits bei XML Encryption eingeführte Form der Notation verwendet.

```
<Envelope>
  <Header>
    <Security>*
      <UsernameToken/>?
      <Signature/>*
      <EncryptedKey/>*
    </Security>
  </Header>
  <Body>
    <EncryptedData/>*
  </Body>
</Envelope>
```

Abbildung 32: Syntax einer SOAP Nachricht bei WS-Security

WS-Security ermöglicht weiterhin den plattform- und programmiersprachenunabhängigen Einsatz von Web Services. Dabei gewährleisten die in der WS-Security abgelegten Mechanismen die bereits aufgezeigten Sicherheitsziele der Vertraulichkeit, der Datenintegrität, der Zurechenbarkeit und der Zugriffskontrolle bei Web Services. Zudem erlaubt die Erzeugung mehrerer Sicherheitselemente im Kopf der Nachricht die Einhaltung der Sicherheitsziele für jede an der Kommunikation beteiligte Instanz (Sender, Empfänger und Intermediäre). Es wird also auf Anwendungsebene durch den Einsatz von WS-Security eine informationsgebundene Sicherheitsinfrastruktur geschaffen.

4.1.4 Praktische Einbindung von Sicherheitsdiensten

Für die praktische Umsetzung der Sicherheitsdienste und der damit verbundenen notwendigen Veränderung im Kopf sowie im Körper der SOAP-Nachricht bieten sich zwei Wege an. Auf der einen Seite werden die im vorigen Abschnitt notwendigen Modifikationen der SOAP-Nachricht direkt auf Dienstanbieterseite in den SOAP-Server und auf Dienstnutzerseite in den genutzten SOAP-Client integriert, da diese beiden

---

[224] Vgl. Atkinson et al. (2002); Della-Libera et al. (2002).

Softwarekomponenten bei der Aktivierung der Dienste angesprochen werden.[225] Jedoch sind dann konkrete Absprachen über die gewählten Verfahren notwendig, die die Sicherheitsanforderungen abdecken. Auf der anderen Seite werden die notwendigen Modifikationen durch neu zu etablierende Softwarekomponenten vorgenommen, die in den Nachrichtenverkehr zwischen dem SOAP-Server und den SOAP-Client geschaltet werden. Bei diesem Vorgehen sind keine Änderungen im konkreten Nutzungsszenario von Web Services und somit an bereits etablierten Diensten auf Basis von Web Services vorzunehmen. Darüber hinaus wäre es möglich, diese sicherheitsgarantierenden Komponenten von einem Drittanbieter zu beziehen. Nachfolgend wird genau die Etablierung von Softwarekomponenten, die in den Nachrichtenverkehr zwischen dem SOAP-Server und dem SOAP-Client eingebunden werden, näher betrachtet. Dazu wird nachfolgend ein allgemeines Konzept vorgestellt, welches die einfache Integration von solchen Softwarekomponenten gestattet. Dieses Integrationskonzept kann dann auch in anderen ähnlich gelagerten Fragestellungen zum Einsatz kommen. Daran anschließend wird die konkrete Ausprägung des vorgestellten Konzepts bei der sicheren Nutzung von Web Services vorgestellt.

4.1.4.1 Grundsätzliches Konzept

Die Anforderungen an die Praktikabilität erfordern es, dass die Anwendung beim Dienstnutzer und der durch den Dienstanbieter offerierte Web Service nicht modifiziert werden muss, wenn eine sichere Dienstnutzung auf Basis von WS-Security oder einer anderen Spezifikation erfolgen soll. Dieser Sachverhalt muss durch das Konzept gewährleistet und umgesetzt werden. Auch ein Wechsel der genutzten Sicherheitsspezifikation muss ohne Probleme und Änderungen an den Implementierungen möglich sein. Ist es darüber hinaus auch noch möglich, das Konzept auf andere Problembereiche anzuwenden beziehungsweise für andere Problembereiche zu nutzen, würde die Akzeptanz weiter gefördert.

Um diese beiden Anforderungen zu erfüllen, wird die praktische Umsetzung auf Basis eines Handlerkonzepts favorisiert, da diese Möglichkeit bei zahlreichen Applikationsservern am Markt ohne großen Anpassungsaufwand realisierbar ist. Handler sind Programmmodule, die eine SOAP-Nachricht empfangen, diese verarbeiten und weiterleiten. Handler sind somit in der Lage, Nachrichten bei Bedarf entsprechend zu modifizieren. Sie werden in den Kommunikationsfluss zwischen Sender und Empfänger integriert, sind jedoch auf dem gleichen Netzwerkknoten wie die nutzende Anwendung beziehungsweise der Dienst angesiedelt. Um eine möglichst hohe Wiederverwendbarkeit der konkreten Implementierung des Handlers zu erzielen, lassen sich handlerspezifische

[225] Vgl. zu den Begriffen SOAP-Server und SOAP-Client die Ausführungen in Abschnitt 3.3.3.

Parameter in eine Konfigurationsdatei auslagern, die der Handler bei der eignen Initialisierung nutzt.

Werden mehrere Handler in den Kommunikationsfluss geschaltet, so lassen sie sich zu so genannten Handlerketten zusammenfassen, die sequenziell abgearbeitet werden. Durch dieses Zusammenfügen einzelner Handler zu einer Kette kann der Wartungsaufwand verringert werden, da die Handlerketten durchaus in einer ähnlichen Problemstellung mehrfach zum Einsatz kommen können und somit nur ein einmaliges Zusammenfügen der Handler zu einer Kette vorgenommen werden muss. Nach dem Zusammenfügen kann dann die Handlerkette die zugedachte Aufgabe übernehmen.

Grundsätzlich können Handler auf zwei verschiedene Arten klassifiziert werden. Auf der einen Seite werden spezifische oder lokale Handler von allgemeinen oder globalen Handlern unterschieden. Spezifische Handler kommen lediglich bei der Nutzung eines einzelnen Dienstes zum Einsatz und besitzen dadurch ein gewisses Alleinstellungsmerkmal. Spezifische Handler bilden somit dienstabhängige Besonderheiten ab. Allgemeine Handler hingegen können bei jeder Dienstnutzung zum Einsatz kommen. Sie bilden somit dienstunabhängige Aufgaben ab.

Neben dieser Klassifikation ist auf der anderen Seite auch eine Klassifikation analog zu den verschiedenen Intermediärtypen möglich. Es können also auch Handler unterschieden werden, die nur ausgehende oder eingehende Nachrichten bearbeiten oder solche, die in den kompletten Nachrichtenaustausch eingegliedert sind und sowohl eingehende als auch ausgehende Nachrichten verarbeiten.

Handler treten in der Regel in Paaren auf, da die Nachricht durch den Handler auf der Senderseite mit spezifischen Informationen angereichert beziehungsweise diese modifiziert wird. Um diese zusätzlichen Informationen entsprechend auf der Empfängerseite zu verarbeiten, wird ein passendes Gegenstück benötigt, welches die angereicherten beziehungsweise die veränderten Informationen interpretieren und auswerten kann. Diese beiden Handler werden daher als Handlerpaar bezeichnet. Es sind jedoch auch einzelne Handler denkbar, die beispielsweise Informationen für Statistikzwecke auswerten.

In der Abbildung 33 wird das vorgestellte Handlerkonzept veranschaulicht. Es wird jedoch aus Gründen der Übersichtlichkeit kein Intermediär in den Kommunikationsablauf einbezogen. Die von der Anwendung erstellte SOAP-Nachricht durchläuft bei der Dienstnutzung die spezifischen Handler (A_1, B_1) des zu nutzenden Dienstes und danach den allgemeinen Handler (C_1), der auch für die Nutzung andere Dienste ausgehende Nachrichten bearbeitet. Auf der Dienstanbieterseite werden die Gegenstücke der Handler (A_2, B_2, C_2) in umgekehrter Reihenfolge durchlaufen. Nachdem die Nachricht den Handler A_2 verlassen hat, handelt es sich um die gleiche Nachricht, die die Anwendung auf

Dienstnutzerseite erzeugt hat. Die Paarbildung der Handler wird durch den Index angedeutet. Die Antwortnachricht des Dienstes durchläuft analog zur Anfragenachricht die Handler E und F, jedoch in diesem Fall keinen allgemeinen Handler. Weder beim Dienstnutzer noch beim Dienstanbieter sind Modifikationen an der Anwendung beziehungsweise am Dienst nötig.

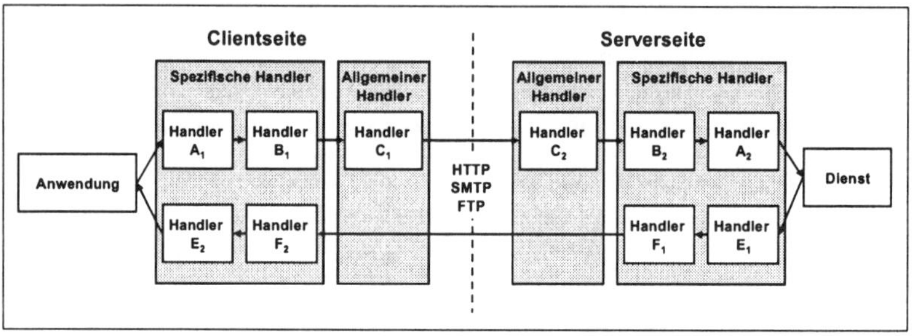

Abbildung 33: Schematische Darstellung des Handlerkonzepts

4.1.4.2 Handler bei Integration von Sicherheitsdiensten

Wird das allgemeine Handlerkonzept, welches auch bei den anderen offenen Fragestellungen Anwendung finden kann, auf die Integration von Sicherheitsdiensten bei der Nutzung von Web Services angepasst, so ist folgendes Konzept denkbar:

Es werden Handler vorgehalten, die sowohl auf Dienstnutzerseite als auch auf Dienstanbieterseite zum Einsatz kommen. Jeder dieser Handler lässt sich, wie bereits im grundlegenden Konzept angedeutet, über Konfigurationsdateien entsprechend der Anforderung parametrisieren, so dass eine Anpassung des Programmmoduls selbst nicht nötig ist. Diese Parametrisierung der Handler ist nur einmalig vor der ersten Nutzung vorzunehmen. Folgende Handler sind bei der Umsetzung einer sicheren Nutzung von Web Services auf Basis der WS-Security Spezifikation idealtypisch vorzusehen, wobei es sich bei all diesen Handlern um lokale Handler handelt:

1. **Handlerpaar zur Erstellung und Verifizierung der digitalen Signatur (Handlerpaar Signatur)**: Ein Handler dieses Handlerpaares übernimmt die Erstellung der digitalen Signatur auf Senderseite und fügt die Signatur in die SOAP-Nachricht ein (Handler S_Sig). Das Gegenstück verifiziert dementsprechend die Signatur auf Seiten des Empfängers (Handler E_Sig). Bei der Erstellung der Signatur werden dem Programmmodul sowohl das zu signierende Element als auch der zu nutzende private Schlüssel mitgeteilt. Auf Seiten des Empfängers wird lediglich das Element übergeben, bei welchem die digitale Signatur überprüft werden soll. Diese Mitteilung erfolgt über die entsprechende Parametrisierung des

Handlers. Der dazu notwendige öffentliche Schlüssel sowie Verfahrensinformationen werden, wie beschrieben, innerhalb des Kopfes der SOAP-Nachricht mit übertragen. Darüber hinaus kann zur Verifizierung und zum Bezug des öffentlichen Schlüssels eine vorhandene PKI auf Basis von XKMS genutzt und eingebunden werden.

2. **Handlerpaar zur Chiffrierung und Dechiffrierung (Handlerpaar Encryption)**: Dieses Handlerpaar übernimmt die Verschlüsselung (Handler S_Enc) und die Entschlüsselung (Handler E_Enc) der in der Nachricht enthaltenen Informationen. Der Handler bekommt auf der Senderseite das zu chiffrierende Element sowie den zu nutzenden öffentlichen Schlüssel des Empfängers übergeben. Auf der Empfängerseite ist dem Programmmodul ebenfalls das Element, welches dechiffriert werden soll, und der private Schlüssel des Empfängers zu übergeben. Die genutzten Verfahren während der Verschlüsselung werden analog zur Signierung im Kopf der SOAP-Nachricht übertragen. Bei diesem Handlerpaar kann in Analogie zum ersten Handlerpaar ebenfalls eine PKI zum Einsatz kommen, um den genutzten öffentlichen Schlüssel zu verifizieren beziehungsweise zu beziehen.

3. **Handlerpaar zur Realisierung der Zugriffskontrolle (Handlerpaar Authentifikation)**: Das dritte notwendige Handlerpaar ist für die Steuerung der Zugriffskontrolle verantwortlich. Auf Senderseite fügt es den Nutzernamen sowie das Passwort in entsprechend verschlüsselter Form hinzu (Handler S_Acc). Auf der Empfängerseite wird überprüft, ob die entsprechende Username-Passwort-Kombination Zugriffsrechte auf den Web Services hat (Handler E_Acc). Dem Handler auf Clientseite ist der Nutzername und das Passwort zu übergeben und auf der Empfängerseite ist eine Rechteverwaltung zur Überprüfung der Zugriffsberechtigung vorzusehen.

Die eingesetzten Handler der aufgezeigten drei Handlerpaare werden dann sowohl auf Dienstnutzer- als auch Dienstanbieterseite zu einer Handlerkette zusammengeführt. Auf Dienstnutzerseite werden zuerst die Username-Passwort-Kombination der SOAP-Nachricht hinzugefügt (Handler S_Acc), dann die notwendigen Elemente signiert (Handler S_Sig) und schließlich die Verschlüsselung der Elemente innerhalb der SOAP-Nachricht durchgeführt (Handler S_Enc). Auf der Anbieterseite werden die Handler in umgekehrter Reihenfolge durchlaufen. Diese Handler werden in entsprechenden Handlerketten (S_1 und E_1) zusammengefasst. Bei der übermittelten Rückantwort kann auf die Übermittlung der Nutzernamen-Passwort-Kombination verzichtet werden, da auf Dienstnutzerseite keine Zugriffskontrolle durchgeführt wird. Daher müssen hier ebenfalls Handlerketten gebildet werden, die allerdings nur aus zwei Handlern bestehen (S_2 und E_2). Die Handlerketten arbeiten die Handler in sequenzieller Reihenfolge ab.

Die Abbildung 34 stellt die Konkretisierung des abstrakten Handlerkonzepts aus der Abbildung 33 für einen sicheren Einsatz von Web Services in dieser eben vorgestellten idealtypischen Gestalt dar. Es wird jedoch aus Gründen der Übersichtlichkeit auf die Darstellung möglicher Intermediäre im Kommunikationsprozess verzichtet. Um bei der Einbindung von Intermediären in den Kommunikationsprozess eine sichere Nutzung von Web Services zu garantieren, müssen für jeden Intermediär im Kommunikationsprozess analog Handlerketten auf der Sender- und der Empfängerseite vorgehalten werden.

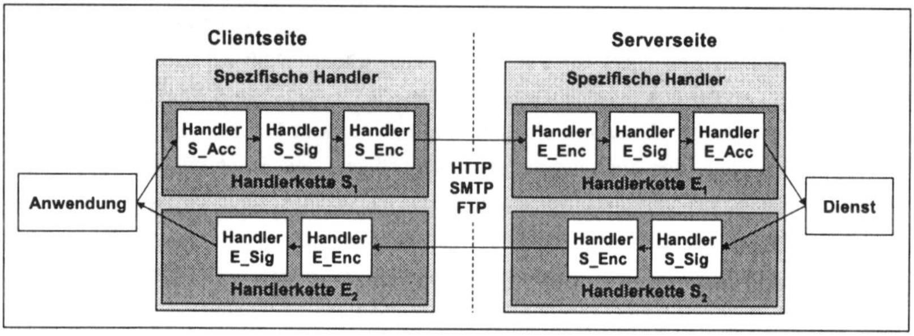

Abbildung 34: Handlerkonzept bei einer sicheren Web Services Nutzung

Eine Gegenüberstellung der aufgestellten Sicherheitsziele und den vorgestellten Handlern ergibt folgendes Bild. Das Handlerpaar „Signatur" übernimmt die Signierung und die Validierung der Signatur und gewährleistet somit die Sicherheitsziele der Datenintegrität und der Zurechenbarkeit. Das Handlerpaar „Encryption" realisiert durch die Verschlüsselung und Entschlüsselung relevanter Nachrichtenteile die Vertraulichkeit der Inhalte. Auf Basis dieser beiden Handlerpaare würde, wie bereits dargestellt, auch eine Zugriffskontrolle realisierbar sein. Da jedoch die Zugriffskontrolle als essenziell für die sichere Nutzung von Web Services angesehen werden kann, wird diese durch das Handlerpaar „Authentifikation" umgesetzt. Die aufgezeigten Handlerpaare müssen bei einer sicheren Nutzung alle gleichzeitig genutzt werden, um eine Abdeckung aller Sicherheitsziele zu gewährleisten.

In der Tabelle 6 werden die Sicherheitsziele und die etablierten Handlerpaare gegenübergestellt. Es findet dadurch eine Zuordnung statt, die aufzeigt, durch welches Handlerpaar welcher Sicherheitsdienst umsetzt wird.

Handlerpaar / Sicherheitsziel	Authentifikation	Signatur	Encryption
Vertraulichkeit	-	-	+
Datenintegrität	-	+	-
Zurechenbarkeit	-	+	-
Zugriffskontrolle	+	-	-

Legende: + : Sicherheitsziel wird durch Handlerpaar gewährleistet
- : Sicherheitsziel wird durch Handlerpaar nicht gewährleistet

Tabelle 6: Gegenüberstellung der Sicherheitsziele und der Handler

4.1.5 Zusammenfassung und Beurteilung

Im vorigen Abschnitt wurde die Integration von Sicherheitsdiensten bei Web Services diskutiert, um eine sichere Nutzung von Diensten zu ermöglichen. Um ein Lösungskonzept für Sicherheitsdienste bei Web Services aufzuzeigen, wurden ausgehend von einer Darstellung der grundlegenden Problemstellung der sicheren Nutzung von Web Services die in diesem Umfeld relevanten Bedrohungen abgeleitet und daraus die notwendigen Sicherheitsziele an Web Services definiert. Daran anschließend wurde ein Lösungskonzept mit praktischer Umsetzung erarbeitet. Da alle Konzepte auf grundlegenden Verfahren der Kryptografie aufbauen, wurden einleitend sowohl Verschlüsselungsverfahren, digitale Signaturen und die damit eng verbundenen Zertifikate als auch Aufgaben des Schlüsselmanagements behandelt. Aus einem vereinfachten Referenzmodell für die Kommunikation zwischen Systemen wurden dann mögliche Ansatzpunkte für die Realisierung der Sicherheitsziele abgeleitet und Lösungen sowohl auf Basis der Transportebene als auch auf Basis der Anwendungsebene vorgestellt. Am Ende des Abschnitts wurde eine mögliche praktische Umsetzung der Sicherheitsziele bei Web Services auf Basis von Handlern vorgestellt.

Zusammenfassend lässt sich festhalten, dass in der Regel die aufgezeigten Sicherheitsziele (Vertraulichkeit, Datenintegrität, Zurechenbarkeit und Zugriffskontrolle) bereits auf der Transportebene umgesetzt werden können und durch Mechanismen wie beispielsweise SSL die sichere Nutzung von Web Services gewährleistet werden kann. Diese Lösungsvariante zeichnet sich darüber hinaus durch eine relativ einfache Umsetzung aus, da lediglich kleinere Modifikationen am Service Implementation Template und am Service Proxy notwendig sind. Darüber hinaus unterstützen die vorgestellten Werkzeuge zur automatischen Erstellung des Service Implementation Templates und des Service Proxies diese Art der sicheren Übermittlung der SOAP-

Nachrichten zwischen dem Dienstnutzer und dem Dienstanbieter und binden Mechanismen auf Basis von SSL vollautomatisiert ein.

Wird jedoch in die Kommunikation ein Intermediär eingebunden, der die übertragene Nachricht zwischen den beiden Kommunikationspartnern empfängt und bearbeitet, so wird durch dieses einfach zu realisierende Konzept die Sicherheit der Nutzung eines Web Services nicht mehr garantiert. In diesem Fall muss ein weiterer Mechanismus auf der Anwendungsebene umgesetzt werden, der die Gewährleistung der Sicherheit auch zwischen den beiden Kommunikationspartnern und den zwischengeschalteten Intermediären ermöglicht. Auf der Anwendungsebene existiert mit der WS-Security Spezifikation lediglich eine Standardisierung, die genau diesen Sachverhalt fokussiert. Innerhalb dieser Spezifikation wird festgelegt, wie relevante Sicherheitselemente innerhalb einer SOAP-Nachricht zu verankern sind. Für die Aufgaben der Verschlüsselung und der Signierung wird auf etablierte Algorithmen und Verfahren zurückgegriffen und lediglich die Einbettung in die SOAP-Nachricht spezifiziert, so dass an den relevanten Stellen der Spezifikation auf bereits erfolgte Standardisierungen gesetzt wird und keine neuen Verfahren entwickelt worden sind. Dieser Rückgriff ist möglich, da es sich bei den SOAP-Nachrichten um konforme XML-Dokumente handelt und für das Verschlüsseln und das Signieren entsprechende Spezifikationen für XML-Dokumente bereitstehen. Die durch den Einsatz von WS-Security entstehenden sicheren SOAP-Nachrichten stellen auch nach dem Anreichern der relevanten Sicherheitselemente konforme XML-Dokumente dar. Somit wird die Interoperabilität von Web Services weiterhin gewährleistet und nicht eingeschränkt. Es ist auch möglich, diese Spezifikation auf allen Plattformen und unter allen Programmiersprachen umzusetzen, da lediglich entsprechende APIs für das Verschlüsseln, das Signieren sowie den Zugriff auf XML-Dokumente eingebunden werden müssen. Diese APIs sind für alle gängigen Programmiersprachen und alle Plattformen verfügbar.

Durch das aufgezeigte Handlerkonzept wird darüber hinaus noch eine einfache Möglichkeit für die Integration der Sicherheitsdienste bei Web Services aufgezeigt, bei dessen Einsatz keine Veränderungen sowohl an der Serviceimplementierung als auch an der Implementation der nutzenden Anwendung notwendig sind. Die an der SOAP-Nachricht notwendigen Veränderungen, nämlich die Anreicherung um Sicherheitselemente auf der Senderseite sowie das Auswerten dieser Elemente auf der Empfängerseite, werden durch Handler durchgeführt. Diese sind zwischen den Kommunikationsfluss beider Kommunikationspartner geschaltet. Allerdings befinden sie sich auf dem gleichen Netzwerkknoten wie die nutzende Anwendung oder der Dienst, so dass die aufgezeigte Sicherheitsproblematik bei der Übermittlung der SOAP-Nachricht von der nutzenden Anwendung beziehungsweise des Dienstes zum Handler nicht auftritt. Als großer Vorteil dieses Konzepts erweist es sich, dass durch eine Parametrisierung des Handlers eine Wiederverwendbarkeit des Handlers erzielt wird. Der Handler lässt sich sehr flexibel einpassen und kann für alle sicheren Dienstnutzungen in verschiedenen Einsatzszenarien verwendet werden. Darüber hinaus kann der Handler von einem Drittanbieter zur Verfügung gestellt werden, so dass weder der Dienstanbieter noch der –nutzer sich Kenntnisse in der Umsetzung der genutzten Spezifikation aneignen muss. Der Dienstnutzer und der Dienstanbieter können sich somit auf die jeweiligen Kernkompetenzen konzentrieren und trotzdem sichere Web Services anbieten beziehungsweise konsumieren.

Diese sichere Nutzung von Web Services auf Basis des Handlerkonzepts wurde ebenfalls durch einen Prototypen demonstriert, so dass dadurch die praktische Umsetzbarkeit des Konzepts bewiesen werden konnte.[226] Aufgrund dieser Erfahrungen und aufgrund der Tatsache, dass das vorgeschlagene Lösungskonzept auf Basis von Handlern von einer großen Anzahl von Applikationsservern unterstützt wird, scheint eine Etablierung dieses Konzepts durchaus möglich.

4.2 Transaktionalität

Um mit Web Services komplette Geschäftsprozesse abbilden und realisieren zu können, muss die Transaktionssicherheit bei Web Services gewährleistet werden. Daher wird nachfolgend der Transaktionsaspekt bei der Ausführung mehrerer Web Services als Einheit betrachtet. Ausgehend von einer kurzen Einführung in die Problemstellung werden die möglichen Organisationsformen für die Abwicklung verteilter Transaktionen diskutiert und anhand einer Bewertung das zentrale Abwicklungskonzept favorisiert. Dieses zentrale Abwicklungskonzept für verteilte Transaktionen bei Web Services wird dann sowohl aus fachlicher als auch aus technischer Sicht spezifiziert und erläutert. Daran anschließend wird kurz die praktische Integration des Konzepts in das Umfeld von Web Services erläutert, wobei speziell der Kommunikationsablauf zwischen Dienstnutzer und Dienstanbieter vertiefend betrachtet wird. Der Abschnitt schließt mit einer kurzen Zusammenfassung und einer Beurteilung.

4.2.1 Problemstellung

Nachfolgend wird die Problemstellung der Transaktionssicherheit bei der Ausführung von Web Services als eine Einheit anhand eines einfachen Beispiels verdeutlicht. Aus der Problemstellung ergeben sich dann die zentralen Anforderungen an transaktionssichere

---

[226] Vgl. Christ (2003).

Web Services, die durch den Dienstanbieter und durch eine geeignete Transaktionsinstanz zugesichert werden müssen.

Unter einer Transaktion wird die Zusammenfassung logisch zusammenhängender Einzeloperationen verstanden, wobei sich eine Transaktion durch Einhaltung der ACID-Eigenschaften auszeichnet:[227]

- **Atomarität (Atomicity):** Mit der Atomarität wird der Sachverhalt beschrieben, dass alle einer Transaktion zugeordneten Einzeloperationen als eine logische Einheit angesehen werden und nur in ihrer Gesamtheit ausgeführt werden dürfen. Kann nach Beginn einer Transaktion eine zugehörige Einzeloperation nicht ausgeführt werden, so muss eine Rückabwicklung der kompletten Transaktion erfolgen.
- **Konsistenz (Consistency):** Jede an einer Transaktion beteiligte Einzeloperation überführt den dazugehörigen Datenbestand von einem konsistenten in einen anderen konsistenten Zustand. Es wird somit für jede Einzeloperation und in Schlussfolgerung daraus für die komplette Transaktion die Integrität garantiert.
- **Isolation (Isolation):** Andere Transaktionen, die zeitgleich die gleiche Ressource beziehungsweise die gleiche Einzeloperation nutzen, beeinflussen sich nicht gegenseitig und haben somit untereinander keine Wechselwirkungen. Eine Transaktion und somit jede Einzeloperation muss darüber hinaus rückabgewickelt werden können, ohne dass von diesem Vorgang andere Transaktionen betroffen sind. Dieser Sachverhalt wird auch als isolierte Zurücksetzbarkeit bezeichnet.
- **Dauerhaftigkeit (Durability):** Jede durch die Einzeloperationen durchgeführte Zustandsänderung wird am Ende der Transaktion dauerhaft gespeichert. Die Zustandsänderungen selbst gehen durch nachfolgende Fehler bei anderen Transaktionen nicht verloren.

Darüber hinaus können lokale von globalen oder verteilten Transaktionen unterschieden werden. Lokale Transaktionen nutzen lediglich lokale Datenbestände und Informationen und ziehen keinen Abstimmungsbedarf mit anderen Transaktionen nach sich. Globale Transaktionen hingegen zerfallen in weitere globale oder lokale Teiltransaktionen. Sie lösen somit Subtransaktionen aus, die auch ihrerseits wiederum zerfallen können, so dass so genannte geschachtelte Transaktionen entstehen. Unter all diesen Transaktionsbestandteilen muss beim Abschluss der Transaktion eine differenzierte Abstimmung und Koordination erfolgen, da die auslösende globale Transaktion nur abgeschlossen werden

---

[227] Vgl. Badach / Rieger / Schmauch (2003), S. 157.; Coulouris / Dollimore / Kindberg (2002), S. 544ff.; Dadam (1996), S. 185f.

darf, wenn alle untergeordneten Subtransaktionen ebenfalls erfolgreich beendet worden sind.

In der Abbildung 35 wird eine globale Transaktion und deren Zerfall in Subtransaktionen veranschaulicht. Dabei wird die globale Transaktion T_1 in der Literatur auch als Top-Level-Transaktion, die Subtransaktionen T_{11}, T_{12}, T_{13}, T_{111}, T_{121}, T_{122} als untergeordnete Transaktionen der Top-Level-Transaktion T_1 bezeichnet.[228]

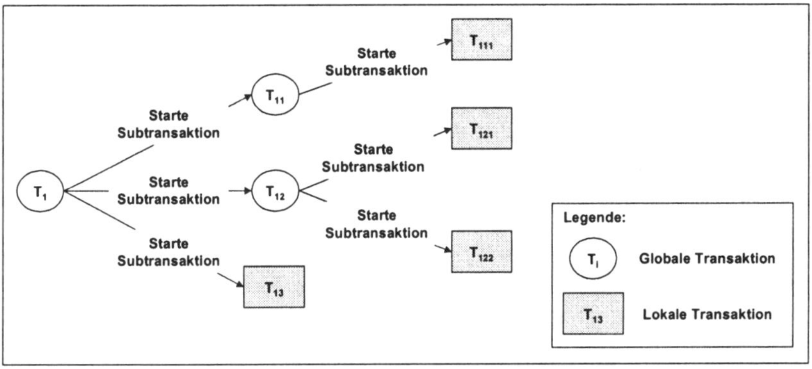

Abbildung 35: Beispiel einer globalen Transaktion

Um sich nach diesen Ausführungen nun der Problemstellung bei Web Services anzunähern, wird ein einfaches Beispiel aus diesem Umfeld betrachtet. Die Transaktion selbst besteht aus der Buchung eines Seminars mit Sonderleistungen. Diese Gesamtaktivität setzt sich aus den logisch zusammenhängenden Einzelaktivitäten „Buchung des Seminars“ (Kernleistung), „Buchung der Hin- und Rückfahrt zum Seminarort“ als auch die „Buchung des Hotels am Seminarort“ (Sonderleistungen) zusammen. Dabei wird jede Einzelaktivität ihrerseits als Web Service vorgehalten. Wird diese Gesamtaktivität wiederum anderen Dienstnutzern über Web Service zugänglich gemacht, so wird dieser Sachverhalt als Super Service bezeichnet. Die Buchung des Seminars mit Sonderleistungen kann jedoch nur erfolgreich abgeschlossen werden, wenn alle an dieser Aktivität beteiligten Einzelaktivitäten fehlerfrei ausgeführt und somit als eine zusammengehörige Einheit verarbeitet werden. In diesem Beispiel handelt es sich um eine einfache globale oder verteilte Transaktion, die aus drei lokalen Subtransaktionen besteht.

In der Abbildung 36 wird der eben dargestellte Sachverhalt veranschaulicht.

[228] Vgl. Coulouris / Dollimore / Kindberg (2002), S. 606f.

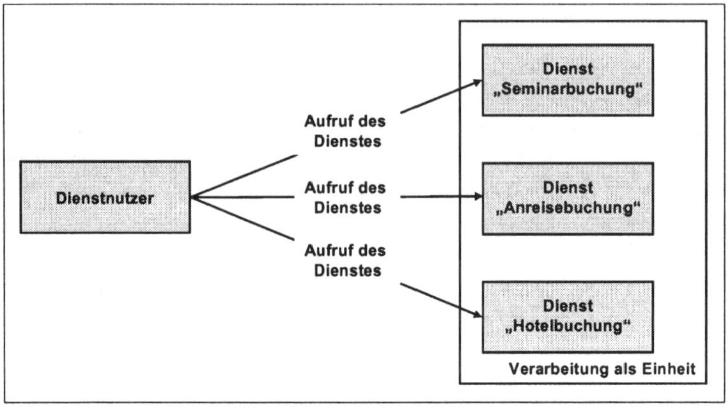

Abbildung 36: Buchung eines Seminars mit Sonderleistungen

In der Praxis verfügbare Web Services sind in der Regel zwar teilweise transaktionssicher, d. h. dass ein Dienstaufruf zumindest lokal konsistente Zustände und Daten beim Dienstanbieter erzeugt und die durchgeführten Zustandsänderungen dauerhaft gespeichert werden. Es werden somit die Konsistenz und die Dauerhaftigkeit als Eigenschaften lokal bei den Diensten erfüllt. Die Dienstanbieter halten jedoch keine Möglichkeiten vor, Dienstaufrufe isoliert zurückzusetzen. Eine Transaktionssteuerung, die die Einbindung des Dienstes in eine komplexe Transaktion unterstützt, ist ebenfalls nicht zu finden.

Während der Durchführung der Gesamtaktivität und somit während der Aktivierung der an der Transaktion beteiligten Dienste können beispielsweise Störungen der Kommunikationsinfrastruktur oder aber Fehler innerhalb der durch den Web Service gekapselten Anwendung auftreten, die die erfolgreiche Dienstausführung nicht gestatten. Als nachgelagertes Problem entstehen somit beim Dienstnutzer inkonsistente Datenbankzustände, die sich aus einem falschen Informationsstand ergeben. Auch sind fehlerhafte Handlungen seitens des Dienstnutzers bei unvollkommenem Informationsstand hinsichtlich des Ausführungserfolgs einer Dienstaktivierung denkbar. Beispielsweise kann die Situation auftreten, dass der Dienstnutzer davon ausgeht, dass das Seminar ausgebucht ist, da der Dienstnutzer keine positive Rückantwort auf die Buchungsfrage erhält, obwohl noch Seminarplätze verfügbar sind. Aufgrund dieses falschen Informationsstandes wird dann die komplette Transaktion abgebrochen. Ein Blick auf die Kernstandards bei Web Services ergibt, dass die zugrunde liegenden Spezifikationen weder Transaktionsaspekte abdecken noch Ansatzpunkte für die Gewährleistung der Transaktionalität bei Web Services vorsehen.

Der nachfolgende Abschnitt beschäftigt sich mit der grundsätzlichen Organisation von Transaktionen bei Web Services. Daran anschließend wird ein Lösungskonzept für die Entwicklung und Bereitstellung von transaktionssicheren Web Services vorgestellt.

4.2.2 Organisation von Transaktionen

Um die Entstehung und später die Etablierung von transaktionssicheren Super Services und einzelnen Web Services zu ermöglichen, müssen Transaktionsaspekte in das Umfeld von Web Services integriert werden. Dieser Abschnitt beschäftigt sich mit den Aufgaben, die für die Abwicklung einer Transaktion im Allgemeinen vorgehalten werden müssen sowie mit deren Organisation. Auch werden die beteiligten Parteien identifiziert, die die Absolvierung dieser Aufgaben übernehmen.

Für die Abwicklung verteilter Transaktionen hat sich ein allgemeines Modell etabliert. Dieses Modell sieht einen Transaktionsmanager, einen oder mehrere Ressourcenmanager sowie ein Anwendungsprogramm vor, die als Komponenten an einer Transaktion beteiligt sind. Das Anwendungsprogramm legt die Grenzen des Vorgangs fest. Hierzu greift es auf die durch den Transaktionsmanager vorgehaltenen Funktionalitäten zum Beginnen, zum Beenden und zum Abbrechen der Transaktion zurück. Während der Durchführung ruft die Anwendung auf dem jeweiligen Ressourcenmanager die beteiligten Einzeloperationen auf. Dabei registriert sich der Ressourcenmanager vor der Durchführung der Einzeloperation als Teilnehmer beim Transaktionsmanager. Am Ende des Vorgangs übermittelt das Anwendungsprogramm den gewünschten Abschluss an den Transaktionsmanager. Dieser übernimmt dann die Abstimmungs- und Koordinationsaufgaben zwischen den beteiligten Ressourcenmanagern und führt diese in einem konsistenten Zustand zusammen. Abschließend meldet er das Ergebnis des Abschlusses an das Anwendungsprogramm zurück. Während der Transaktionsdauer kann das Anwendungsprogramm jederzeit durch eine entsprechende Mitteilung an den Transaktionsmanager den Vorgang abbrechen. In diesem Fall informiert er alle betroffenen Teilnehmer über diesen Schritt, die dann ihrerseits die bereits durchgeführten Einzeloperationen rückabwickeln müssen. Vom Ressourcenmanager werden die ACID-Kriterien der Konsistenz, Isolation und Dauerhaftigkeit realisiert. Dieser fasst zudem die Operationen auf der Ressource zu einer lokalen Transaktion zusammen und realisiert dafür die Atomarität. Der Transaktionsmanager übernimmt die Gewährleistung der Atomarität für die globale Transaktion. Somit werden in der Gesamtheit die ACID-Eigenschaften eingehalten.[229]

[229] Vgl. Badach / Rieger / Schmauch (2003), S. 158ff.

In der Abbildung 37 wird dieses Abwicklungsmodell und die Beziehungen zwischen den vorgehaltenen Komponenten veranschaulicht.

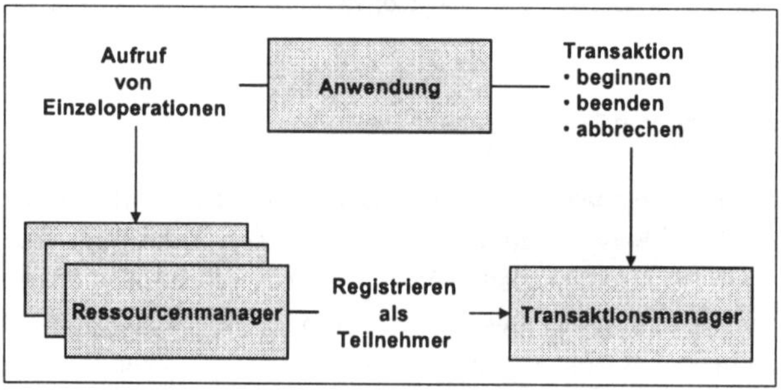

Abbildung 37: Transaktionsmodell für verteilte Transaktionen

Eine Zuordnung der aufgezeigten Komponenten in das Umfeld von Web Services zeigt, dass der Dienstnutzer die Anwendung, die im Rahmen einer Transaktion auf verschiedene Dienste zugreift, realisieren muss. Die Funktionalitäten des Ressourcenmanagers müssen hingegen in standardisierter Form beim Dienstanbieter vorgehalten werden, da dort der Aufruf der Einzeloperationen bei der Dienstnutzung erfolgt. Dadurch ist er auch implizit für die Einhaltung der ACID-Eigenschaften für seinen Dienst verantwortlich. Für die beim Transaktionsmanager vorgehaltenen Funktionalitäten für den Abstimmungs- und Koordinationsprozess stellt sich allerdings die Frage nach der konkreten Realisierungsform.

Bezogen auf die Realisierungsmöglichkeiten scheidet der Dienstanbieter für die Etablierung des Transaktionsmanagers aus, da dieser Bestandteil beziehungsweise Mitwirkender der durch den Dienstnutzer ausgeführten Transaktion ist und somit nicht die Grenzen (Beginn und Ende) der Transaktion kennt. Es stehen also grundsätzlich die folgenden zwei verschiedenen Varianten zur Diskussion:

1. **Implementierung eines eigenen Transaktionsmanagers**: Jeder Dienstnutzer, der eine Transaktion, die aus mehreren beteiligten Diensten besteht, etablieren beziehungsweise durchführen möchte, übernimmt die Entwicklung des Transaktionsmanagers in Eigenregie und realisiert die notwendigen Abstimmungs- und Koordinationsaufgaben zwischen den beteiligten Transaktionen selbst.

2. **Nutzung eines zentralen Transaktionsmanagers**: Es wird ein zentraler Transaktionsmanager erstellt, der für alle Dienstnutzer innerhalb der Transaktion die Koordinations- und Abstimmungsaufgaben unter den beteiligten Diensten übernimmt.

Die Gegenüberstellung der Vor- und Nachteile bildet eine Entscheidungsbasis für die anzustrebende Idealform. Hierbei sind die Vorteile der einen Realisierungsform jeweils die Nachteile der anderen und umgekehrt. Als essenzieller Vorteil für das Etablieren eines zentralen Transaktionsmanagers ist die Konzentration des Dienstnutzers auf seine Kernkompetenzen und somit auf das Erstellen seiner Anwendung zu nennen. Des Weiteren kann durch das Nutzen eines zentralen Transaktionsmanagers eine Standardisierung der Transaktionsabwicklung erreicht werden. Nachteilig wirkt sich aus, dass für das Nutzen des zentralen Transaktionsmanagers entsprechende Entgelte anfallen können, wodurch beim Dienstnutzer entsprechende Kosten erzeugt werden. Allerdings müssen diesen Kosten die Investitionen in Form der Entwicklungskosten für die Realisierung eines eigenen Transaktionsmanagers gegenübergestellt werden. Insgesamt kann jedoch das wirtschaftliche Risiko durch den Einsatz eines zentralen Transaktionsmanagers gesenkt werden. Nachteilig wirkt sich auch aus, dass der Betreiber des Transaktionsmanagers das Abwickeln der Transaktionen zuständig ist und dieser damit eine sensible Aufgabe übernimmt. Dafür muss ein entsprechendes Vertrauensverhältnis zwischen den Parteien bestehen. Zudem kann ein gewisses Abhängigkeitsverhältnis zum Betreiber entstehen, wenn der Dienstnutzer eine Vielzahl von Transaktionen abwickeln lässt.

Die Argumente der Konzentration auf die Kernkompetenzen für den Dienstnutzer sowie die Möglichkeit der Standardisierung der Transaktionsabwicklung werden als ausschlaggebend eingestuft und eine Realisierung in Form eines zentralen Transaktionsmanagers angestrebt. Es wird mit diesem zentralen Realisierungsansatz ein analoges Vorgehen wie bei CORBA gewählt, bei dem die so genannten CORBA-Services grundlegende Funktionalitäten des ORB's erweitern. Ein spezieller CORBA-Service deckt hierbei die Aufgaben des Transaktionsmanagements ab.[230] Somit wird mit dieser Entscheidung konzeptionell einem etablierten Konzept gefolgt.

Im Rahmen dieser Diskussion über die Organisation der Transaktionsabwicklung sind die folgenden drei Parteien identifiziert worden, die unabdingbar bei der Abwicklung einer Transaktion beteiligt sein müssen:

- **Dienstanbieter**: Der Dienstanbieter implementiert den an der Transaktion beteiligten Dienst und stellt für diesen eine Transaktionssteuerung in Form des Ressourcenmanagers zur Verfügung. Die dazu benötigten Funktonalitäten sollten ebenfalls in Form von Web Services ansprechbar sein, da dadurch Synergieeffekte zu erzielen sind und eine einfache Handhabung zu garantieren ist.

---

[230] Vgl. Krüger / Reschke (2002), S. 235ff.; Siegel (1999), S. 120ff. sowie die Ausführungen in Abschnitt 2.4.1.

- **Transaktionsmanager**: Der Transaktionsmanager übernimmt die Koordinations- und Abstimmungsaufgaben beim Beenden oder beim Rückabwickeln einer Transaktion und hält dafür entsprechende Funktionalitäten vor. Die Funktionalitäten sollten analog zum Dienstanbieter alle über eine Schnittstelle auf Basis von Web Services ansprechbar sein.
- **Dienstnutzer**: Der Dienstnutzer nimmt die Rolle des Initiators für die Transaktion ein. Er wählt die an der Transaktion beteiligten Dienste aus, meldet die Transaktion beim Transaktionsmanager an und bestimmt die Grenzen der Transaktion. Durch die Anmeldung beim Transaktionsmanager erklärt sich der Dienstnutzer implizit dazu bereit, die Abwicklung der Transaktion durch den Transaktionsmanager durchführen zu lassen. Während der Transaktionsdauer werden durch den Dienstnutzer die Einzeloperationen bei den in Anspruch genommenen Diensten ausgeführt.

Im Folgenden müssen somit zwei wesentliche Problempunkte gelöst werden. Auf der einen Seite muss jeder Dienstanbieter den Dienst mit einer standardisierten Schnittstelle ausstatten, die die Einbindung des Dienstes in eine Transaktion innerhalb eines Super Service ermöglicht. Die Dienstanbieter übernehmen somit die Aufgaben des Ressourcenmanagers. Auf der anderen Seite muss der Transaktionsmanager als Softwarekomponente bereitgestellt werden, der ebenfalls auf Basis standardisierter Schnittstellen den Abstimmungs- und Koordinationsprozess zwischen den an der Transaktion beteiligten Diensten beim Abschluss einer Transaktion übernimmt. Für die beiden Problembereiche werden nachfolgend sowohl aus fachlicher als auch aus technischer Sicht ein Lösungskonzept vorgestellt.

4.2.3 Fachliche Anforderungen an das Transaktionsmanagement

Nachdem im vorigen Abschnitt die an einer Transaktion beteiligten Parteien aufgezeigt worden sind, werden nun die jeweiligen Funktionalitäten identifiziert, die für die fehlerfreie Transaktionsdurchführung bei den Parteien vorgehalten werden müssen. Da sowohl der Dienstanbieter die lokalen als auch der Transaktionsmanager die globalen Abstimmungs- und Koordinationsaufgaben am Ende einer Transaktion übernimmt, werden für beide Parteien die gleichen Abstimmungsmechanismen vorgehalten. Nachfolgend werden die fachlichen Anforderungen gegliedert anhand der Teilnehmer aufgezeigt, die sich aus dem dargestellten Transaktionsmodell für verteilte Transaktionen ableiten lassen.

Der Transaktionsmanager übernimmt die Transaktionsabwicklung und nimmt somit bei der Transaktionssteuerung eine zentrale Rolle ein. Da dem Transaktionsmanager für die Steuerungsaufgabe die Grenzen einer Transaktion bekannt sein müssen, muss der

Transaktionsmanager dem Initiator der Transaktion und somit dem Dienstnutzer Funktionalitäten zum Initialisieren und zum Beenden sowie zum Abbrechen einer Transaktion zur Verfügung stellen. Dabei ordnet der Transaktionsmanager einer Transaktion immer einen eindeutigen Transaktionskontext zur Identifizierung zu. Zudem muss die Möglichkeit zur Abwicklung geschachtelter Transaktionen gegeben sein. Da der Transaktionsmanager den Abschluss einer Transaktion herbeiführt, muss er über die an der Transaktion beteiligten Dienste informiert werden. Daher muss auch er eine Funktionalität zur Registrierung von Transaktionsteilnehmern vorhalten. Wird der Transaktionsmanager aufgefordert, eine Transaktion zu beenden, so sollte an dieser Stelle das bei verteilten Transaktionen etablierte 2-Phasen-Commit-Protokoll zum Einsatz kommen. Durch dieses Protokoll wird garantiert, dass die an der Transaktion beteiligten Dienste ebenfalls ihre Subtransaktion erfolgreich abschließen und somit die ACID-Eigenschaften und die Abwicklung der Transaktion als eine Einheit gewährleistet werden können. Das 2-Phasen-Commit-Protokoll besteht aus der Abstimmungs- und der Ergebnisphase, die beim Beenden einer Transaktion durchlaufen werden:[231]

1. **Abstimmungsphase**: In der Abstimmungsphase übermittelt der Transaktionsmanager allen an der Transaktion beteiligten Diensten die Information über den bevorstehenden Abschluss der Transaktion. Die Dienste haben daraufhin die Möglichkeit, auftretende Konflikte, die durch den Abschluss der Transaktion entstehen, dem Transaktionsmanager mitzuteilen. Wird hingegen diese Anfrage von allen Transaktionsteilnehmern positiv beantwortet, so wird dadurch garantiert, dass die ACID-Eigenschaften für den Dienst gewährleistet werden können und ein Abschluss der Subtransaktion beim Dienst problemlos erfolgen kann.

2. **Ergebnisphase**: Der Transaktionsmanager sammelt von allen an der verteilten Transaktion beteiligten Diensten die Ergebnisse der Abstimmungsphase. Wenn alle gelieferten Ergebnisse positiv sind, werden die Dienste aufgefordert, die von ihnen abgewickelte Subtransaktion zu beenden. Sollte ein Dienst hingegen eine negative Antwort in der Abstimmungsphase übermittelt haben, so bricht der Transaktionsmanager die komplette Transaktion ab, indem er den beteiligten Diensten dieses mitteilt. Die Informationen, die zum Abschluss oder zum Abbruch der Transaktion geführt haben, werden durch den Transaktionsmanager protokolliert. Danach wird der erfolgreiche Abschluss der Transaktion beziehungsweise deren Abbruch durch den Transaktionsmanager an den Initiator der Transaktion gemeldet.

Aus diesen Ausführungen zum Transaktionsmanager ergeben sich dann unmittelbar die fachlichen Anforderungen an den Dienstanbieter, um an einer durch den Transaktions-

[231] Vgl. Badach / Rieger / Schmauch (2003), S. 164f.; Coulouris / Dollimore / Kindberg (2002), S. 604.; Dadam (1996), S. 192.

manager durchgeführten Transaktion zu partizipieren. Der beim Dienstanbieter zu etablierende Ressourcenmanager muss eine Funktionalität vorhalten, die bei der Abstimmungsphase überprüft, ob die Transaktion ohne Konflikte abgeschlossen werden kann. Um die Anforderungen der Ergebnisphase abzudecken, müssen dann Funktionalitäten zum endgültigen Abschluss sowie zum Abbruch der Subtransaktion vorhanden sein. Der Dienstanbieter muss wie bereits aufgezeigt zudem die ACID-Eigenschaften für die bei ihm ausgeführte lokale Transaktion garantieren. Durch diese Anforderungen lässt sich dann der Dienst anhand des 2-Phasen-Commit-Protokolls ansprechen und einbinden.

Um nach Systemausfällen die Weiterabwicklung einer bereits begonnenen Transaktion ab einem Einstiegspunkt zu ermöglichen, müssen sowohl beim Transaktionsmanager als auch beim Dienstanbieter Funktionalitäten vorgehalten werden, die die Abfrage des aktuellen Status der Transaktion und der untergeordneten Subtransaktionen gestatten. Anhand dieser Informationen können dann beide Parteien die Transaktionsfortführung gewährleisten, da diese sich wechselseitig mit den entsprechenden Transaktionsständen versorgen können.

Dem Dienstnutzer werden nur wenige Anforderungen auferlegt, um mögliche Einstiegsbarrieren bei der Etablierung von Transaktionen bei Web Service zu vermeiden. Daher muss der Dienstnutzer lediglich bei Beginn einer Transaktion dieselbige beim Transaktionsmanager initiieren und den vom Transaktionsmanager vergebenen Transaktionskontext verwalten. Diesen Transaktionskontext muss er dann bei jedem Dienstaufruf an den Dienstanbieter übermitteln. Die Beendigung sowie der Abbruch einer Transaktion erfolgt durch Nutzung der entsprechenden Funktionalitäten beim Transaktionsmanager unter Verwendung des zugeteilten Transaktionskontextes.

Bei einer erfolgreichen Transaktionsabwicklung lassen sich anhand dieser Ausführungen die Initialisierungsphase, die Durchführungsphase, die Abstimmungsphase und die Ergebnisphase voneinander abgrenzen. Die beiden letzten Phasen sind analog zu den Phasen des 2-Phasen-Commit-Protokolls zu sehen. In der Abbildung 38 werden die Phasen einer Transaktionsabwicklung veranschaulicht und die beteiligten Parteien diesen Phasen zugeordnet.

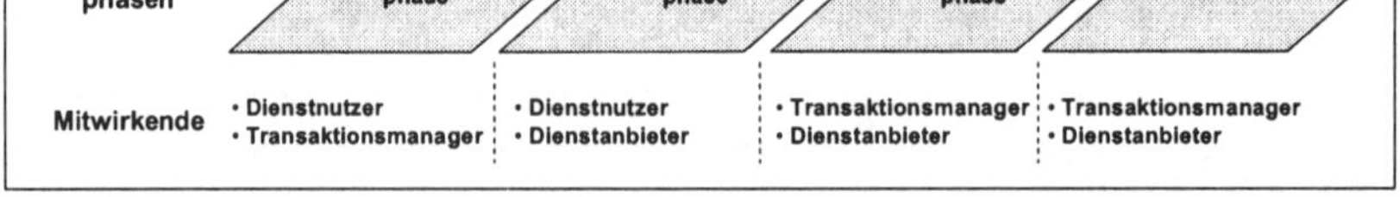

Abbildung 38: Phasen der Transaktionsabwicklung und beteiligte Parteien

4.2.4 Technische Umsetzung des Transaktionsmanagements

Im letzten Abschnitt sind die fachlichen Anforderungen an die Parteien formuliert worden, die an der Transaktionsabwicklung beteiligt sind. Die fachlichen Anforderungen sind soweit zu verfeinern, dass bei der Implementierung einzelne Methoden diese Anforderungen abdecken können. In diesem speziellen Fall weisen die Anforderungen jedoch bereits eine solche Granularität auf, die es erlaubt, jede Anforderung in einer eigenen Methode unterzubringen. Der Zugriff auf diese Methoden sollte ebenfalls immer als Web Service erfolgen, um wie bereits angesprochen Synergie- und Lerneffekte im Umgang mit Web Services zu erzielen und keine Einstiegbarrieren zu erzeugen. Nachfolgend werden diese Methoden aufgezeigt, die die fachlichen Anforderungen in einer potenziellen Implementierung umsetzen. Dabei wird eine Zuordnung der Methoden auf die Parteien (Dienstanbieter, Dienstnutzer, Transaktionsmanager) vorgenommen, die an der Transaktionsabwicklung beteiligt sind. Auch werden deren Funktionalitäten erläutert. Dabei werden die bereits durch das 2-Phasen-Commit-Protokoll etablierten Funktionalitäten abgebildet.[232]

Der Transaktionsmanager hält Methoden vor, die durch den Dienstnutzer beziehungsweise den Dienstanbieter aufgerufen werden. Auf Seiten der Dienstnutzerfunktionalitäten wird eine Methode *CreateTransaction* zum Initiieren einer Transaktion vorgehalten, die zu Beginn der Transaktion durch den Dienstnutzer aufgerufen wird. Durch diesen Methodenaufruf wird dem Transaktionsmanager mitgeteilt, dass eine neue Transaktion abgewickelt werden soll. Als Rückgabewert wird ein eindeutiger Transaktionskontext geliefert. Neben dieser Methode wird zur Abwicklung von geschachtelten Transaktionen eine Methode *CreateSubTransaction* etabliert. Als Übergabeparameter wird der übergeordnete Transaktionskontext übergeben und es wird ein eindeutiger Subtransaktionskontext für die untergeordnete Transaktion zurückgeliefert. Die Verbindungen zwischen den Transaktionen werden entsprechend dokumentiert, so dass hier, wie bereits in der Abbildung 35 angedeutet, ein Baum aus Transaktionskontexten entsteht. Um eine Transaktion am Ende abzuschließen, wird eine Methode *CommitTransaction* vorgehalten, die als Übergabeparameter den Transaktionskontext der Top-Level-Transaktion erhält. Diese Methode führt dann mit den beteiligten Diensten die Transaktionsabwicklung auf Basis des 2-Phasen-Commit-Protokolls durch und übernimmt somit die anfallenden Abstimmungs- und Koordinationsaufgaben. Erfolgt die Transaktionsabwicklung ohne Fehlermeldung durch die an der Transaktion beteiligten Teilnehmer, so meldet die Methode die erfolgreiche Beendigung der Transaktion. Tritt im Rahmen des Abstimmungsprozesses ein Fehler auf, so werden in der Ergebnisphase alle an der Transaktion beteiligten Dienste aufgefordert, ihre

---

[232] Vgl. hierzu u. a. Coulouris / Dollimore / Kindberg (2002), S. 601ff.; Elmasri / Navathe (2002), S. 685ff.

Subtransaktion abzubrechen. Danach liefert die Methode als Ergebnis den Abbruch der Transaktion zurück. Handelt es sich bei der abzuschließenden Transaktion um eine geschachtelte Transaktion, die sich durch die Existenz eines Transaktionskontextbaumes auszeichnet, der nicht nur aus einer Wurzel und den zugehörigen Blättern besteht, so werden alle Knoten des Transaktionsbaumes nach dem Vorgehen der Tiefensuche in Bäumen abgearbeitet. Der Prozess beginnt also in jeder der beiden Phasen des 2-Phasen-Commit-Protokolls in den Blättern des Transaktionskontextbaumes und arbeitet sich sukzessive ebenenweise zur Wurzel des Baumes. Neben diesen beiden Funktionalitäten zur Initialisierung und zum Abschluss einer Transaktion wird noch die Methode *AbortTransaction* zum Abbruch der Transaktion vorgehalten, die ebenfalls den Transaktionskontext übergeben bekommt. Beim Methodenaufruf werden alle bisher registrierten Teilnehmer der Transaktion aufgefordert, ihre lokale Transaktion abzubrechen.

Auf Seiten der Dienstanbieterfunktionalitäten hält der Transaktionsmanager eine Methode *JoinTransaction* vor, die als Parameter den Transaktionskontext übergeben bekommt, für dessen Transaktion sich der Dienstanbieter als Teilnehmer registrieren lassen möchte. Den Teilnehmer kann der Transaktionsmanager aus der übermittelten Nachricht extrahieren, da diese den Endpunkt des Senders beinhaltet. Als Rückgabe wird der Status des Beitritts übermittelt. Damit sich der Dienstanbieter jederzeit über den aktuellen Transaktionsstatus informieren kann, um beispielsweise nach Systemausfällen wieder an der Transaktionsabwicklung zu partizipieren, wird eine Methode *GetTransactionStatus* etabliert, die den Transaktionskontext übergeben bekommt und als Rückgabe den Status der Transaktion liefert. Der Teilnehmer kann auch hier anhand des Endpunktes der übermittelten Nachricht ermittelt werden. Dabei sind die Zustände „Transaktion aktiv (active)", „Bereit zum Transaktionsabschluss (prepared)", „Transaktion abgeschlossen (comitted)" und „Transaktion fehlgeschlagen (aborted)" möglich.

Der Dienstanbieter hält wie in den fachlichen Anforderungen aufgezeigt Funktionalitäten vor, die es ermöglichen, den Dienst in eine komplexe Transaktion einzubinden und die Transaktion in Anlehnung an das 2-Phasen-Commit-Protokoll abzuwickeln und zu steuern. Daher wird die Methode *PrepareTransaction* vorgehalten, die den Transaktionsabschluss in der Abstimmungsphase vorbereitet. Für den endgültigen Transaktionsabschluss in der Ergebnisphase dient die Methode *CommitTransaction*. Um auch jederzeit eine bereits begonnene Transaktion abzubrechen, wird beim Dienstanbieter die Methode *AbortTransaction* etabliert. Der Transaktionsbeginn wird beim Dienstanbieter durch das Aufrufen der genutzten Dienstfunktionalität (*OfferedService*) implizit ausgelöst. Um bei einem Systemausfall des Transaktionsmanagers diesem die Wiederaufnahme der Transaktion zu ermöglichen, muss analog zum Transaktionsmanager eine Methode *GetTransactionStatus* vorhanden sein, die die bereits beim Manager aufgezeigten Zustände einer Transaktion übermittelt. Alle diese Methoden bekommen den

Transaktionskontext als Parameter übergeben und liefern den Erfolg der Operation beziehungsweise den Transaktionsstatus an den Aufrufer zurück.

Die Abbildung 39 verdeutlicht sowohl die Zustände einer Transaktion als auch die Zustandsübergänge beim Abwickeln einer konkreten Transaktion. Die Zustandsübergänge erfolgen durch das Aktivieren der beim Dienstanbieter vorgehaltenen Funktionalitäten.

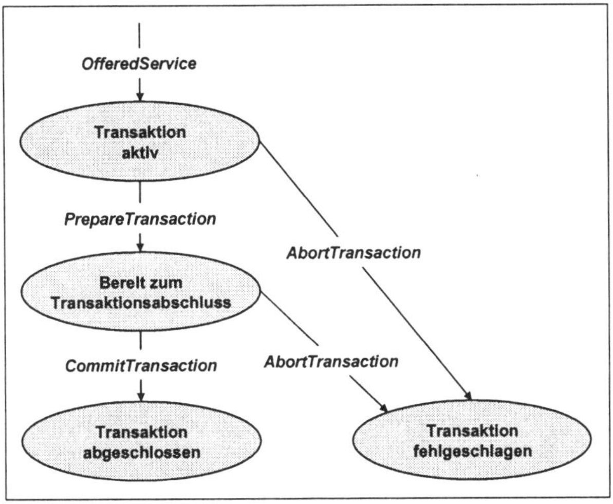

Abbildung 39: Übergänge der Transaktionszustände beim Dienstanbieter

Während der Transaktionsdurchführung werden Einzeloperationen genutzt, die verschiedene Ressourcen beanspruchen. Dabei muss der Dienstanbieter die Nebenläufigkeit und damit die Isolation der Transaktion mit anderen Transaktionen gewährleisten. Dazu stehen aus technischer Sicht zwei unterschiedliche und etablierte Sperrstrategien zur Verfügung:[233]

1. **Pessimistische Sperrstrategie:** Bei dieser Sperrstrategie werden bei jedem Aufruf einer Einzeloperation innerhalb einer Transaktion die durch die Operation genutzten Ressourcen mit einer Sperre versehen, die den Zugriff bis zum Abschluss der zugehörigen Transaktion unterbindet. Bei einem erneuten Zugriff auf die Ressource muss die den Zugriff auslösende Einzeloperation bis zum Aufheben der Sperre warten, bis sie ihren Zugriff durchführen kann. Dadurch wird bei jeder Transaktion eine Wachstumsphase von einer Schrumpfungsphase in Bezug auf die gesetzten Sperren unterschieden. In der ersten Phase werden die

[233] Vgl. Celko (1999), S. 212f.; Coulouris / Dollimore / Kindberg (2002), S. 558ff.; Kroenke (2002), S. 305ff.

Sperren gesetzt, bis die Transaktion abgebrochen oder beendet wird. In der zweiten Phase werden die gesetzten Sperren für die betroffene Transaktion sukzessive entfernt und die Ressourcen freigegeben. Da bei verteilten Transaktionen eine räumliche Entfernung zwischen den Transaktionsteilnehmern vorliegt, können lange Transaktionsdauern entstehen. Diese führen zu langen Warteschlangen und es entstehen lange Wartezeiten beim Zugriff auf eine Ressource. Um diesen Nachteil ein wenig aufzuweichen, können lesende von schreibenden Zugriffen unterschieden werden, wobei mehrere lesende Zugriffe parallel erfolgen können.

2. **Optimistische Sperrstrategie:** Bei dieser Sperrstrategie werden Änderungen innerhalb der genutzten Ressourcen nicht unmittelbar permanent gespeichert. Es werden beim Auslesen von Informationen lediglich kurze Lesesperren gesetzt. Erst am Ende einer Transaktion wird überprüft, ob sich Konflikte mit anderen Transaktionen ergeben haben. Daraus ergeben sich dann drei Phasen für die optimistische Sperrstrategie:

    a. **Lesephase:** Während der Transaktion wird eine Kopie der Ressource angefertigt, die Änderungen werden auf dieser Kopie durchgeführt.

    b. **Validierungsphase:** Beim Abschluss der Transaktion wird überprüft, ob bereits eine andere Transaktion Änderung an der Ressource vorgenommen hat. Ist dies der Fall, wird die zugehörige Transaktion zurückgesetzt.

    c. **Schreibphase:** Tritt in der Validierungsphase kein Konflikt mit einer anderen Transaktion auf, so wird die geänderte Ressource übernommen und zurück geschrieben.

Die letzten beiden Phasen entsprechen dem Abstimmungsprozess innerhalb des 2-Phasen-Commit-Protokolls. Bei der pessimistischen Sperrstrategie kann das Zurücksetzen von Transaktionen nahezu komplett vermieden werden, allerdings können lange Warteschlangen beim Zugriff auf die genutzten Ressourcen entstehen. Bei der optimistischen Strategie werden hingegen die Wartezeiten minimiert, allerdings erhöht sich dadurch die Anzahl der Transaktionen, die aufgrund von Konflikten in der Validierungsphase zurückgesetzt werden müssen. Somit bleibt die Wahl der genutzten Sperrstrategie bei der Implementierung des Dienstes dem Dienstanbieter überlassen und stellt eine Einzelfallentscheidung dar, die anhand der erwarteten Nebenläufigkeit der Transaktionen zu treffen ist.

Bei der Erstellung von Super Services sind jedoch generell lange Abwicklungszeiten (bis hin zu eventuell mehreren Tagen) bei den Transaktionen zu erwarten, die beispielsweise durch den Ausfall der Kommunikationsinfrastruktur beziehungsweise durch den Ausfall eines Teilnehmers der Transaktion entstehen. Diese lange Abwicklungszeit beruht hauptsächlich auf der Verteilung der Transaktion auf verschiedene Netzwerkknoten. Daher soll tendenziell die optimistische Sperrstrategie beim Dienstanbieter Anwendung finden, da diese aus Sicht des Dienstnutzers die Wartezeiten und somit die Transaktionsdauer minimiert. Liegt jedoch beim Dienstanbieter eine hohe Konfliktwahrscheinlichkeit bei den erwarteten Transaktionen vor, so führt dies bei der optimistischen Sperrstrategie zu einer hohen Arbeitsauslastung des Dienstes bei vergleichsweise niedrigem Transaktionsdurchsatz. Daher soll aus Sicht des Dienstanbieters in diesem Fall die pessimistische Sperrstrategie genutzt werden.

Um den hohen Transaktionsdauern bei der Etablierung von Super Services entgegenzuwirken, können beim Dienstanbieter bestimmte Standardverhaltensweisen hinterlegt werden. Beispielsweise kann ein Zeitfenster festgelegt werden, in dem nach der Ausführung der Methode *PrepareTransaction* beim Dienstanbieter auch die Methode *CommitTransaction* oder die Methode *AbortTransaction* ausgeführt werden muss. Erfolgt keine Ausführung in diesem Zeitfenster, so geht der Dienstanbieter standardmäßig von der Aktivierung der Methode *CommitTransaction* aus. Zudem ist es möglich, solche Standardverhaltensweisen beim Transaktionsmanager zu hinterlegen. Erfolgt nach Aktivierung der Methode *PrepareTransaction* oder der Methode *CommitTransaction* innerhalb eines festgelegten Zeitfensters keine Rückmeldung durch den Dienst, so geht der Transaktionsmanager von einer fehlerhaften Ausführung des Dienstes aus und bricht die gesamte Transaktion ab. Durch diese möglichen Standardverhaltensweisen sowohl beim Dienstanbieter als auch beim Transaktionsmanager können zumindest lange Transaktionsdauern vermieden und in Konsequenz daraus sowohl die Sperrzeiten der beanspruchten Ressourcen als auch die Konfliktwahrscheinlichkeiten gesenkt werden.

Ein anderer Weg kann durch die Lockerung der Isolation einer Transaktion beschritten werden, um die Auswahl einer Sperrstrategie zu erleichtern. Die Änderungen, die durch Einzeloperationen auf den genutzten Ressourcen durchgeführt werden, würden dann sofort auf den beanspruchten Ressourcen durchgeführt und somit bereits vor erfolgreicher Beendigung der Transaktion für andere Transaktionen sichtbar. Um jedoch beim Scheitern einer Transaktion beim Dienstanbieter sowohl konsistente Zustände als auch die isolierte Zurücksetzbarkeit zu gewährleisten, muss der Dienstanbieter dann eine Kompensationsfunktion vorhalten, die genau die Aufgabe der Zurücksetzung der Transaktion und somit der in der Transaktion gekapselten Einzeloperationen übernimmt. Je nach Funktionalität des Dienstes kann das Vorhalten einer solchen Kompensationsfunktion mit großen Aufwand im Vergleich zur Realisierung einer der beiden traditionellen Sperrstrategien verbunden sein, so dass auch hier eine Einzelfallentscheidung beim Dienstanbieter getroffen werden muss.

Von Seiten des Dienstnutzers kann das Problem der Sperrstrategie auch indirekt beeinflusst werden. Unabhängig von der beim Dienstanbieter realisierten Sperrstrategie kann der Dienstnutzer das Kriterium der Atomarität für Transaktionen lockern. Dazu zerlegt der Dienstnutzer die komplette Transaktion in viele kleine Transaktionspakete, die sequenziell oder parallel abgearbeitet werden. Durch diese Zerlegung können Teile der kompletten Transaktionen auch erfolgreich abgeschlossen werden, wenn andere Transaktionsteile scheitern. Diese optionale Aufgabe der Zerlegung muss der Dienstanbieter in der Logik der Anwendung hinterlegen und bei der Entwicklung von Super Services berücksichtigen.

In der Tabelle 7 werden die notwendigen und identifizierten Methoden sowie deren Übergabewerte und Rückgabewerte aufgezeigt. Um die Übersichtlichkeit zu verbessern, sind die Methoden des Fachkonzepts auf die Phasen einer Transaktionsabwicklung verteilt worden. Um auch eine Zuordnung der Methoden für die Weiterabwicklung einer Transaktion bei Systemausfällen vorzunehmen, ist eine Informationsphase ergänzt worden, die allerdings nicht in das Phasenmodell einer erfolgreichen Transaktionsabwicklung eingegliedert werden kann.

Phasen einer Transaktion	Realisierung bei Transaktionspartner	Methode	Übergabeparameter	Rückgabewerte
Initialisierungs-/ Durchführungs-phase	Transaktionsmanager	CreateTransaction	keiner	TransactionContext
		CreateSubTransaction	TransactionContext	SubTransactionContext
		JoinTransaction	TransactionContext	True / False
		AbortTransaction	TransactionContext	True / False
Abstimmungs-phase	Transaktionsmanager	CommitTransaction	TransactionContext	True / False
	Dienstanbieter	PrepareTransaction	TransactionContext	True / False
		AbortTransaction	TransactionContext	True / False
Ergebnisphase	Dienstanbieter	CommitTransaction	TransactionContext	True / False
Informationsphase	Transaktionsmanager	GetTransactionStatus	TransactionContext	Active / Prepared / Committed / Aborted
	Dienstanbieter	GetTransactionStatus	TransactionContext	Active / Prepared / Committed / Aborted

Tabelle 7: Funktionalitäten bei der Abwicklung transaktionssicherer Web Services

Nachdem nun die vorgehaltenen Funktionalitäten bei den an einer Transaktion mitwirkenden Partnern erläutert worden sind, stellt sich in diesem Abwicklungsmodell für transaktionssichere Web Services noch die Frage nach dem Zusammenwirken der einzelnen Methoden. Zur Verdeutlichung wird eine Transaktion gewählt, die aus zwei Teilnehmern und somit aus zwei Diensten besteht, die nur als Einheit abgeschlossen werden dürfen.

Eine Transaktionsabwicklung beginnt in der Initialisierungsphase. Dort startet der Dienstnutzer eine Transaktion, indem er die Methode *CreateTransaction* nutzt und einen Transaktionskontext erhält. In der Durchführungsphase führt der Dienstnutzer die von unterschiedlichen Dienstanbietern angebotenen Funktionalitäten eines jeweils transaktionssicheren Web Service aus (*OfferedService*). Der Methodenname steht als Platzhalter für die aufgerufenen Dienstfunktionalitäten. Nach dem Methodenaufruf beim jeweiligen Dienstanbieter registriert sich dieser als Teilnehmer an der Transaktion, indem er die Methode *JoinTransaction* des Transaktionsmanagers aktiviert. Der Übergang von dieser Phase in die Abstimmungsphase wird durch den Aufruf der Methode *CommitTransaction* beim Transaktionsmanager vom Dienstnutzer durchgeführt. Der Transaktionsmanager fordert daraufhin alle Transaktionsteilnehmer auf, sich auf den Abschluss der Transaktion vorzubereiten, indem er die Methode *PrepareTransaction* bei den Diensten nutzt. Wird die Aufforderung von allen Teilnehmern positiv beantwortet, so erfolgt der Übergang in die Ergebnisphase, in der der Transaktionsmanager durch Aufruf der Methode *CommitTransaction* bei allen Transaktionsteilnehmern die Transaktion abschließt. Anschließend wird dem Dienstnutzer der erfolgreiche Transaktionsabschluss mitgeteilt.

In der Abbildung 40 wird das eben dargestellte Zusammenwirken der beim Transaktionsmanager und bei den Dienstanbietern vorgehaltenen Funktionalitäten verdeutlicht.

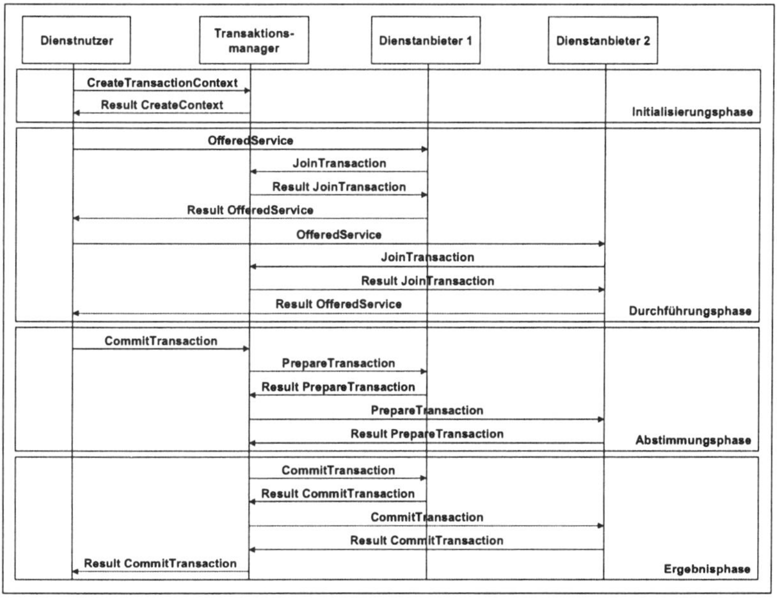

Abbildung 40: Zusammenspiel der Methoden bei der Abwicklung eines transaktionssicheren Super Web Service

In diesem Abschnitt ist ein technisches Konzept aufgezeigt worden, welches die in Abschnitt 4.2.3 aufgezeigten fachlichen Anforderungen umsetzt. Dazu sind die notwendigen Methoden für die Abwicklung transaktionssicherer Web Services sowohl beim Transaktionsmanager als auch beim Dienstanbieter identifiziert und deren Zusammenwirken an einem einfachen Beispiel verdeutlicht worden. Nachfolgend wird nun der Fokus auf die praktische Einbindung dieses Konzepts auf den Seiten des Dienstnutzers sowie des Dienstanbieters gelegt, um die erforderlichen Änderungsanforderungen bei den beiden Parteien aufzuzeigen.

4.2.5 Praktische Einbindung des Transaktionsmanagements

Nachdem sowohl die fachlichen Anforderungen als auch ein mögliches technisches Lösungskonzept für transaktionssichere Super Services vorgestellt worden sind, wird nun die praktische Einbindung in die Kommunikationsbeziehung zwischen dem Dienstnutzer und dem Dienstanbieter vertieft, um eine einfache Anwendung des Lösungskonzepts zu ermöglichen. Im Rahmen des Informationsaustauschs während der Abwicklung einer Transaktion findet lediglich in der Durchführungsphase eine direkte Kommunikation zwischen dem Dienstnutzer und dem –anbieter statt. In der Durchführungsphase werden durch den Dienstnutzer die angebotenen Funktionalitäten der genutzten Dienste aktiviert (*OfferedService*). Damit auf Seiten des Dienstanbieters eine Zuordnung zu einer konkreten Transaktion sowie eine Registrierung beim Transaktionsmanager möglich ist, muss der Transaktionskontext in einer geeigneten Form zwischen den beiden Partnern übermittelt werden. Um diese Übertragung des Transaktionskontextes zu gewährleisten, stehen prinzipiell die folgenden zwei Lösungsvarianten zur Verfügung:

1. Umsetzung der Übermittlung auf der Anwendungsebene
2. Umsetzung der Übermittlung im Kopf der SOAP-Nachricht

Bei der Umsetzung auf der Anwendungsebene wird der Transaktionskontext als Parameter bei jedem Methodenaufruf dem Dienst übergeben. Es ergibt sich somit, dass der Transaktionskontext auf Seiten des Dienstnutzers in der die Transaktion steuernden Anwendung verwaltet werden muss. Auf der Seite des Dienstanbieters muss hingegen die Schnittstellensignatur der angebotenen Funktionalität um den entsprechenden zusätzlichen Parameter erweitert und die Verarbeitung des Parameters innerhalb der Funktionsausführung garantiert werden. Dies hat eine Änderung der Dienstimplementierung zur Folge, die bei Aktivierung zuerst die Registrierung des Dienstes beim Transaktionsmanager veranlassen muss.

Bei der zweiten Lösungsvariante wird der Transaktionskontext im Kopf der SOAP-Nachricht eingebettet und auf diesem Wege übertragen. Wie bereits in Abschnitt 4.1.4.1

gezeigt, können für das Einfügen sowie für das Auswerten solcher Headerinformationen so genannte Handler zum Einsatz kommen. Handler sind Softwarekomponenten, die ausgehende beziehungsweise eingehende SOAP-Nachrichten empfangen, Informationen innerhalb der Nachricht auswerten und dann die Nachricht an den eigentlichen Empfänger weiterleiten. Sie sind somit zwischen den Kommunikationsfluss zweier Kommunikationspartner geschaltet. Für eine ausführliche Beschreibung des allgemeinen Handlerkonzepts sei an dieser Stelle auf die entsprechenden Ausführungen in dieser Arbeit verwiesen. Nachfolgend wird geprüft, inwieweit die Realisierung durch Handler für diese Problemstellung der Gewährleistung der Transaktionalität geeignet ist.

Für die konkrete Realisierung in dieser Durchführungsphase können jeweils dienstspezifische Handler vorgesehen werden, die sowohl auf Dienstanbieter- als auch auf Dienstnutzerseite angesiedelt sind. Durch Auslagerung der handlerspezifischen Informationen in eine eigene Konfigurationsdatei kann zudem eine Wiederverwendung der konkreten Implementierung des Handlers im Rahmen verschiedener Transaktionen erreicht werden. Alle transaktionsspezifischen Informationen für den Handler werden in dieser Konfigurationsdatei niedergelegt. Dabei können während der Transaktionsabwicklung bei Web Services folgende Handler zum Einsatz kommen:

1. **Handler zum Hinzufügen des Transaktionskontextes (Handler AddContext):** Dieser Handler kommt auf der Seite des Dienstnutzers zum Einsatz, der eine Transaktion mit mehreren Diensten als Teilnehmer durchführen möchte und fügt den Transaktionskontext in den Kopf der SOAP-Nachricht ein. Dabei bezieht der Handler den hinzuzufügenden Transaktionskontext von der Anwendung des Dienstnutzers, da nur diese die genaue Transaktionsspanne kennt. Somit beinhaltet die Konfigurationsdatei einen Verweis auf einen Speicherort, der diesen Transaktionskontext vorhält und der vor Versenden der Nachricht durch die entsprechende Anwendung aktualisiert werden muss.

2. **Handler zum Auswerten des Transaktionskontextes (Handler EvaluateContext):** Dieser Handler kommt als Gegenstück zum Einsatz und liest den Transaktionskontext aus dem Kopf der SOAP-Nachricht aus. Danach stellt der Handler den Kontext dem Dienst zur Verfügung, indem er den Kontext auf einem Speichermedium niederlegt. Somit beinhaltet auch die Konfigurationsdatei dieses Handlers den Verweis auf diesen Speicherort. Hat sich der Dienstanbieter darüber hinaus entschieden, den im vorigen Abschnitt beschriebenen Mittelweg zwischen den beiden Sperrstrategien zu nutzen und eine Kompensationsfunktion zu realisieren, so kann der Handler auch noch die optionale Aufgabe übernehmen, die für die Durchführung der Kompensation notwendigen Informationen aus der Nachricht zu extrahieren und diese auf einem Speichermedium abzulegen. Die Registrierung des Dienstes beim Transaktionsmanager

als Bestandteil einer Transaktion wird ebenfalls durch diesen Handler durchgeführt.

Die beiden aufgeführten Handler sollten immer paarweise auftreten, da jeweils der Transaktionskontext im Kopf der Nachricht angereichert beziehungsweise ausgewertet wird. Diese Aufgaben können zwar sowohl durch die nutzende Anwendung als auch durch den Dienst abgewickelt werden, allerdings sind dafür erhebliche Modifikationen an der jeweiligen Implementierung notwendig.

Die eigentliche Transaktionsabwicklung läuft dann wie folgt ab. Die Anwendung des Dienstnutzers hinterlegt den durch den Transaktionsmanager zugeteilten Transaktionskontext an einem Speicherort, auf den der Handler zugreifen kann und versorgt somit den Handler *AddContext* mit den notwendigen Informationen. Dieser fügt den Transaktionskontext in den Kopf der Nachricht ein. Auf Seiten des an der Transaktion teilnehmenden Dienstes wird dann dieser aktive Transaktionskontext durch den Handler *EvaluateContext* aus dem Kopf der Nachricht extrahiert und ebenfalls für die weitere Verarbeitung durch den Dienst an einem Speicherort niederlegt. Anschließend erfolgt die Registrierung beim Transaktionsmanager als Mitwirkender an der Transaktion. In der Abbildung 41 wird die Kommunikation zwischen der Anwendung des Dienstnutzers und eines an der Transaktion teilnehmenden Dienstes grafisch veranschaulicht.

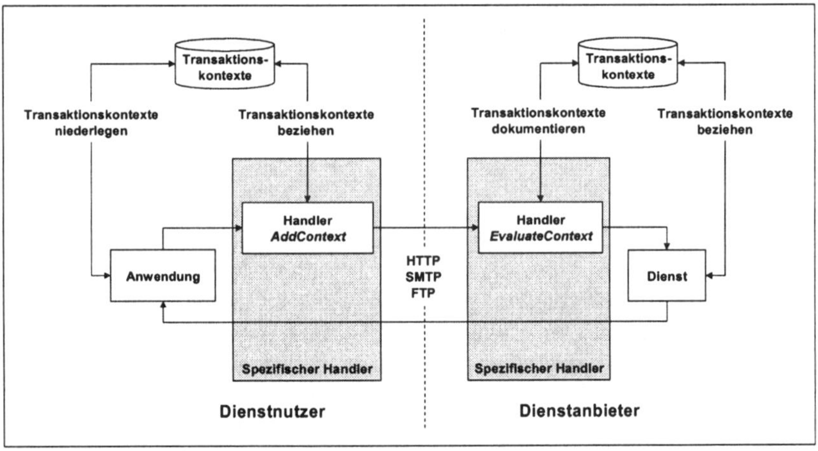

Abbildung 41: Handlerkonzept bei transaktionssicheren Web Services

4.2.6 Zusammenfassung und Beurteilung

Dieser Abschnitt hat die Erstellung transaktionssicherer Web Services untersucht, deren Existenz die Grundlage für die Entwicklung von transaktionssicheren Super Services ist. Dazu wurden ausgehend von einer Problembeschreibung mögliche Organisationsformen für die Gewährleistung der Transaktionssicherheit bei Web Services aufgezeigt. Eine Bewertung und Abwägung der Organisationsformen ergab, dass neben dem Dienstanbieter, der die Funktionalitäten des Ressourcenmanagers vorhält, ein zentraler Transaktionsdienst als Transaktionsmanager etabliert werden muss, um eine effiziente Abwicklung von Transaktionen bei Web Services zu ermöglichen. Daraufhin wurden das Fachkonzept für einen solchen Transaktionsdienst sowie die daraus resultierenden fachlichen Anforderungen an den Dienstanbieter für eine Partizipation am Transaktionsdienst aufgezeigt und die konkrete technische Umsetzung erläutert. Abschließend wurde dann der während der Transaktionsabwicklung vorhandene Kommunikationsfluss zwischen dem Dienstnutzer und dem Dienstanbieter fokussiert und zwei Möglichkeiten für die praktische Einbindung des Lösungskonzepts in den Kommunikationsablauf vorgestellt sowie ein Vergleich dieser beiden Konzepte vorgenommen.

Eine Bewertung des vorgestellten zentralen Transaktionsdienstes ergibt, dass er alle für die Abwicklung benötigten Funktionalitäten in standardisierter Form vorhält und somit ein Art Dienstleistungskomponente darstellt. Daher sind Transaktionskosten in der Nähe von Null zu erwarten, da die komplette Transaktionsabwicklung vollautomatisiert für alle Transaktionen bei Web Services durchgeführt werden kann. Es fallen lediglich Kosten für den Betreiber des zentralen Transaktionsdienstes an. Durch die Bereitstellung der gesamten Funktionalitäten auf Basis von Web Services wird eine einfache Integration des Konzeptes für den Dienstnutzer und Initiator der Transaktion möglich und es werden entsprechende Synergieeffekte erzielt. Aus diesem Grund kann auch eine einfache Handhabung des Transaktionsdienstes garantiert werden. Lediglich auf Seiten des Dienstanbieters müssen weitere neue Funktionalitäten implementiert werden, welche die Anbindung des Dienstes an den Transaktionsmanager und somit die Steuerung des Dienstes nach dem 2-Phasen-Commit-Protokoll ermöglichen. Der in der Entwicklung befindliche Standard des Business Transaction Protocols (BTP) setzt genau diese hier vorgestellten Grundideen für die Gewährleistung der Transaktionssicherheit bei Web Services um und stellt erweiterte Mechanismen zur Fehlerbehandlung für Transaktionen bei Web Services zur Verfügung.[234]

Durch die beiden aufgezeigten Integrationskonzepte des Transaktionsmanagers wurden auch Möglichkeiten diskutiert, bereits etablierte Web Services und somit bereits

[234] Vgl. u. a. Dalai et al. (2003), S. 32ff.

angebotene Dienstleistungen durch geringfügige Modifikationen in die Lage zu versetzen, in eine Transaktion eingebunden zu werden. Ein Vergleich dieser Konzepte ergibt folgendes Bild:

Bei der einen Integrationsmöglichkeit ohne Handler wird die Schnittstellensignatur des Dienstes um einen Parameter erweitert, der für den Transport des aktiven Transaktionskontextes vom Dienstnutzer zum Dienstanbieter dient. Diese Lösungsvariante zieht beim Dienstnutzer eine Änderung der die Transaktion steuernden Anwendung nach sich, da bei jeder Dienstaktivierung der Transaktionskontext übergeben werden muss. Dieser aktive Transaktionskontext muss vom Transaktionsmanager angefordert werden. Die Erweiterung der Schnittstellensignatur verursacht zudem eine Veränderung der Dienstimplementation beim Dienstanbieter, da der zusätzlich übermittelte Parameter ausgewertet und verarbeitet werden muss. Dem Dienst obliegt damit selbst die Aufgabe, sich als Transaktionsbestandteil beim Transaktionsmanager zu registrieren. Da in diesem Szenario keine speziellen Anforderungen an die Verarbeitung der SOAP-Nachricht gestellt werden, wird die Interoperabilität des Dienstes nicht eingeschränkt und ist somit weiter gewährleistet.

Bei der zweiten Lösungsvariante übernehmen die Handler die Aufgabe der Übermittlung des Transaktionskontextes, es basiert somit auf den bereits vorgestellten Handlerkonzept. Dabei werden in den Kommunikationsfluss zwischen SOAP-Server und SOAP-Client neue zu etablierende Softwarekomponenten, so genannte Handler, geschaltet, die die SOAP-Nachricht beim Sender um den Transaktionskontext erweitern und diese Zusatzinformationen beim Empfänger aus der Nachricht extrahieren und verarbeiten. Dies hat zur Folge, dass im Vergleich zum ersten Konzept nur kleinere Modifikationen am Dienst selbst und an der nutzenden Anwendung vorzunehmen sind. Das Ausmaß dieser Modifikationen hängt beim Dienstanbieter von der gewählten Sperrstrategie ab, da die durch den Dienst gesetzten Sperren dem Transaktionskontext einer Transaktion zugeordnet werden und der Dienst somit in Kenntnis des aktiven Transaktionskontextes sein muss. Durch die Aufweichung der Isolation und somit eines der ACID-Kriterien einer Transaktion ist jedoch eine Umsetzungsmöglichkeit aufgezeigt worden, die keine Änderungen an der Dienstimplementierung nach sich zieht, da keine Verwaltung von gesetzten Sperren durch den Dienst erfolgen muss. Allerdings muss der Dienstanbieter dann eine Kompensationsfunktion etablieren. Beim Dienstnutzer ist lediglich der gültige Transaktionskontext dem Handler durch einen geeigneten Mechanismus zur Verfügung zu stellen. Die für die Einbindung notwendigen Funktionsaufrufe beim Transaktionsmanager werden durch die Handler durchgeführt. Durch dieses Integrationskonzept wird zwar der Modifikationsaufwand auf beiden Seiten minimiert, allerdings werden Anforderungen an die Verarbeitung des Kopfes einer SOAP-Nachricht gestellt. Die Interoperabilität des Dienstes wird somit eingeschränkt. Jedoch wird das auf Handlern basierende Lösungskonzept sowohl auf Dienstanbieter- als auch auf Dienstnachfragerseite bereits heute in der Praxis von einer großen Anzahl von Applikationsservern unterstützt, die für das komfortable Offerieren von Web Services zumindest auf Anbieterseite vorgehalten werden müssen. Die Etablierung eines solchen ausgelagerten Modulkonzepts für die Übertragung des Transaktionskontextes als ein mögliches Integrationsszenario des Transaktionsmanagers scheint somit möglich.

Es kann festgehalten werden, dass keine Empfehlung für eine der beiden Lösungsvarianten gegeben werden kann, da beide Varianten Vorteile aufweisen. Bei der ersten wird eine hohe Interoperabilität erzielt, hingegen wird bei der zweiten der Änderungsaufwand an den vorgehaltenen Implementierungen minimiert, so dass immer eine Einzelfallentscheidung zu treffen ist. Jedoch sind bei beiden Nutzungsvarianten auf Dienstanbieterseite, wie bereits erwähnt, neue Funktionalitäten zu etablieren, die die Steuerung des Dienstes und die Einbindung nach dem 2-Phasen-Commit-Protokoll ermöglichen. Jedoch ist es nicht nötig, für diese Zusatzfunktionalitäten die bisherige Dienstimplementierung zu modifizieren.

4.3 Abrechnung

Die Abrechnung von Dienstleistungen auf Basis von Web Services stellt neben den bereits diskutierten Aspekten der Sicherheit und der Transaktionalität eine weitere eher konzeptionelle Herausforderung dar, deren Lösung die Verbreitung von Web Services fördern kann. Daher wird nachfolgend dieser Aspekt aufgegriffen und für die Bezahlung von digitalen Dienstleistungen ein mögliches Lösungskonzept vorgestellt. Ausgehend von einer kurzen Einführung in die Problemstellung und einer Analyse vorhandener Zahlungsverfahren sowie einer Erörterung möglicher Organisationsformen für die Bezahlung ergibt sich der Bedarf eines zentralen Abrechnungsdienstes, der dann sowohl aus fachlicher als auch aus technischer Sicht vorgestellt und erläutert wird. Daran anschließend wird kurz die praktische Integration des Konzepts in die Nutzung von Web Services erläutert, da die Entwicklung von Web Services unabhängig von der kommerziellen Verwertung der Dienste erfolgen soll. Da die Fragestellung der Preisfestsetzung für die angebotenen digitalen Dienstleistungen im Rahmen der Abrechnung von Dienstleistungen eine wesentliche Rolle einnimmt und dafür in der Literatur die Anwendung von Preisdifferenzierungsinstrumenten vorgeschlagen wird, werden diese Instrumente auf die Eignung zur Preisfestsetzung in diesem speziellen Problembereich untersucht. Der Abschnitt schließt mit einer Zusammenfassung und einer Beurteilung der vorgestellten Sachverhalte.

4.3.1 Problemstellung

Web Services eignen sich, digitale Dienstleistungen über standardisierte Schnittstellen unter Nutzung von etablierten Internettechnologien einer großen Anzahl von potenziellen Dienstnutzern zur Verfügung zu stellen. Damit sich jedoch auch Geschäftsmodelle auf Basis dieser Technologiekombination etablieren können, muss eine Möglichkeit geschaffen werden, die angebotenen Dienstleistungen in adäquater Weise zu entlohnen und abzurechnen, um damit Erlöse im Rahmen möglicher Geschäftsmodelle zu erzielen.

Um jedoch eine Abrechnung von Dienstleistungen zu gewährleisten, müssen zuerst einmal die verfügbaren Zahlungsverfahren einer Eignungsprüfung hinsichtlich der Einsatzmöglichkeit für die Abrechnung von Web Services unterzogen werden. In der Tabelle 8 wird die Akzeptanz von etablierten Zahlungsverfahren dargestellt, die bei der Bezahlung von im Internet gekaufter Ware zum Einsatz kommen. Die aufgezeigten Ergebnisse sind einer von Symposium durchgeführten empirischen Untersuchung aus dem Jahre 2001 entnommen.[235]

Zahlungsverfahren	Akzeptanz
Rechnung	91 %
Nachnahme	36 %
Lastschrift	31 %
Kreditkarte online (verschlüsselt)	30 %
eCash, CyperCoin, etc.	12 %
Kreditkarte per Telefon, Fax, Post	7 %
Vorauskasse	4 %

Tabelle 8: Akzeptanz von Zahlungsverfahren für die Bezahlung von im Internet gekaufter Ware

Neben dieser Studie, die die Akzeptanz der am meisten genutzten Zahlungsverfahren aufzeigt, sind eine Vielzahl von Verfahren speziell für die Bezahlung von Waren entwickelt worden, die im Internet erstanden worden sind. In der Tabelle 9 werden diese Verfahren nach ihrem Abrechnungsprinzip systematisiert.[236] Eine ausführliche Darstellung dieser Zahlungsverfahren wird an dieser Stelle nicht vorgenommen, dem interessierten Leser sei hierfür beispielsweise das Buch von Reichmayr empfohlen.[237]

---

[235] Vgl. Reichmayr (2003), S. 130.; Symbosion (2001).
[236] Vgl. Bräuer / Stolpmann (2000), S. 93.; Burghardt / Gehrke / Schumann (2003a), S. 47.
[237] Vgl. Reichmayr (2003), S. 132ff.

Prinzip des Zahlungsverfahrens	Bezeichnung
Bargeldähnliche Systeme	• Cypercoin • eCash
Scratchcards	• Paysafecard • Micromoney
Billing-Verfahren	• NET900 Classic • X-PressPay
Inkassosysteme	• FIRSTGATE click&buy • NET900 Kontopass
Zahlung per Mobiltelefon	• Paybox • StreetCash • Payitmobile

Tabelle 9: Systematisierung von Zahlungsverfahren im Internet

Die Befragungsergebnisse aus der Tabelle 8 machen deutlich, dass die Zahlungsverfahren, die speziell für die Bezahlung von im Internet erstandenen Produkten entwickelt worden sind, ein erhebliches Akzeptanzproblem aufweisen und sich in der Breite noch nicht durchgesetzt haben. Einige Verfahren, wie beispielsweise PayBox, sind vollkommen vom Markt verschwunden und stehen nicht mehr als Zahlungsmöglichkeit zur Verfügung. Es werden durch die Konsumenten in der Mehrheit also immer noch klassische Zahlungsmethoden wie die Rechnung, die Bezahlung per Nachnahme sowie die Lastschrift bevorzugt. Beim Bezahlvorgang unter Nutzung klassischer Zahlungsmethoden müssen jedoch Zusatzinformationen, wie beispielsweise die Bankverbindung bei der Lastschrift oder die Rechnungsadresse bei der Rechnung, zum Verkäufer der Ware übermittelt werden. Diese Übermittlung erfolgt in der Regel durch Eingabe der Daten in einem entsprechenden Internetformular durch den Käufer des Produkts. Während der Bezahlung ist somit eine manuelle Dateneingabe erforderlich.

Mit Hilfe von Web Services werden digitale Dienstleistungen über standardisierte Schnittstellen angeboten, die sich direkt in bestehende Systemumgebungen integrieren lassen. Dieser Integrationsaspekt steht speziell bei der Nutzung von Web Services im Unternehmensumfeld im Mittelpunkt. Da bei einer direkten Integration eines Dienstes ein hoher Automatisierungsgrad angestrebt wird, können klassische Zahlungsverfahren aufgrund der oben aufgeführten Nutzerinteraktion nicht zum Einsatz kommen. Diese manuelle Dateneingabe wirkt dem angestrebten hohen Automatisierungsgrad entgegen. Auch eine Erweiterung der Daten, die ein Dienst für die Aktivierung benötigt, ist nicht sinnvoll, da in Abhängigkeit des Zahlungsverfahrens unterschiedliche Informationen benötigt werden. Außerdem würde durch ein solches Vorgehen die Wiederverwendbarkeit des Dienstes eingeschränkt. Daher sind existierende Zahlungsverfahren in der verfügbaren Form nicht direkt zur Abrechnung von Web Service Nutzungen geeignet.[238]

[238] Vgl. Burghardt / Gehrke / Schumann (2003a), S. 47.

Nachfolgendes Beispiel, welches auch in den beiden vorigen Abschnitten zur Verdeutlichung der Problemstellung genutzt worden ist, erläutert diesen Sachverhalt. Als digitale Dienstleistung wird die Buchung eines Seminars mit Sonderleistungen angeboten. Für die Durchführung der Dienstleistung werden nur die dafür direkt benötigten Informationen wie beispielsweise die Seminarnummer übermittelt. Diese Dienstleistung wird durch einen Dienstnutzer in ein Portal eingebunden, welches dem potenziellen Seminarteilnehmer die Suche nach Seminaren sowie die entsprechende Buchung ermöglicht. Der Seminarteilnehmer selbst nutzt dieses Portal. Der Dienstanbieter verlangt für die Nutzung dieses Dienstes und somit für die digitale Dienstleistung, die in der Buchungsabwicklung besteht, eine Gebühr, die durch den Dienstnutzer zu entrichten ist. Die Kommunikation zwischen dem Portal und dem Dienst läuft vollautomatisiert und ohne Nutzereingabe ab. Um nun eine Abrechnung durchführen zu können, benötigt der Dienstanbieter abrechnungsspezifische Informationen wie beispielsweise die Bankverbindung des Dienstnutzers bei Einsatz der Lastschrift. Diese Informationen werden jedoch bei der Dienstaktivierung nicht mit übertragen. Die direkte Abrechnung der angebotenen Dienstleistung ist folglich nicht möglich.

Da bei der Nutzung einer digitalen Dienstleistung und in diesem Beispiel bei der Buchung eines Seminars mit Sonderleistungen in der Regel keine abrechnungsspezifischen Informationen übermittelt werden, wird nachfolgend ein Abrechnungskonzept vorgestellt, welches eine automatisierte Abrechnung ermöglicht. Als Rahmenbedingung des Konzepts kann dabei festgehalten werden, dass das zu konzipierende Verfahren eine möglichst große Bandbreite von Zahlungsverfahren unterstützen sollte, wobei die Wichtigkeit der einzelnen Verfahren durch die aufgezeigte Akzeptanzstudie festgelegt wird. Das Konzept sollte neben der Bezahlung jeder einzelnen Nutzung auch die Abrechnung von gekauften Kontingenten oder aber eine Art Mietzahlung für die Nutzung der digitalen Dienstleistung ermöglichen.

4.3.2 Organisation der Abrechnung

Wie der vorige Abschnitt gezeigt hat, sind die verfügbaren Bezahlverfahren nicht direkt für die Abrechnung von Web Services geeignet. Es stellt sich nun die Frage nach einer möglichen Organisation der Abrechnung. Prinzipiell sind zwei Möglichkeiten der Abrechnung von Web Services denkbar:[239]

- **Erstellung eines eigenen Abrechnungsmechanismus:** Jeder Dienstanbieter entwickelt seinen eigenen Abrechnungsmechanismus, der die Zahlungen und die dazu notwendige Kundenverwaltung abwickelt.

[239] Vgl. Clark (2002), S. 32f.

- **Nutzung eines zentralen Abrechnungsdienstes:** Es wird ein zentraler Abrechnungsdienst umgesetzt, der für alle Dienstanbieter die Abrechnungsaufgaben übernimmt. Dazu stellt dieser entsprechende Mechanismen bereit. Denkbar wären hier beispielsweise das Angebot folgender unterschiedlicher Tarifmodelle:[240]
    - **Mengenlizenzen**, bei denen der Dienstnutzer eine vorher bestimmte Anzahl von Zugriffen auf den Dienst erwirbt. Ist die Anzahl der erworbenen Zugriffe gleich eins, so wird auch von der Abrechnung pro Nutzung (Charge per call) beziehungsweise von der einmaligen Abrechnung der Nutzung (One-off charge) gesprochen.
    - **Zeitlizenzen**, bei denen durch den Nutzer für einen bestimmten Nutzungszeitraum das Recht für die Aktivierung des Dienstes erworben wird (Charge per period).
    - **Intensitätslizenzen** bilden eine Mischform. Die Anzahl der Nutzungen wird innerhalb eines festgelegten Zeitintervalls abgerechnet.

Eine Gegenüberstellung der Vor- und Nachteile kann nun eine Entscheidungsbasis für die Auswahl einer Idealform bei der Abrechnung von Web Services bilden. Hierbei sind die Vorteile des einen Verfahrens jeweils Nachteile des anderen und umgekehrt. Als Vorteil bei der Nutzung eines zentralen Abrechnungsdienstes ist die Konzentration des Dienstanbieters auf seine tatsächlichen Kernkompetenzen und somit auf die tatsächliche Funktionalität des angebotenen Web Services zu nennen. Des Weiteren kann durch die Nutzung eines zentralen Abrechnungsdienstes eine Standardisierung des Abrechnungsprozesses erzielt und dadurch eine Senkung der Transaktionskosten erreicht werden. Nachteilig wirkt sich eventuell aus, dass der zentrale Abrechnungsdienst das durch den Dienstanbieter gewünschte Tarifmodell nicht unterstützt. Dieser Nachteil kann jedoch durch eine enge Zusammenarbeit und eine gemeinsame Entwicklung der vorgehaltenen Tarifmodelle abgemildert werden. Für die Durchführung der Abrechnung durch den Abrechnungsdienst können zudem Kosten entstehen, die der Dienstanbieter zu tragen hat und die somit die Einnahmen beziehungsweise die Erlöse des Dienstanbieters schmälern. Allerdings müssen diesen Kosten die Entwicklungskosten eines eigenen Abrechnungssystems gegenübergestellt werden.[241]

Wägt man diese Sachverhalte gegeneinander ab, so können die Argumente der möglichen Konzentration des Dienstanbieters auf seine Kernkompetenzen und die Möglichkeit der Standardisierung der Abrechnung und die damit verbundenen niedrigen Transaktionskosten als ausschlaggebend eingestuft werden, um eine zentrale

[240] Vgl. Boles / Schmees (2003), S. 388.; Burghardt / Gehrke / Schumann (2003b), S. 77ff.
[241] Vgl. Burghardt / Gehrke / Schumann (2003a), S. 47f.

Abrechnung von Web Service Nutzungen zu favorisieren. Im Rahmen der Nutzung kommerzieller Web Services sind also zwangsläufig folgende drei Parteien involviert:

- **Dienstanbieter**: Die Dienstanbieter implementieren Web Services und bieten diese kostenpflichtig an, indem sie auf die angebotenen Dienstleistungen des Abrechnungsdienstes zurückgreifen und diesem sowohl die Dienstkonditionen auf Basis eines Tarifmodells als auch jede Dienstnutzung mitteilen. Auf Basis dieser Nutzungsmitteilung kann der Abrechnungsdienst dann die Abrechnung des Dienstes durchführen.
- **Dienstnutzer**: Neben den Dienstanbietern sind die jeweiligen Dienstnutzer als notwendige Partei zu nennen. Der Dienstnutzer erklärt sich dazu bereit, einen kommerziellen Dienst zu aktivieren und die Abrechnung durch den zentralen Abrechnungsdienst durchführen zu lassen.
- **Abrechnungsdienst**: Der zentrale Abrechnungsdienst bildet das dritte Element beim Abrechnen von kommerziellen Web Services. Er selbst bietet Funktionalitäten an, die die Bezahlung einer Web Services Nutzung ermöglichen. Um hohe Synergieeffekte zu erzielen und eine einfache Handhabung der Nutzung zu garantieren, stellt der Abrechnungsdienst seine Funktionalitäten ebenfalls in Form von Web Services zur Verfügung.

Für diese drei beteiligten Parteien, die als unabdingbare Partner bei einer Inanspruchnahme eines kommerziellen Web Services identifiziert worden sind, müssen nun die fachlichen Anforderungen erarbeitet werden. Diese Anforderungen müssen bei den Partnern vorgehalten werden, um eine Abrechnung zu garantieren. Daher werden im Folgenden diese fachlichen Anforderungen sowohl an ein solches zentrales Abrechnungskonzept für die Nutzung von kommerziellen Web Services als auch an den Dienstanbieter und den Dienstnutzer vorgestellt.

4.3.3 Fachliche Anforderungen an den Abrechnungsdienst

Die in diesem Abschnitt aufgezeigten fachlichen Anforderungen werden analog zu den identifizierten beteiligten Parteien in die drei Anforderungsbereiche an den Abrechnungsdienst, den Dienstanbieter und den Dienstnutzer untergliedert.

Der Abrechnungsdienst muss grundsätzlich folgende Funktionalitäten umsetzen, damit eine Abrechnung von kommerziellen Web Services möglich ist:

1. **Nutzerverwaltung**: Um eine Abrechnung und damit eine Entlohnung zwischen Dienstanbieter und Dienstnutzer vorzunehmen, müssen diese beiden Parteien dem Abrechnungsdienst bekannt und eindeutig als Nutzer des

Abrechnungsdienstes identifizierbar sein. Um dies zu gewährleisten, müssen sich alle relevanten Dienstnutzer und Dienstanbieter beim Abrechnungsdienst registrieren. Infolgedessen muss der Abrechnungsdienst eine Nutzerverwaltung vorhalten, damit der Abrechnungsvorgang den beteiligten Parteien zugeordnet werden kann.

2. **Serviceverwaltung**: Die Dienstanbieter der kommerziellen Web Services müssen über ihre Registrierung als Nutzer hinaus ihre angebotenen kommerziellen Web Services registrieren, um eine Abrechnung zu ermöglichen. Darüber hinaus kann später anhand der Registrierung des Dienstes sowie anhand der mitgeteilten Nutzung der Dienste selbst eine genaue Aufstellung über die Nutzungsintensität und die Nutzungsart analog zu einer Einzelverbindungsübersicht bei der Telefonrechnung erzeugt werden. Dies kommt dem Informationsbedürfnis der Dienstnutzer entgegen. Daher muss der Abrechnungsdienst neben der Nutzerverwaltung auch eine Serviceverwaltung beinhalten.

3. **Tarifverwaltung**: Um eine möglichst komfortable Abrechnung zu erhalten, ist es notwendig, unterschiedliche Tarifmodelle (Abrechnung pro Nutzung, einmalige Abrechnung der Nutzung, Abrechnung für einen Nutzungszeitraum, etc.) anzubieten. Diese Tarifmodelle müssen vom Dienstanbieter bei Bedarf für einen bestimmten registrierten Web Service aktiviert werden. Der Dienstnutzer erfragt vor der Nutzung die aktuellen Tarifmodelle und Konditionen des Web Services und wählt aus dieser möglichen Modellmenge einen für ihn passenden Tarif aus und führt somit eine Selbstselektion aus den verfügbaren Tarifen durch. Daher muss der Abrechnungsdienst auch über eine Verwaltung der Tarifmodelle verfügen. Insbesondere ist die Anzahl möglicher Tarifmodelle für die Etablierung des Abrechnungsdienstes entscheidend, da eine große Auswahl von Tarifmodellen eine sehr flexible Abrechnung von Web Service Nutzungen gestattet.

4. **Kontenverwaltung**: Um die Zahlungen sowohl beim Dienstanbieter als auch beim Dienstnutzer verbuchen zu können, muss der Abrechnungsdienst so genannte Abrechnungskonten für alle registrierten Nutzer verwalten und somit eine Kontenverwaltung besitzen. Der Abrechnungsdienst muss dazu entsprechende Funktionalitäten bieten, um die Kontostände der Abrechnungskonten erfragen und Konten bei einer Web Service Nutzung belasten zu können. Des Weiteren muss die Möglichkeit zur Erstellung eines Kontoauszugs geschaffen werden.

Der Abrechnungsdienst übernimmt somit innerhalb des Abrechnungsprozesses neben der Aufgabe der Verbuchung der Nutzungsanfragen auch die Aufgabe einer Clearingstelle der aufgelaufenen Buchungen. Um eine möglichst hohe Flexibilität zu gewährleisten, sollten für die Aufgabe des Clearings eine große Anzahl von klassischen

Zahlungsverfahren beim Abrechnungsdienst vorgehalten werden, wobei die Bedeutung der jeweiligen Verfahren bereits anhand der Akzeptanzstudie illustriert worden ist. Die für einen Dienstnutzer geeignete Clearingmethode muss auf Basis des Vertrauensverhältnisses zwischen dem Dienstnutzer und dem Betreiber des Abrechnungsdienstes sowie anhand der Ausgestaltung der Verträge zwischen den beteiligten Parteien ausgewählt werden. Durch die Festlegung der Clearingmethode wird der Zeitpunkt der Zahlung determiniert. Findet das Clearing somit nicht nach jeder Nutzung eines kommerziellen Web Services statt, sondern werden die Zeitpunkte unabhängig von der Nutzung eines Dienstes vereinbart, so werden dadurch Sammelrechnungen ermöglicht. Da die konkrete Abwicklung des Clearings jedoch keine Auswirkung auf das grundsätzliche Konzept des Abrechnungsdienstes hat, wird das Clearing nachfolgend nicht mehr mit in die Betrachtung einbezogen.

Der Dienstanbieter eines kostenpflichtigen Web Services hat, wie bereits dargestellt, selbst lediglich die Dienstfunktionalität zu implementieren und damit vorzuhalten. Damit darüber hinaus keine Modifikationen an der Dienstimplementierung vorgenommen werden müssen und damit der Anpassungsaufwand für die Nutzung des Abrechnungsdienstes minimal ausfällt, wird eine einfache Integration des Abrechnungsdienstes beim Dienstanbieter angestrebt. Der angestrebte Idealfall sieht eine unabhängige Entwicklung des Dienstes durch den Dienstanbieter vor. Die Entscheidung, ob der Dienst kommerziell genutzt werden soll, kann dann nachgelagert erfolgen.

An den Dienstnutzer werden zur Vermeidung von Einstiegbarrieren und dem Aufbau von Nutzungshemmnissen nur wenige Anforderungen gestellt. Daher hat der Dienstnutzer in diesem Modell lediglich seine eindeutige Nutzeridentifikation, die ihn zur Nutzung kommerzieller Web Services berechtigt und die er durch den Abrechnungsdienst zugeteilt bekommt, sowie die Dienstkennungen der genutzten kommerziellen Web Services zu verwalten.

In der Tabelle 10 werden diese aufgezeigten Anforderungen zusammengefasst.

Parteien	Aufgaben / Funktionalitäten
Abrechnungsdienst	• Nutzerverwaltung • Serviceverwaltung • Tarifverwaltung • Kontenverwaltung
Dienstanbieter	• Bereitstellung der Dienstfunktionalität
Dienstnutzer	• Verwaltung der Nutzeridentifikation • Verwaltung der Dienstkennung der genutzten kommerziellen Dienste

Tabelle 10: Aufgaben und Funktionalitäten der Parteien bei der zentralen Abrechnung

4.3.4 Technische Umsetzung des Abrechnungsdienstes

Nachdem nun die fachlichen Anforderungen an die beteiligten Parteien formuliert worden sind, wird nun ein passendes technisches Konzept für die Umsetzung vorgestellt. Für die Realisierung sind die fachlichen Anforderungen in entsprechende Teilfunktionalitäten zu zerlegen. Jede Teilfunktionalität sollte dabei eine Granularität besitzen, die es erlaubt, die Teilfunktionalität in einer eigenen Methode unterzubringen. Des Weiteren sollen alle notwendigen Methoden ebenfalls als separate Web Services implementiert werden, damit homogene Zugriffsmechanismen Anwendung finden und somit Lerneffekte im Umgang mit Web Services geschaffen werden können. Zudem werden die Methoden bei der Umsetzung in einzelnen Komponenten gekapselt, um eine bessere Wiederverwendbarkeit auf Basis der Komponenten zu ermöglichen. Da nur der zentrale Abrechnungsdienst abrechnungsspezifische Funktionalitäten vorhalten soll, wird dieser nachfolgend umfassend behandelt. Daran anschließend wird ein Abrechnungsvorgang theoretisch abgewickelt und daran das Zusammenwirken der einzelnen Parteien bei der Nutzung eines kommerziellen Web Services aufgezeigt.

Gemäß den fachlichen Anforderungen an einen zentralen Abrechnungsdienst müssen die Bereiche der Nutzer-, der Service-, der Tarif- und der Kontenverwaltung durch entsprechende Funktionalitäten abgedeckt werden. Es wird ein einfaches Modell vorgestellt, welches nur die Basisfunktionalitäten beinhaltet und welches zur Verbesserung des Komforts durchaus noch erweitert werden kann.[242]

Im Rahmen der Nutzerverwaltung muss der Abrechnungsdienst die Anmeldung eines Nutzers oder Anbieters abdecken und eine Möglichkeit schaffen, die beim Abrechnungsdienst hinterlegten spezifischen Nutzer- und Anbieterdaten zu verändern. Um diese Zielsetzung zu erreichen, werden für den Nutzer eines kommerziellen Web Service die Methoden *UserSubscription* sowie *UpdateUserData* benötigt, denen nutzerspezifische Daten (Name, Vorname, Adresse, etc.) sowie beim Verändern bereits hinterlegter Informationen zusätzlich die Nutzerkennung (*UserID*) übergeben werden. Als Rückgabewert wird bei einer Neuregistrierung die eindeutige Nutzerkennung zurückgeliefert, die der Abrechnungsdienst vergibt. Andernfalls wird der Erfolg der angestrebten Änderung mitgeteilt. Analog zum Nutzer sind für den Anbieter kommerzieller Web Services die Methoden *ProviderSubscription* sowie *UpdateProviderData* vorzusehen.

Die Serviceverwaltung muss die Anmeldung eines kommerziellen Web Services sowie die Änderung hinterlegter Dienstdaten beim Abrechnungsserver ermöglichen. Dazu wird eine Methode *ServiceSubscription* vorgehalten, die als Parameter die eindeutige Providerkennung sowie dienstspezifische Daten übergeben bekommt und die eine

[242] Vgl. Burghardt / Gehrke / Schumann (2003a), S. 51ff.

eindeutige Dienstkennung (*ServiceID*) zurückliefert. Um die Dienstdaten zu ändern, wird eine Methode *UpdateServiceData* umgesetzt, die die neuen Dienstdaten sowie die Dienstkennung übergeben bekommt und den Erfolg der Änderung als Rückgabe übermittelt.

Im Anforderungsbereich der Tarifverwaltung muss der Abrechnungsdienst unterschiedliche Abrechnungstarife mit eindeutiger Tarifkennung (*TariffID*) vorhalten. Dafür müssen für den Dienstanbieter Methoden zur Tarifaktivierung, zur Tarifdeaktivierung und zur Festlegung des Standardtarifs vorgehalten werden. Um diese Anforderung umzusetzen, wird eine Methode *EnableTariff* benötigt, die die Tarifkennung, die Dienstkennung sowie die für den Abrechnungstarif notwendigen Konditionen übergeben bekommt. Analog hierzu wird eine Methode *DisableTariff* für die Tarifdeaktivierung und eine Methode *SetStandardTariff* vorgehalten, die den Standardtarif für einen kommerziellen Dienst festlegt. Dies ist notwendig, falls der Dienstnutzer keine Auswahl des Tarifs vor der ersten Nutzung vornimmt und dann trotzdem eine Abrechnung der Dienstleistung durchgeführt werden kann. Beide Methoden bekommen sowohl die Tarifkennung als auch die Dienstkennung übergeben. Alle Methoden für den Dienstanbieter liefern „wahr" für eine erfolgreiche und „falsch" für eine fehlerhafte Ausführung zurück. Auf Seiten des Dienstnutzers muss die Möglichkeit einer Tarifauswahl geschaffen werden. Dazu stehen Funktionalitäten zur Verfügung, die das Abfragen aktiver Tarifmodelle (*GetTariffInfo*) für einen bestimmten Dienst, das Festlegen auf ein Tarifmodell für die Nutzung (*SetTariff*) und das Abfragen des aktuell aktiven Tarifmodells (*GetTariff*) erlauben. Bei der Abfrage möglicher Tarifmodelle wird die Dienstkennung übergeben, als Rückgabe werden alle aktiven Tarifmodelle für diesen Dienst geliefert. Bei der Aktivierung eines Tarifmodells wird dann neben der Dienstkennung auch die Nutzerkennung und das Tarifmodell übermittelt. Als Rückgabe wird eine erfolgreiche oder fehlerhafte Tariffestsetzung geliefert. Bei der Abfrage des aktuell aktiven Tarifmodells wird nur die Dienstkennung und die Nutzerkennung benötigt, geliefert wird das entsprechende Tarifmodell mit den gesetzten Konditionen.

Als letzter Teilbereich ist die Kontenverwaltung zu betrachten. Um eine sichere Abrechnung zu garantieren, wird für jede Nutzung ein eigener Abrechnungskontext (*PayContext*) erzeugt. Dazu wird die Methode *CreatePayContext* etabliert, die die Nutzerkennung und die Dienstkennung übergeben bekommt und einen eindeutigen Abrechnungskontext zurückliefert. Um die Gültigkeit eines Abrechnungskontextes zu überprüfen, wird die Methode *VerifyPayContext* vorgehalten, die den Abrechnungskontext sowie die Dienstkennung nutzt, um zu überprüfen, ob der Kontext für die Abrechnung bei diesem Dienst gültig ist. Jeder Abrechnungskontext kann nur für eine einmalige Nutzung eines kommerziellen Web Services verwendet werden. Nach Durchführung der Belastung wird der übergebene Abrechnungskontext ungültig, so dass ein Missbrauch nicht möglich ist. Es muss somit für jede Dienstnutzung ein eigener

Abrechnungskontext angefordert werden. Daneben werden Funktionalitäten zum Belasten eines Kontos auf Basis des Abrechnungskontexts (*DebitAccount*), zum Abfragen des Kontostands (*GetAccountBalance*) und zum Abfragen der Nutzungsintensität (*GetAccountState*) vorgesehen. Diese bekommen entweder den Abrechnungskontext beziehungsweise die Nutzer- oder Anbieterkennung übergeben, und liefern entweder den Status der Belastung, den Kontostand oder aber die Kontenbewegungen zurück.

Um eine Weiterverwendung zu ermöglichen, werden diese aufgezeigten Methoden in drei Komponenten gekapselt. Es bietet sich an, eine Komponente vorzuhalten, die die kompletten Aufgaben für den Dienstanbieter vorhält. Diese Spezifikationskomponente übernimmt dann die Anbieter- und Dienstregistrierung sowie die Tariffestlegung und –änderung für die kommerziellen Dienste. Darüber hinaus wird eine Geschäftskomponente etabliert, die die Aufgaben des Dienstnutzers abdeckt. Sie übernimmt die Nutzerregistrierung sowie die Auswahl und Aktivierung von Diensten und Tarifen und bildet somit alle Aufgaben vor der eigentlichen Nutzung ab. Die für die Nutzung notwendigen Funktionalitäten werden in einer Einsatzkomponente gekapselt.[243]

In der Tabelle 11 werden die aus den Anforderungen resultierenden Funktionalitäten sowie die Zuordnung zu den Komponenten veranschaulicht.

Anforderung	**Methode**	**Übergabeparameter**	**Rückgabewerte**	**Realisierung in Komponente**
Nutzerverwaltung	ProviderSubscription	ProviderData	ProviderID	Spezifikationskomponente
	UserSubscription	UserData	UserID	Geschäftskomponente
	UpdateProviderData	ProviderData, ProviderID	True / False	Spezifikationskomponente
	UpdateUserData	UserData, UserID	True / False	Geschäftskomponente
Serviceverwaltung	ServiceSubscription	ServiceData, ProviderID	ServiceID	Spezifikationskomponente
	UpdateServiceData	ServiceData, ServiceID	True / False	Spezifikationskomponente
Kontenverwaltung	DebitAccout	PayContext	True / False	Einsatzkomponente
	GetAccountState	UserID oder ProviderID	Kontenbewegungen	Einsatzkomponente
	GetAccountBalance	UserID oder ProviderID	Kontostand	Einsatzkomponente
	CreatePayContext	UserID, ServiceID	PayContext	Einsatzkomponente
	VerifyPayContext	PayContext, ServiceID	True / False	Einsatzkomponente
Tarifverwaltung	EnableTariff	TariffID, ServiceID, Conditions	True / False	Spezifikationskomponente
	DisableTariff	TariffID, ServiceID	True / False	Spezifikationskomponente
	SetStandardTariff	TariffID, ServiceID	True / False	Spezifikationskomponente
	GetTariffInfo	ServiceID	Aktivierte Tarifmodelle	Geschäftskomponente
	SetTariff	UserID, ServiceID, TariffID	True / False	Geschäftskomponente
	GetTariff	UserID, ServiceID	TraiffID, Conditions	Geschäftskomponente

Tabelle 11: Methoden des Abrechnungsdienstes sowie Komponentenzuordnung

Um das Zusammenwirken der einzelnen Komponenten beim Abrechnungsdienst zu verdeutlichen, ist deren Zusammenspiel in der Abbildung 42 dargestellt.

[243] Vgl. Boles / Schmees (2003), S. 393ff.

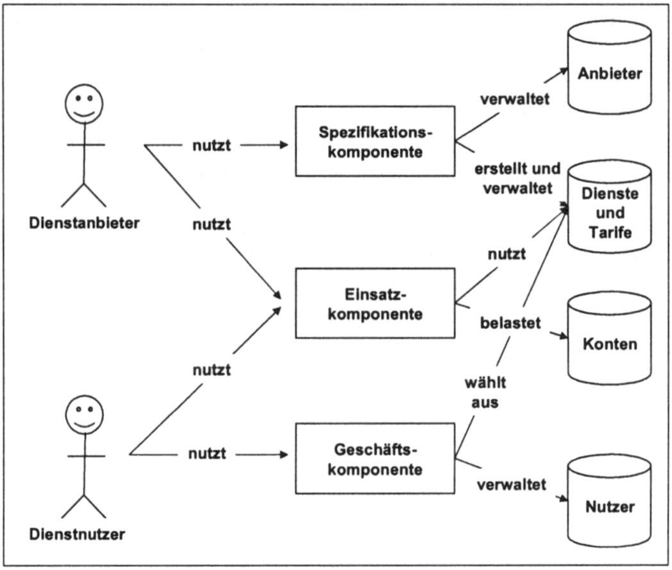

Abbildung 42: Zusammenspiel der Komponenten beim Abrechnungsservice

Nachdem nun die vorgehaltenen Funktionalitäten und die Art der komponentenweisen Realisierung erläutert worden sind, stellt sich in diesem Modell noch die Frage nach dem Zusammenwirken der einzelnen Methoden. Hierbei wird zur Verdeutlichung analog zur Aufteilung der Funktionalitäten in verschiedene Komponenten die Abrechnung in die fünf Phasen der Anbieterregistrierung, der Tariffestlegung, der Nutzerregistrierung, der Tarifauswahl und der Dienstnutzung zerlegt.

In der Anbieterregistrierungsphase muss der Dienstanbieter sich selbst und den kommerziellen Web Service beim Abrechnungsdienst anmelden. Dazu nutzt er die Methoden *ProviderSubscription* sowie *ServiceSubscription*. Diese Reihenfolge ist obligatorisch, da eine Serviceregistrierung nur mit einer gültigen Anbieterkennung möglich ist. In der Phase der Tariffestlegung aktiviert der Dienstanbieter die Tarifmodelle durch die Methode *EnableTariff* und legt mit Hilfe der Methode *SetStandardTariff* ein Standardtarifmodell für den Dienst fest. Die Reihenfolge ist obligatorisch, da ein Standardtarif nur auf einem aktiven Tarif beruhen kann. Diese beiden Phasen werden, wie bereits aufgezeigt, durch die Spezifikationskomponente abgedeckt.

In der Phase der Nutzerregistrierung meldet sich der Dienstnutzer analog zur Anbieterregistrierungsphase mit der Methode *UserSubscription* beim Abrechnungsdienst an. Danach legt der Dienstnutzer optional in der Phase der Tarifauswahl das von ihm gewünschte Tarifmodell für den kommerziellen Web Service fest. Hierzu nutzt er zuerst die Methode *GetTariffInfo* zur Informationsbeschaffung über mögliche Tarifmodelle und danach die Methode *SetTariff* zur Festlegung des Abrechnungstarifs. Diese beiden Phasen werden durch die Geschäftskomponente abgebildet.

In der Phase der eigentlichen Dienstnutzung verwendet der Dienstnutzer die Methode *CreatePayContext*, um sich einen gültigen Abrechnungskontext für die Nutzung des kommerziellen Web Service zu beschaffen. Danach nutzt der Dienstanbieter den angebotenen Dienst (*OfferedService)*, wobei der Name der Methode als Platzhalter zu verstehen ist. Dabei wird auf Dienstanbieterseite vor Erbringung der Dienstleistung überprüft, ob der übermittelte Abrechnungskontext aktiv und auch diesem Dienst zugeordnet worden ist. Vor der Übermittlung der Dienstleistung an den Dienstnutzer wird das Konto des Dienstnutzers entsprechend des Tarifs belastet und auf dem Konto des Dienstanbieters der entsprechende Betrag als Guthaben verbucht. Dazu wird die Methode *DebitAccount* des Abrechnungsdienstes genutzt. Danach übermittelt er das Ergebnis an den Dienstnutzer.

Die Registrierungsphasen sind nur einmalig vor der ersten Nutzung eines kommerziellen Web Services durchzuführen, die Phase der Tariffestlegung kann beliebig oft durchgeführt werden. Die Phase der Tarifauswahl findet lediglich optional statt und kann ebenfalls beliebig oft durchgeführt werden.

In der Abbildung 43 wird zur Verdeutlichung der obigen Ausführungen die fünf Phasen der Nutzung eines kommerziellen Web Services und somit das Zusammenspiel der aufgezeigten Methoden dargestellt.

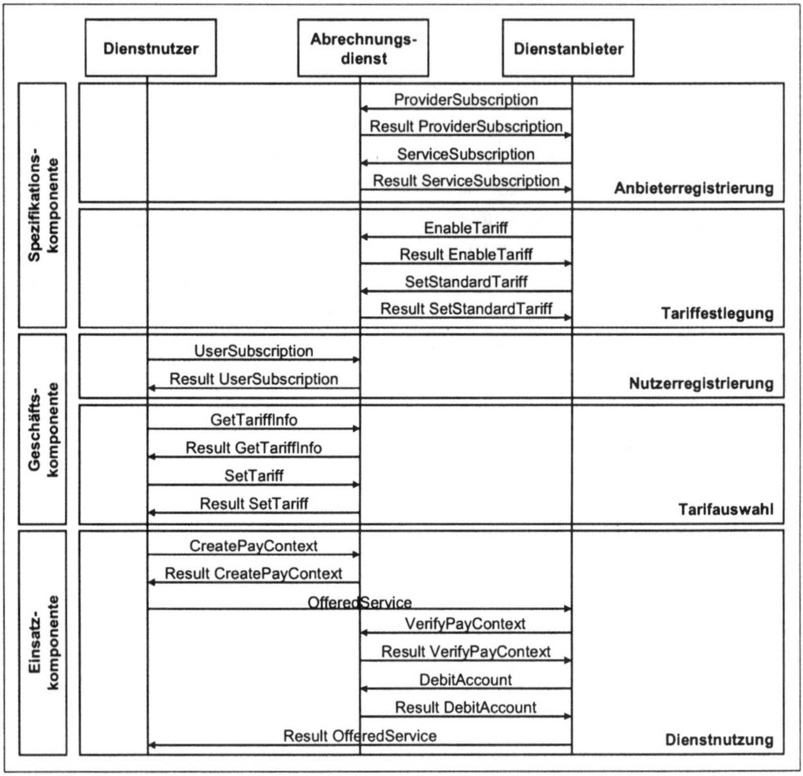

Abbildung 43: Zusammenspiel der Methoden bei der Abrechnung eines Web Services

Dieser Abschnitt hat die technische Konzeption und die notwendigen Methodenaufrufe sowie deren Reihenfolge bei der Abrechnung von kommerziellen Web Services ausführlich erläutert. Dabei hat der Fokus der Betrachtungen auf dem zu etablierenden zentralen Abrechnungsservice gelegen. Nachfolgend wird nun der Fokus auf die praktische Einbindung beim Dienstnutzer und beim Dienstanbieter verschoben. Es wird ein Umsetzungskonzept vorgestellt, welches weder Modifikationen der nutzenden Anwendung beim Dienstnutzer noch des Dienstes selbst beim Dienstanbieter nach sich zieht und somit keine Vorbedingungen für die beteiligten Parteien bei der Nutzung von kommerziellen Web Services stellt.

4.3.5 Praktische Einbindung des Abrechnungsdienstes

Nachdem die fachlichen Anforderungen und ein mögliches technisches Lösungskonzept für die Abrechnung kommerzieller Web Services vorgestellt worden sind, stellt sich nun die Frage noch der praktischen Integration in die Kommunikationsbeziehung zwischen dem Dienstnutzer und den Dienstanbieter.

Im Rahmen der Abrechnung von kommerziellen Web Services findet lediglich in der Phase der Dienstnutzung eine direkte Kommunikation zwischen dem Dienstnutzer und dem Dienstanbieter statt. Dabei werden die angebotenen Dienstfunktionalitäten durch den Dienstnutzer aktiviert (*OfferedService*). Die vorgelagerten Phasen der Anbieterregistrierung, der Tariffestlegung, der Nutzerregistrierung und der Tarifauswahl zeichnen sich nur durch eine Kommunikation zwischen dem Abrechnungsdienst und sowohl dem Dienstnutzer als auch dem Dienstanbieter aus. Da an dieser Stelle jedoch die praktische Integration in den Kommunikationsprozess zwischen Dienstnutzer und Dienstanbieter betrachtet werden soll, entfallen diese Phasen bei der nachfolgenden Betrachtung. Diese vorgelagerten Phasen können jedoch durch eine Webapplikation beim Abrechnungsdienstbetreiber umgesetzt werden, die jeweils die Funktionalitäten der Spezifikationskomponente für den Dienstanbieter sowie der Geschäftskomponente für den Dienstnutzer unter Einhaltung der aufgezeigten Reihenfolge der Funktionsaufrufe anbietet und den Zugriff auf die Funktionen über einen Webbrowser ermöglicht. Dies hat eine komfortable Nutzerinteraktion in den ersten vier Phasen einer Nutzung eines kommerziellen Web Services zur Folge. Die Webapplikation selbst könnte die Ablauflogik in einem Java Servlet kapseln, die Erzeugung der dynamischen Webseiten könnte unter Verwendung von Java Server Pages (JSPs) erfolgen. Die komplette Webapplikation sollte, um eine bessere Wartbarkeit und Erweiterbarkeit zu garantieren, nach dem Model-View-Controller-Designmuster (MVC-Pattern) aufgebaut sein.

Eine Analyse der Dienstnutzungsphase ergibt, dass bei jeder Dienstnutzung der aktive Abrechnungskontext zwischen dem Dienstnutzer und dem Dienstanbieter übertragen werden muss, damit eine korrekte Abrechnung der Inanspruchnahme der Dienstleistung erfolgen kann. Um diese Übertragung des Abrechnungskontextes zu gewährleisten, stehen prinzipiell die folgenden zwei Lösungsvarianten zur Verfügung:

1. Umsetzung der Übermittlung auf der Anwendungsebene
2. Umsetzung der Übermittlung im Kopf der SOAP-Nachricht

Bei der Umsetzung auf der Anwendungsebene wird der Abrechnungskontext als Parameter bei jedem Methodenaufruf dem Dienst übergeben. Daraus ergibt es sich, dass der Abrechnungskontext auf Seiten des Dienstnutzers in der den kommerziellen Web Service nutzenden Anwendung verwaltet werden muss. Auf der Seite des Dienstanbieters muss hingegen die Schnittstellensignatur der angebotenen Funktionalität um den entsprechenden zusätzlichen Parameter erweitert und auch die Verarbeitung des Parameters innerhalb der Funktionsausführung muss garantiert werden. Die Verifizierung des Abrechnungskontextes beim Abrechnungsdienst muss ebenfalls in die Ablauflogik des Dienstes eingebettet werden. Diese Sachverhalte ziehen unmittelbar eine Veränderung der Dienstimplementierungen nach sich.

Bei der zweiten Lösungsvariante wird der Abrechnungskontext in den Kopf der SOAP-Nachricht eingebettet. Für das Einfügen sowie für das Auswerten solcher Headerinformationen können so genannte Handler zum Einsatz kommen. Dabei sind Handler Softwarekomponenten, die ausgehende beziehungsweise eingehende SOAP-Nachrichten empfangen, Informationen innerhalb der Nachricht auswerten und dann die Nachricht an den eigentlichen Empfänger weiterleiten und somit zwischen den Kommunikationsfluss zweier Kommunikationspartner geschaltet werden.[244] Nachfolgend wird geprüft, inwieweit die Realisierung durch Handler für die eben diskutierte Problemstellung der Abrechnung von Web Services geeignet ist.

Für die konkrete Realisierung in dieser Dienstnutzungsphase können jeweils dienstspezifische Handler vorgesehen werden, die sowohl auf Dienstanbieter- als auch auf Dienstnutzerseite angesiedelt sind. Durch Auslagerung der handlerspezifischen Informationen in eine eigene Konfigurationsdatei kann zudem eine Wiederverwendung der konkreten Implementierung des Handlers bei Nutzung unterschiedlicher kommerzieller Dienste erreicht werden, da alle dienstspezifischen Informationen für den Handler in der Konfigurationsdatei niedergelegt sind. Dabei können bei der Nutzung kommerzieller Web Services folgende Handler zum Einsatz kommen:

1. **Handler zur Anforderungen des Abrechnungskontextes (Handler CreateContext)**: Dieser Handler kommt beim Dienstnutzer zum Einsatz und fordert einen gültigen Abrechnungskontext beim Abrechnungsdienst an. Dementsprechend beinhaltet seine Konfigurationsdatei neben der Nutzerkennung des Dienstnutzers auch die Dienstkennung des kommerziellen Web Services, da diese Informationen für die Generierung eines Abrechnungskontextes benötigt werden.

2. **Handler zur Verifizierung des Abrechnungskontextes (Handler VerifyContext)**: Dieser Handler kommt auf Dienstanbieterseite zum Einsatz. Vor der Durchführung und Erstellung der digitalen Dienstleistung überprüft dieser Handler, ob der übergebene Abrechnungskontext für den angeforderten Dienst gültig ist. Darüber hinaus dokumentiert der Handler den Abrechnungskontext sowie den Endpunkt des Senders, den er aus der SOAP-Nachricht extrahiert, in

[244] Vgl. hierzu die Ausführungen in Abschnitt 4.1.4.1.

einem geeigneten Speichermedium, damit dieser zur späteren Abrechnung der Dienstleistung dem dafür zuständigen und nachgelagerten Handler zur Verfügung steht. In der handlerspezifischen Konfigurationsdatei ist lediglich die Dienstkennung des kommerziellen Web Services vorzuhalten, da diese zur Verifizierung des übermittelten Abrechnungskontextes benötigt wird.

3. **Handler zur Veranlassung der Buchung beim Abrechnungsdienst (Handler DebitContext)**: Auch dieser Handler kommt ebenfalls beim Dienstanbieter zum Einsatz. Nachdem die digitale Dienstleistung erfolgreich erstellt worden ist, wird vor der Übermittlung der Dienstleistung die Buchung beim Abrechnungsdienst ausgelöst. Dazu greift der Handler auf die dokumentierten Abrechnungskontexte des Handlers *VerifyContext* zu, um den Abrechnungskontext für die erstellte Dienstleistung zu ermitteln. Die Auswahl des Abrechnungskontextes erfolgt auf Basis des Endpunktes des Empfängers, der eindeutig einen bestimmten Abrechnungskontext zuordnet. Somit benötigt dieser Handler keine Konfigurationsdatei, da keine handlerspezifischen Informationen zur Initialisierung des Handlers benötigt werden.

Die beiden Handler *VerifyContext* und *DebitContext* müssen immer paarweise auftreten, da die Wahl des Speichermediums für beide Handler relevant ist und dabei die beiden Handler an dieser Stelle konzeptionell ineinander greifen. Als Speichermedium kann beispielsweise eine Datenbank vorgesehen werden, die den Abrechnungskontext und den entsprechenden Endpunkt speichert. Eine Auslagerung dieser Informationen in eine Konfigurationsdatei ist aufgrund der speziellen Struktur dieser Informationen, die von der Wahl des Speichermediums abhängt, nicht sinnvoll und wird daher auch nicht angestrebt.

Die eigentliche Nutzung eines kommerziellen Web Services läuft dann wie folgt ab: Die nutzende Anwendung erstellt wie bisher die SOAP-Nachricht, die an den Dienst übermittelt wird, ohne auf abrechnungsspezifische Besonderheiten zu achten. Die ausgehende Nachricht wird dann auf Dienstnutzerseite von Handler *CreateContext* um den Abrechnungskontext ergänzt, den der Handler selbstständig beim Abrechnungsdienst anfordert und im Kopf der Nachricht platziert. Nach diesem Vorgang enthält die Nachricht somit alle für die Abrechnung notwendigen Informationen als auch alle Daten, die für die Dienstausführung nötig sind. Diese veränderte Nachricht wird an den Dienstanbieter übermittelt. Auf der Dienstanbieterseite wird durch den Handler *VerifyContext* der Abrechnungskontext sowie der Endpunkt des Senders aus der Nachricht extrahiert. Der Handler prüft dann den Abrechnungskontext auf Gültigkeit und dokumentiert sowohl den Kontext als auch den Endpunkt in einer Datenbank. Danach erstellt der Dienstanbieter die angeforderte Dienstleistung und generiert die entsprechende Nachricht an den Dienstnutzer. Diese wird vom Handler *DebitContext* empfangen, der dann durch Zugriff auf die niedergelegten Abrechnungskontexte die

Buchung beim Abrechnungsdienst veranlasst. Es findet durch diesen dritten Handler keine Modifikation der vom Dienst erstellten Nachricht statt. Anschließend wird die Dienstleistung an den Dienstnutzer übermittelt.

In der Abbildung 44 wird das Handlerkonzept für die Abrechnung von kommerziellen Web Services verdeutlicht. Es wird deutlich, dass Modifikationen weder an der Anwendung beim Dienstnutzer noch beim Web Service auf der Dienstanbieterseite vorgenommen werden müssen. Es muss lediglich beim Dienstanbieter ein geeignetes Speichermedium vorgehalten werden, welches die Abrechnungskontexte während der Erstellung der digitalen Dienstleistung zwischenspeichert.

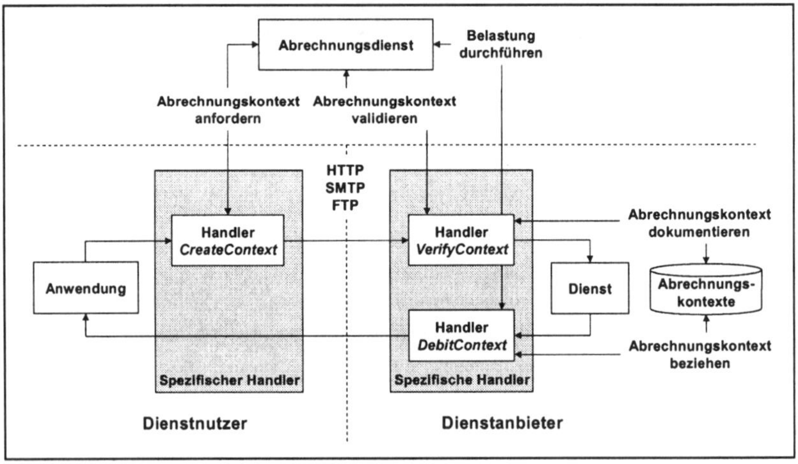

Abbildung 44: Handlerkonzept für die Abrechnung von Web Services

Nachdem nun ein mögliches Abrechnungskonzept für Web Services vorgestellt und erläutert worden ist, wird nachfolgend die Preisgestaltung der angebotenen kommerziellen Web Services näher betrachtet. Diese Frage ist eng mit den durch den Abrechnungsdienst vorgehaltenen Tarifmodellen verbunden, da diese die konkrete Abrechnung ermöglichen. Um die Zahlungsbereitschaft bei Web Services möglichst optimal auszuschöpfen, können so genannte Preisdifferenzierungsinstrumente eingesetzt werden. Diese werden nachfolgend nun auf ihre Eignung sowohl bei der Preisfestsetzung von Web Services als auch bei der Entwicklung von Tarifmodellen für den Abrechnungsdienst untersucht.

4.3.6 Preisdifferenzierungsmöglichkeiten bei kommerziellen Web Services

Der nachfolgende Abschnitt untersucht die Einsatzmöglichkeiten der Preisdifferenzierung bei kommerziellen Web Services. Dazu werden zunächst der Begriff der Preisdifferenzierung erläutert, die geeigneten Arten für die Bepreisung von Web Services vorgestellt sowie eine separate Eignungsprüfung durchgeführt. Eine abschließende Beurteilung führt die Ergebnisse zusammen.

4.3.6.1 Arten der Preisdifferenzierung

Der Begriff der Preisdifferenzierung, die in der Literatur auch unter dem Begriff der Preisdiskriminierung zu finden ist, bezeichnet im Allgemeinen den Verkauf von Outputeinheiten zu unterschiedlichen Preisen.[245] Das Ziel der Preisdifferenzierung ist die Optimierung der Preissetzung entsprechend der jeweiligen nutzerspezifischen Reservationspreise zur Abschöpfung der Konsumentenrendite.[246] Mit einem solchen Vorgehen wird eine bessere Ausschöpfung der Zahlungsbereitschaften bei den Konsumenten erreicht. Die Möglichkeiten zur Preisdifferenzierung eröffnen sich vor allem dann, wenn das nachgefragte Gut beziehungsweise die Dienstleistung über eine fallende Preis-Absatz-Funktion verfügt und der Verkäufer als Preissetzer tätig werden kann. Dies ist im Problemumfeld digitaler Dienstleistung auf Basis von Web Services der Fall. Dabei werden die Konsumenten durch den Dienstnutzer abgebildet, das zu erwerbende Gut ist die durch den Dienstanbieter offerierte digitale Dienstleistung.

Die Zahlungsbereitschaft für Dienstleistungen im Internet ist im Allgemeinen sehr gering, sie kann jedoch in einzelnen Segmenten erheblich größer ausfallen. Daher ist es sinnvoll, sich mit der Preisdifferenzierung zu beschäftigen und deren Eignung hinsichtlich der Bepreisung von Dienstleistungen auf Basis von Web Services zu beleuchten. Erschwerend kommt bei der Preisdifferenzierung im Internet hinzu, dass die Kunden dem Verkäufer nicht persönlich bekannt sind und somit keine individuelle Ansprache über die unterschiedlichen Preise erfolgen kann. Daher werden gerade in diesem Fall Preisdifferenzierungsstrategien empfohlen, die eine Selbstselektion des Preises durch den Konsumenten ermöglichen.[247]

In der betriebswirtschaftlichen Literatur werden verschiedene Formen der Preisdifferenzierung aufgeführt, jedoch lassen sich die persönliche, die regionale, die zeitliche, die quantitative und die qualitative Preissetzung als die wesentlichen Preis-

---

245 Vgl. Varian (1999), S. 411.

246 Unter dem Reservationspreis wird die maximale Zahlungsbereitschaft, also der Preis, den ein Konsument für den Erweb eines Gutes höchstens ausgeben würde, verstanden. Vgl. Gehrke / Burghardt / Schumann (2002), S. 3.

247 Vgl. Fritz (2000), S. 117.

differenzierungsmöglichkeiten identifizieren.[248] Des Weiteren kann die Substitution von fixen Kostenanteilen durch variable Kostenanteile auch als mögliches Preisdifferenzierungsinstrument angesehen werden, wodurch sich interessante Aussagen zur Preisfestsetzung bei digitalen Dienstleistungen ergeben. Diese Preisdiskriminierungsmöglichkeiten werden nachfolgend auf ihre Eignung für die Bepreisung von Web Services untersucht und eine Bewertung der Eignung anhand einer Skala in die Bereiche „ungeeignet", „mittel" und „gut" vorgenommen. Es wird dabei ebenfalls der Mehraufwand aufgezeigt, der durch den Einsatz der jeweiligen Instrumente entsteht sowie deren Einbindung in den zentralen Abrechnungsdienst diskutiert.

Persönliche Preisdifferenzierung

Die persönliche Preisdifferenzierung wird in der Literatur auch als Preissetzung dritten Grades bezeichnet.[249] Mit dieser Preissetzung wird der Sachverhalt ausgedrückt, ein Produkt gleicher Art zu unterschiedlichen Preisen innerhalb unterschiedlicher Kundengruppen zu verkaufen.[250] Als Beispiel können die öffentlichen Verkehrsmittel dienen, bei denen sich unter anderem die Preise von Tickets für Studenten und Rentner unterscheiden.

Im Zusammenhang mit digitalen Dienstleistungen auf Basis von Web Services wäre es denkbar, dass ein Dienstanbieter denselben Dienst unterschiedlichen Dienstnachfragergruppen zu unterschiedlichen Preisen anbietet. Dadurch könnten auch Dienstnutzergruppen mit einer geringen Zahlungsbereitschaft als Konsumenten gewonnen werden. Als Beispiel für die persönliche Preisdifferenzierung kann ein Dienst angeführt werden, der in der Lage ist, lineare Gleichungssysteme zu lösen. Dieser kann für Studenten bei der Verwendung innerhalb ihres Studiums kostenlos, für Firmen jedoch mit einem gewissen Entgelt angeboten werden. Problematisch ist jedoch meistens die Begründung des Preises für unterschiedliche Nachfragergruppen, da die Dienstleistung identisch ist. Darüber hinaus muss ein Nachweis geführt werden, ob ein Wirtschaftssubjekt die relevanten persönlichen Voraussetzungen erfüllt, um eine Zuordnung des potenziellen Konsumenten in eine Nutzergruppe zu erreichen.

Diese Art der Preisdifferenzierung ist für Dienstleistungen auf Basis von Web Services im Bezug auf die Eignung nur mit „mittel" einzustufen. Vor der Nutzung dieser Preisdifferenzierungsstrategie müssen zuerst einmal die Voraussetzungen geprüft werden, die die Zuordnung des Nutzers in eine bestimmte Nutzergruppe ermöglichen. Diese Prüfung ist somit mit Mehraufwand in Bezug auf die Abrechnung verbunden. Bei der Nutzung muss dann überprüft werden, welcher Nutzergruppe der Nutzer angehört. Der Preis für

---

[248] Vgl. Bea / Dichtl / Schweitzer (1985), S. 124ff.; Brandtweiner (2000), S. 92f.; Wöhe / Döring (1993), S. 721.
[249] Vgl. Varian (1999), S. 418ff.
[250] Vgl. Brandtweiner (2000), S. 93.

die Nutzung richtet sich dann nach der Gruppenzugehörigkeit. Nutzt man den zentralen Abrechnungsdienst, so kann diese Strategie mit relativ geringem Aufwand realisiert werden. Der Abrechnungsdienst muss lediglich ein Tarifmodell anbieten, welches eine Abrechnung anhand der Gruppenzuordnung zu unterschiedlichen Preisen ermöglicht. Zudem muss der Betreiber des Abrechnungsdienstes sich dazu bereit erklären, die in der Regel einmalige Zuordnung der Nutzer in festgelegte Nutzergruppe direkt nach der Nutzerregistrierung zu übernehmen.[251]

Regionale Preisdifferenzierung

Bei der regionalen Preisdifferenzierung wird das Produkt den Konsumenten anhand ihrer geografischen Lage und somit in Abhängigkeit des Kauf- beziehungsweise Nutzungsortes zu unterschiedlichen Preisen verkauft.[252] Hierbei wird jedoch der unterschiedliche Preis der Produkte durch unterschiedlich hohe Bereitstellungskosten begründet. Um die regionale Preisdifferenzierung durchzuführen, müssen separierbare Märkte vorliegen. Als Beispiel für die Anwendung dieser Preisdifferenzierungsstrategie können die unterschiedlichen Benzinpreise in den verschiedenen Regionen Deutschlands angeführt werden.

Diese Art der Preisdifferenzierung kann unter dem Fokus eines Angebots einer Dienstleistung auf Basis von Web Services keine Anwendung finden, da keine Marktseparierung vorgenommen werden kann und somit die Vorbedingung für die Anwendung der regionalen Preisdifferenzierung nicht erfüllt ist. Web Services nutzen Netzwerke und vorzugsweise das Internet und sind somit global zugänglich und aktivierbar. Somit ist die Eignung der regionalen Preisdifferenzierung bei Web Services mit „ungeeignet“ zu bewerten.

Zeitliche Preisdifferenzierung

Die zeitliche Preisdifferenzierung wird in der Literatur auch als Windowing bezeichnet. Darunter wird die Veränderung des Preises für ein Produkt in Abhängigkeit von der Zeit verstanden.[253] Dabei kann sich diese Segmentierung auf ganz unterschiedliche Zeitintervalle beziehen. Als Beispiel können die unterschiedlichen Preise in der Telekommunikationsbranche angeführt werden, die die Gebühren pro Abrechnungseinheit bei Telefonaten in Abhängigkeit von der Tageszeit festlegen.

---

[251] Vgl. Burghardt / Gehrke / Schumann (2003b), S. 78.
[252] Vgl. Brandtweiner (2000), S. 94.
[253] Vgl. Brandtweiner (2000), S. 95ff.

Auf der einen Seite ist es vorstellbar, ältere Versionen eines Web Services im Zeitablauf verbilligt anzubieten, wobei hierbei eine Überschneidung mit der qualitativen Preisdifferenzierung auftreten kann. Als Beispiel für die zeitliche Preisdifferenzierung kann ein Dienst zur Übermittlung eines Aktienkurses dienen. Nach der Übergabe der Wertpapierkennziffer wird der Kurs des entsprechenden Wertpapiers durch den Web Service ermittelt und zurückgeliefert. Um den Kassakurs zu erfahren, wird der Web Service kostenfrei angeboten, es wird jedoch ein Entgelt fällig für Kurse, die nur 15 Minuten verzögert oder die minutengenau übermittelt werden. Je zeitnäher dabei die übermittelten Kurse sind, umso höher fällt auch das Entgelt für diesen Dienst aus.[254] Die Dienste werden in diesem Beispiel einfach an verschiedenen Endpunkten angeboten und die eingeplante Verzögerung der übermittelten Kurse bei der Entwicklung des Dienstes berücksichtigt. Dies hat eine kleine Modifikation der Dienstimplementierung beim Dienstanbieter zur Folge.

Auf der anderen Seite ist es denkbar, analog zur Telekommunikationsbranche den Preis in Abhängigkeit der Tageszeit zu steuern, um dadurch beispielsweise Nachfrageverläufe innerhalb eines Tages zu glätten. Damit können eventuell auftretende Engpässe in Bezug auf die Kapazität des Dienstes oder auf die Belastung des genutzten Netzwerks kurzfristig umgangen werden, wenn die Nutzer aufgrund der Preisdifferenz ihr Nachfrageverhalten verändern.

Diese Art der Preisdifferenzierung kann bei Dienstleistungen auf Basis von Web Services prinzipiell eingesetzt werden, da lediglich bei der tageszeitabhängigen Bepreisung sich der Preis der Dienstleistung im Tagesablauf ändert. Um dies ermöglichen, müssen entsprechende Verfahren zur Preisfestlegung etabliert werden. Da nur diese eine Vorbedingung an die Abrechnung der Dienstleistung zu stellen ist, kann die Eignung dieses Preisdifferenzierungsinstruments mit „gut“ bewertet werden. Nutzt man den zentralen Abrechnungsdienst, so kann dieser ein Tarifmodell vorhalten, welches die tageszeitabhängige Bepreisung und Abrechnung von Nutzungen ermöglicht. Bei dieser zentralen Abrechnungsvariante stellt sich dann allerdings die Frage, welche Tageszeit zur Bestimmung des Preises genutzt wird. Denkbar sind hier die Systemzeiten beim Dienstnutzer, beim Dienstanbieter oder aber beim Abrechnungsdienst.

Quantitative Preisdifferenzierung

Die quantitative Preisdifferenzierung ist in der Literatur sowohl als Preissetzung 2. Grades als auch als nichtlineare Preissetzung bekannt.[255] Bei dieser Art der Preisdifferenzierung wird der Preis je Einheit eines Produkts nicht konstant gehalten,

---

[254] Vgl. Zerdick et al. (2001), S. 189.
[255] Vgl. Varian (1999), S. 414ff.

sondern er wird in Abhängigkeit von der abgenommenen Menge reduziert.[256] Als gängiges Beispiel kann der im Lebensmittelbereich übliche Zusammenhang zwischen Packungsgröße und Packungspreis angeführt werden. Je größer die Packungsgröße, desto niedriger ist der Preis für jede abgenommene Produkteinheit in der Packung. Somit werden also Mengenrabatte auf das zu erwerbende Gut ermöglicht.[257]

Bezogen auf das Angebot von digitalen Dienstleistungen auf Basis von Web Services wäre es hier denkbar, die Inanspruchnahme eines Dienstes in Abhängigkeit der bereits durchgeführten Nutzung innerhalb einer bestimmten Periode zu bepreisen. Eine degressive Preisfestsetzung wäre ebenfalls möglich. Hierbei wird der Preis pro Einheit mit jeder abgenommenen Einheit gesenkt. Somit nehmen die Grenzkosten mit zunehmender Beanspruchung des Gutes für den Nachfrager ab. Durch diese Vorgehensweise können mögliche Hemmschwellen bei der Nutzung des Web Services abgebaut werden, da aus Sicht des Nutzers auf jede weitere Anfrage an den Web Service ein Rabatt gewährt wird. Daher muss neben der obligatorischen Nutzeridentifikation zudem die Anzahl der bisherigen Nutzungen ermittelt werden, um den entsprechenden Rabatt zu gewähren.

Die Eignung dieses Instruments ist für den Einsatz bei Web Service Dienstleistungen nur mit „mittel“ zu bewerten, da bei jeder Aktivierung die Anzahl der bisherigen Nutzungen ermittelt werden muss und somit Vorbedingungen für den Einsatz einzuhalten sind. Wird die Abrechnung über den zentralen Abrechnungsdienst abgewickelt, so übernimmt dieser zu Abrechnungszwecken standardmäßig die Dokumentation von Nutzungen im Rahmen der anfallenden Kontenbuchungen. Es ist somit problemlos möglich, die bisherigen Nutzungen aus diesen Daten zu ermitteln. Somit sind beim Abrechnungsdienst lediglich entsprechende Tarifmodelle vorzuhalten, die diese Rabattmöglichkeiten unterstützen. Eine Anwendung der quantitativen Preisdiskriminierung ist dann problemlos möglich.

Qualitative Preisdifferenzierung

Die qualitative Preisdifferenzierung ist in der Literatur auch unter dem Begriff des Versioning bekannt.[258] Im Rahmen dieser Preisdifferenzierung werden unterschiedliche Varianten eines Produkts zu entsprechend unterschiedlichen Preisen angeboten, so dass Kundengruppen mit unterschiedlich hohen Zahlungsbereitschaften angesprochen werden.[259] Die preislich günstigeren Varianten beinhalten in der Regel eine entsprechend geringere Qualität beziehungsweise einen geringeren Funktionsumfang.[260] Somit ist eine

---

[256] Vgl. Brandtweiner (2000), S. 99f.
[257] Vgl. Varian (1999), S. 412.
[258] Vgl. Shapiro / Varian (1999a), S. 77f.
[259] Vgl. Varian (1999), S. 427.
[260] Vgl. Shapiro / Varian (1999b), S. 56ff.

qualitative Preisdifferenzierung eng mit einer Produktdifferenzierung verbunden.[261] Versioning wird dementsprechend eingesetzt, um dasselbe Produkt durch geringfügige Änderungen ökonomisch mehrfach zu verwerten. Fokussiert man dies auf digitale Produkte beziehungsweise Dienstleistungen, so wird das oft in der objektorientierten Welt zitierte Paradigma „Write once – use many times" über die technische Mehrfachverwertung hinaus auf die ökonomische Mehrfachverwertung ausgedehnt. Es wird dabei in der Regel das Produkt mit dem größten Funktionsumfang entwickelt und dies durch kleine Veränderung im Funktionsumfang angepasst, um Produkte geringerer Qualität zu bekommen. Ein Beispiel für eine solche Preisdifferenzierung wären Softwareanbieter, die ihre Produkte als Studenten-, Professional- und Premiumvarianten anbieten.

Bezogen auf Dienstleistungen auf Basis von Web Services wäre zum Beispiel bei einem Routenplaner der Einsatz dieser Preisdifferenzierung denkbar. Dieser liefert bei der Version mit dem größten Funktionsumfang eine Route mit detaillierter Wegbeschreibung und berücksichtigt dabei auch zeitnahe Staumeldungen und erarbeitet Umleitungsvorschläge. Andere Versionen werden dementsprechend um Teilfunktionalitäten ärmer angeboten und können in der einfachsten Version lediglich die sehr groben Eckpunkte einer Route liefern. Als eine besondere Form des Versioning kann das kostenlose Angebot einer bestimmten Dienstleistung dienen. Ein solches Angebot kann Informationsasymmetrien beseitigen und hilft somit, Nutzungshemmnisse zu verhindern beziehungsweise abzubauen. Außerdem dient eine solche Strategie der Nutzerbindung, da Nutzer, die potenziell auch eine Zahlungsbereitschaft für professionellere Versionen besitzen, sich auf diese Art mit der Dienstleistung vertraut machen können.

Eine solche Art der Preisdifferenzierung kann bei Web Services eingesetzt werden, da keine Vorbedingungen für die Abrechnung erfüllt werden müssen. Die angebotenen Dienstleistungen werden in Abhängigkeit von deren Funktionalität durch den Anbieter unter verschiedenen Endpunkten zur Verfügung gestellt und dort entsprechend bepreist. Somit werden analog zur zeitlichen Preisdiskriminierung keine Rahmenbedingungen an die Abrechnung durch die qualitative Preisdifferenzierung gestellt. Auch sind keine Vorbedingungen an die beim Abrechnungsdienst etablierten Tarifmodelle zu stellen. Die Eignung ist dementsprechend mit „gut" zu bewerten.

Substitution von Fixkosten durch variable Kosten

Die Erhebung von Fixkosten im Zusammenhang mit variablen Kosten stellt streng genommen keine Preisdifferenzierung dar, bietet jedoch trotzdem interessante Optionen

---

[261] Vgl. Brandtweiner (2000), S. 100.

der Preisgestaltung bei kommerziellen Web Services. In diesem Fall wird das gleiche Produkt zu unterschiedlichen Konditionen angeboten, aus denen sich der Konsument aufgrund individueller Optimalitätskalküle den für ihn optimalen Tarif auswählen kann. Die Tarife würden sich dann durch unterschiedliche fixe und variable Kostenanteile unterscheiden. Beispielsweise wäre es möglich, einen Tarif ohne Fixkosten, dafür aber mit höheren variablen Kosten anzubieten, während der andere Tarif Fixkosten, dafür aber geringere variable Kosten beinhaltet.

In der Abbildung 45 wird die Substitution von Fixkosten durch variable Kosten anhand von drei beispielhaften Tarifverläufen veranschaulicht. Alle drei dargestellten Kostenverläufe fußen auf dem gleichen Tarifmodell.

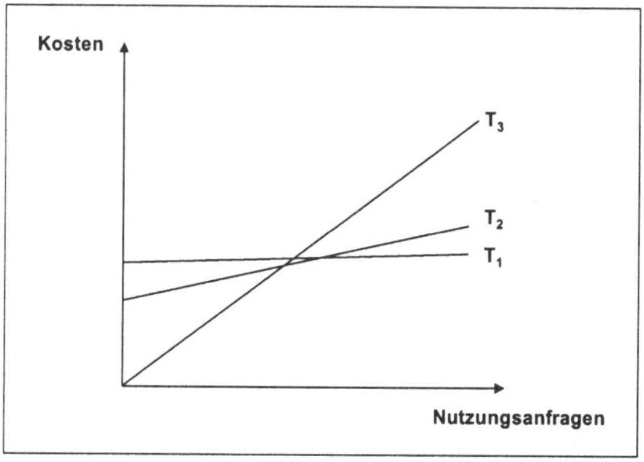

Abbildung 45: Unterschiedliche Tarifmodelle mit fixen und variablen Kostenanteil

Neben dieser Tarifstruktur sind aus dem Bereich der mobilen Telekommunikation viele andere Tarife bekannt, deren Adaption auf entsprechende Tarifmodelle bei Web Services möglich ist.

Um diese Preisdiskriminierungsstrategie anzuwenden, müssen analog zur quantitativen Preisdifferenzierung gewisse Vorbedingungen eingehalten werden. So muss dem Dienstnutzer die Möglichkeit eingeräumt werden, eine Auswahl aus den Tarifmodellen vorzunehmen. Bei jeder Dienstnutzung muss dann überprüft werden, welches Tarifmodell durch den Nutzer aktiviert worden ist. Auf Basis des aktiven Tarifmodells müssen dann die Kosten der Nutzung ermittelt werden. Somit ist aufgrund dieser Vorbedingungen die Eignung als „mittel" zu bewerten. Wird jedoch der zentrale Abrechnungsdienst zur Abrechnung der Dienstleistung genutzt, so können dort entsprechende Tarifmodelle mit unterschiedlichen Konditionen (fixer und variabler Kostenbetrag) vorgehalten werden. Da durch den Abrechnungsdienst sowohl die Auswahl eines Tarifmodells als auch die

Abrechnung auf Basis des aktiven Tarifmodells durchgeführt wird, ist dann eine Anwendung dieser Preisdiskriminierungsstrategie problemlos möglich.

4.3.6.2 Beurteilung

Eine abschließende Bewertung der aufgezeigten Preisdiskriminierungsstrategien ergibt, dass zwei Vorgehen für die Preisfestsetzung im Problembereich des Dienstleistungsangebots auf Basis von Web Services besonders gut geeignet und ohne erheblichen Mehraufwand auf Seiten des Dienstanbieters umsetzbar sind. Diese beiden Diskriminierungsverfahren stellen keine Rahmenbedingungen an die konkrete Abrechnung der Dienstleistungen. Somit sind diese beiden Modelle ohne Einschränkungen auch mit dem vorgestellten zentralen Abrechnungsdienst umsetzbar. Die Differenzierungsstrategien mit dem Bewertungsgrad „mittel" lassen sich beim Dienstanbieter nur mit erhöhtem Aufwand umsetzen. Nutzt man zur Abrechnung von Web Services den vorgestellten zentralen Abrechnungsdienst, so ist es möglich, dass der Abrechnungsdienst diese Konzepte umsetzt, indem er entsprechende Tarifmodelle vorhält und der Betreiber des Abrechnungsdienstes die aufgezeigten Zusatzaufgaben übernimmt. Die Realisierung beim zentralen Abrechnungsdienst ist einfacher möglich, da dort bereits für die Abrechnung und der dafür notwendige Verbuchung eine eindeutige Nutzeridentifikation vorgenommen wird. Auf Seiten des Dienstanbieters führt diese Art der Lösung zu keinem Mehraufwand und ermöglicht trotzdem den Einsatz der verschiedenen Preisdifferenzierungsinstrumente. Lediglich die regionale Form der Preisdifferenzierung ist als vollkommen ungeeignet für die Bepreisung von Web Services eingestuft worden. In der Tabelle 12 wird diese Beurteilung nochmals kurz übersichtlich dargestellt.

Differenzierungsstrategie	Eignungsbewertung für den Einsatz bei Web Services
Persönliche Preisdifferenzierung	mittel geeignet
Regionale Preisdifferenzierung	ungeeignet
Zeitliche Preisdifferenzierung	gut geeignet
Quantitative Preisdifferenzierung	mittel geeignet
Qualitative Preisdifferenzierung	gut geeignet
Substitution fixe / variable Kosten	mittel geeignet

Tabelle 12: Eignung von Preisdiskriminierungsstrategien für Web Services

Insbesondere bietet der Einsatz der Preisdifferenzierung in Verbindung mit der Nutzung des zentralen Abrechnungsdienstes Vorteile. Der Dienstanbieter muss sich weder um die

Abrechnung noch um die Etablierung von Preisdiskriminierungsverfahren kümmern, da diese alle beim Abrechnungsdienst in Form geeigneter Tarifmodelle vorgehalten werden. Er muss lediglich beim Einsatz der qualitativen beziehungsweise bei einem Teil der zeitlichen Preisdifferenzierung den Dienst an mehreren Endpunkten anbieten und somit mehrere Dienste mit verschiedenem Funktionsumfang beim Abrechnungsdienst registrieren. Für den Dienstnutzer wird durch diese Art der Organisation ein umfassende Selbstselektion aus der Tarifvielfalt bei den registrierten Diensten möglich, wie sie beim Vertrieb von digitalen Dienstleistungen im Internet angestrebt werden soll.[262] Darüber hinaus wird durch das breite Angebot möglicher Tarifmodelle, die der Abrechnungsdienst vorhält, die Akzeptanz des zentralen Abrechnungsdienstes gestärkt.

4.3.7 Zusammenfassung und Beurteilung

Der vorherige Abschnitt hat sich mit der Abrechnung von Web Services sowie mit einer Untersuchung der Eignung von Preisdifferenzierungsstrategien beschäftigt. Dazu wurden ausgehend von einer kurzen Problembeschreibung mögliche Organisationsformen für die Abrechnung bei der Erstellung digitaler Dienstleistungen aufgezeigt. Eine Abwägung ergab, dass die zentrale Abrechnung durch einen Dienstleister als die bessere der beiden Organisationsformen angesehen werden kann. Daraufhin wurde ein fachliches Konzept für einen solchen Abrechnungsdienst aufgezeigt und die konkrete technische Umsetzung erläutert. Da der zentrale Abrechnungsdienst unterschiedliche Tarifmodelle für die Abrechnung vorhalten muss, wurden verschiedene Preisdifferenzierungsinstrumente vorgestellt und diese hinsichtlich ihrer Eignung für die Bepreisung von Web Services untersucht.

Eine Bewertung des vorgestellten zentralen Abrechnungsdienstes ergibt folgendes Bild: Die Kosten einer Abrechnung weisen Transaktionskosten in der Nähe von Null auf, da die komplette Abrechnung vollautomatisiert bei jeder Nutzung eines kommerziellen Web Services durchgeführt werden kann. Es fallen lediglich Kosten für den Betreiber des zentralen Abrechnungsdienstes an. Durch die Bereitstellung der gesamten Abrechnungsfunktionalitäten auf Basis von Web Services wird eine einfache Integration des Abrechnungsmechanismus auch in andere Kontexte als die Abrechnung von Web Services ermöglicht. Zudem ist auch eine einfache Handhabung des Abrechnungsdienstes möglich, da bereits erworbenes Wissen über Web Services bei der Abrechnung von Dienstleistungen weiter genutzt werden kann. Da für das Clearing des Nutzerkontos beim Abrechnungsdienst beliebige Zahlungsverfahren zum Einsatz kommen können, weist der Abrechnungsdienst eine große Flexibilität in Bezug auf das Clearing auf. Die Auswahl der Zahlungsverfahren kann aus Sicht des Betreibers des Abrechnungsdienstes

[262] Vgl. Fritz (2000), S. 117.

beispielsweise anhand der Zahlungsfähigkeit des Dienstnachfragers eingeschränkt werden, um dadurch Zahlungsausfälle zu vermeiden. Eine hohe Skalierbarkeit ist durch den modularen Aufbau des Abrechnungsdienstes selbst gegeben. Werden durch den Abrechnungsdienst zudem eine Vielzahl von Tarifmodellen vorgehalten, kann eine flexible Abrechnung der Dienstnutzungen erfolgen, so dass dadurch auch eine hohe Akzeptanz des Abrechnungsdienstes durch die Nutzer zu erwarten ist.

Neben der Vorstellung des zentralen Abrechnungsdienstes, der die Bezahlung von digitalen Dienstleistungen auf Basis von Web Services ermöglicht, wurden zwei Integrationskonzepte aufgezeigt, die bereits existierende Dienste durch geringfügige Modifikationen in die Lage versetzen, an der Abrechnung teilzunehmen. Ein Vergleich der beiden Alternativen ergibt folgendes Bild:

Bei der einen Integrationsvariante wird die Einbindung des Abrechnungsdienstes durch eine Erweiterung der Schnittstellensignatur ermöglicht. Dabei wird neben den dienstspezifischen Parametern auch der aktive Abrechnungskontext bei der Dienstaktivierung übergeben. Diese Lösungsvariante zieht beim Dienstanbieter eine Modifikation an der Dienstimplementation nach sich, da der zusätzliche Parameter verarbeitet werden muss. Dem Dienst obliegt somit selbst die Aufgabe, die Abrechnung beim Abrechnungsdienst vorzunehmen, indem er die entsprechenden Funktionalitäten des Abrechnungsdienstes nutzt. Beim Nutzer muss dementsprechend ebenfalls die den Dienst nutzende Anwendung modifizieren, da diese den aktiven Abrechnungskontext beim Abrechnungsdienst anfordern und bei der Dienstaktivierung übergeben muss. Da jedoch weder beim Dienstanbieter noch beim –nutzer spezielle Anforderungen an die Verarbeitung der SOAP-Nachricht gestellt werden, wird die Interoperabilität des Dienstes durch diese Lösungsvariante nicht eingeschränkt.

Die zweite Variante basiert auf dem Handlerkonzept. Dabei übernehmen Handler die Aufgabe der Übermittlung des aktiven Abrechnungskontextes, die in den Kommunikationsfluss zwischen SOAP-Server und SOAP-Client geschaltet werden. Dabei erhält der Handler den aktiven Abrechnungskontext automatisiert vom Abrechnungsdienst und reichert die Nachricht mit diesen Informationen an. Beim Dienstanbieter wird der aktive Abrechnungskontext extrahiert, auf Gültigkeit validiert und dann für die Abrechnung genutzt. Diese Aufgaben werden komplett von den Handlern auf Anbieterseite übernommen. Wird diese Lösungsmöglichkeit umgesetzt, so sind weder an der Anwendung beim Dienstnutzer noch an der Dienstimplementierung beim Dienstanbieter Veränderungen vorzunehmen. Da jedoch entsprechende Handler auf beiden Seiten vorausgesetzt werden, wird eine bestimmte Verarbeitung der SOAP-Nachricht implizit verlangt. Dadurch wird die Interoperabilität bei Umsetzung dieser Lösungsvariante eingeschränkt. Da jedoch bereits heute eine Vielzahl von Applikationsservern dieses Handlerkonzept unterstützt und zumindest beim

Dienstanbieter Applikationsserver für das komfortable Anbieten von Web Services vorgehalten werden, scheint eine Etablierung des Konzepts durchaus möglich.

Eine Empfehlung für eine der beiden Lösungsvarianten kann somit nicht gegeben werden, da beide Varianten Vorteile aufweisen. Bei der ersten wird eine hohe Interoperabilität erzielt, hingegen wird bei der zweiten der Änderungsaufwand an den vorgehaltenen Implementierungen minimiert, so dass eine Einzelfallentscheidung zu treffen ist. Dieses Konzept und somit der Abrechnungsdienst wurden prototypisch realisiert, so dass dadurch die praktische Umsetzbarkeit des Konzepts bewiesen werden konnte.[263]

4.4 Workflows

Neben der eben abgehandelten Fragestellung nach der Abrechnung von Web Services fokussiert dieser Abschnitt den Themenbereich der Komposition von Web Services zu einem Super Service und somit eine eher konzeptionelle Fragestellung. Einleitend wird die Problemstellung anhand eines Beispiels demonstriert und erläutert. Daran anschließend werden mögliche Organisationsformen für Workflows gegenübergestellt. Als Ergebnis einer Beurteilung der aufgezeigten Organisationsvarianten ergibt sich die Anforderung an einen zentralen Workflow-Ausführungsservice. Dieser wird dann sowohl aus fachlicher als auch aus technischer Sicht vorgestellt. Der Workflow-Ausführungsservice unterstützt die Kombination von Web Services und somit die Bildung von Workflows. Der Abschnitt schließt mit einer Zusammenfassung und einer Beurteilung.

4.4.1 Problemstellung

Um die Problemstellung zu verdeutlichen, wird ein vereinfachtes Beispiel diskutiert. Im Rahmen einer fachlichen Modellierung ist ein zu etablierender Dienstleistungsprozess bestimmt worden, der die Buchung eines Seminars mit Sonderleistungen realisiert. Dieser Dienstleistungsprozess und somit die abzuwickelnde Gesamtaktivität setzt sich aus den Einzelaktivitäten „Buchung des Seminars“ (Kernleistung), „Buchung einer Hin- und Rückfahrt“ und „Buchung eines Hotels am Seminarort“ (Sonderleistungen) zusammen. Bei der Betrachtung der zeitlichen Abfolge der Einzelaktivitäten ergibt sich aus fachlicher Sicht eine lineare und damit zeitliche nachgelagerte Abwicklung, da beispielsweise die Aktivität „Buchung des Seminars“ Rahmenbedingungen in Form von

---

[263] Vgl. Späth (2003).

Seminarort sowie Seminarbeginn und Seminarende für die Aktivität „Buchung einer Hin- und Rückfahrt" vorgibt. Diese Aktivität wiederum setzt entsprechende Eckpunkte für die Aktivität „Buchung eines Hotels".

Die Abbildung 46 veranschaulicht diese fachliche Sicht auf den Super Service. In der Abbildung sind sowohl quantitative und inhaltliche Relationen als auch die zeitliche Abfolge der beteiligten Dienste entsprechend dargestellt.[264]

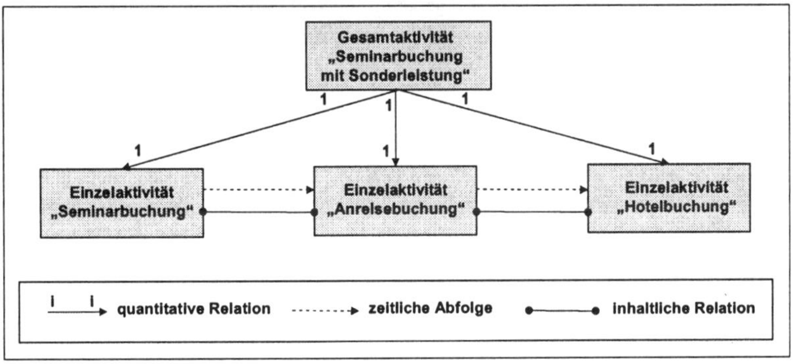

Abbildung 46: Fachliche Modellierung von Super Services

Aus dieser fachlichen Sicht des Super Service wird die technische Sicht des Dienstleistungsprozesses abgeleitet. Jede Einzelaktivität im Rahmen einer Umsetzung wird in Anlehnung an die serviceorientierte Architektur durch spezielle Softwarekomponenten abgebildet, die die notwendige Funktionalität kapseln. Diese Komponenten stellen ihre Funktionalitäten über Web Services potenziellen Nutzern zur Verfügung. Jede Einzelaktivität wird somit durch einen ausgewählten Dienstanbieter erbracht, der die geforderte Dienstleistung auf Basis eines Web Services offeriert. Um die jeweiligen Kernfunktionalitäten der einzelnen Aktivitäten zu gewährleisten, erwarten sowohl der Super Service als auch die daran beteiligten Softwarekomponenten verschiedene Ein- und Ausgabeparameter, wobei die Parameter der eingebundenen Dienstleistungen von der entsprechenden Implementierung der genutzten Dienste abhängig sind. Auf dieses Beispiel bezogen erwartet der Super Service beispielsweise als Eingabeparameter die Seminarnummer sowie die gewünschte Hotelkategorie und den Abfahrtsort. Diese Daten werden vom Kunden entweder durch eine Integration des Super Services in die eigene Infrastruktur oder aber durch ein entsprechendes Webinterface bereitgestellt. Der Service „Buchung des Seminars" erwartet die Seminarnummer als Eingabe und liefert als Rückantwort eine Bestätigung der Seminarbuchung und zur Kontrolle den Beginn- und Endtermin des Seminars sowie den Seminarort. Der Dienst „Buchung der Hin- und

[264] Vgl. zur gewählten Modellierung Bodendorf / Schobert (2003), S. 43ff.

Rückfahrt" erwartet den Abfahrts- und Zielort sowie die späteste Ankunfts- und frühstmögliche Abreisezeit am Zielort als Eingabe und liefert als Antwort die An- und Abreisetermine am Abfahrts- und Zielort sowie eine Buchungsbestätigung. Der Dienst „Buchung des Hotels" erwartet als Eingabe die Hotelkategorie, den Ort sowie den Anreise- und Abreisetag, als Antwort wird eine Buchungsbestätigung des Hotels mit Adresse sowie der Anreise- und Abreisetag übermittelt. Der Super Service übermittelt bei erfolgreicher Gesamtbuchung eine Buchungsbestätigung an das Webinterface beziehungsweise an die aufrufende Anwendung.

Das Beispiel zeigt, dass die Eingabewerte der einzelnen Web Services mit Eingabewerten des Super Services oder Rückgabewerten zeitlich vorgelagerter Dienste gefüllt werden. Diese Eingabewerte sind also die Rückgabewerte der vorgelagerten Komponente, so dass innerhalb des Workflows eine Zuordnung von Rückgabewerten auf Eingabewerte der beteiligten Web Services stattfindet muss. Dieser Sachverhalt wird auch als Mapping der Daten bezeichnet.

Die Abbildung 47 zeigt den dargestellten Super Service aus einem technischen Blickwinkel. Um die Übersichtlichkeit zu wahren, werden die jeweiligen Eingabeparameter (E) sowie die Ausgabeparameter (A) in entsprechende Container zusammengefasst. Die Indizierung der Eingabe- und Ausgabeparameter erfolgt nach folgendem System. Der erste Index dient der eindeutigen Zuordnung des Parameters zum Super Service beziehungsweise zu den beteiligten Diensten. Der zweite Parameter kennzeichnet die Position des Parameters innerhalb des Dienstaufrufs. Das angesprochene Datenmapping wird durch gestrichelte Pfeile angedeutet. Die zeitlich nachgelagerte Ausführungsreihenfolge der einzelnen Dienste wird entsprechend mit dicken Pfeilen visualisiert.[265]

[265] Vgl. Burghardt et al. (2003a), S. 62.

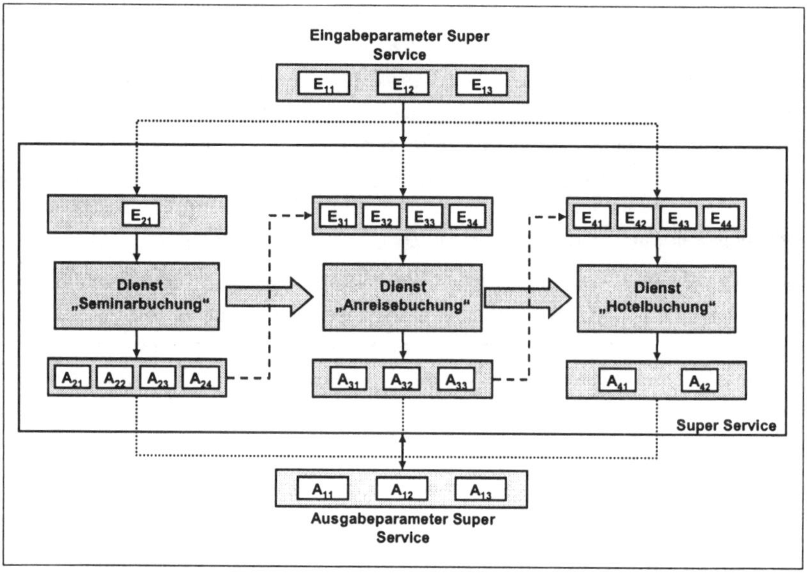

Abbildung 47: Technische Darstellung der Problemstellung bei der Komposition von Web Services

Aus diesen Ausführungen ergeben sich zwei Aspekte, die bei der Erstellung von Super Services und somit bei der Komposition von Web Services abgedeckt werden müssen. Auf der einen Seite stellt sich die Frage nach der Organisation der Ausführung von Workflows, wobei die Ausführung durch so genannte Workflow-Engines gesteuert wird. Auf der anderen Seite - eng mit diesem ersten Aspekt verzahnt - ist die Fragestellung nach der Beschreibung der Workflows selbst. Bei der Beschreibung sind sowohl die zeitliche Reihenfolge der Ausführung, in diesem Beispiel linear, als auch die Beziehung der beteiligten Web Services untereinander im Hinblick auf den Informationsfluss zu hinterlegen. Es wird also eine modellhafte Beschreibung realer Sachverhalte vorgenommen. Diese Abbildung wird als Workflowspezifikation bezeichnet und in einem so genannten Workflow-Schema niedergelegt. Das Workflow-Schema bildet somit die Schablone für die Bildung von Workflow-Instanzen und somit für die Abwicklung konkreter Ausführungen des Super Service. Diese beiden Fragestellungen werden nachfolgend diskutiert. Zudem wird ein Workflow-Ausführungsservice sowohl aus fachlicher als auch aus technischer Sicht vorgestellt, der die Abwicklung von Workflows auf Basis von Web Services unterstützt.

4.4.2 Organisation von Workflows

Eine Analyse möglicher Organisationsformen von Workflows auf Basis von Web Services ergibt, dass prinzipiell die dezentrale Organisationsvariante von der zentralen Variante zu unterscheiden ist. Diese beiden Varianten werden nachfolgend erläutert und anschließend einer Bewertung unterworfen, um eine dieser Organisationsformen für die nachfolgenden Betrachtungen als Rahmenbedingung vorzugeben. Für diese wird dann ein entsprechendes Lösungskonzept erarbeitet.[266]

Bei der dezentralen Organisationsform werden die einzelnen Aktivitäten des Workflows ausgehend von einem Auslöser sequenziell hintereinander geschaltet. Alle für die Ausführung der einzelnen Web Services benötigten Daten müssen deswegen von Web Service zu Web Service übertragen werden. Darüber hinaus wird das komplette Workflow-Schema von Aktivität zu Aktivität übermittelt. Der Informationsfluss beginnt und endet also beim Auslöser des Workflows und durchläuft die am Workflow beteiligten Aktivitäten in der spezifizierten Reihenfolge. Die Ergebnisse, die durch die Abwicklung einer Aktivität generiert werden, werden ebenfalls entlang des Workflows übermittelt und können bei nachgelagerten Aktivitäten als Eingabewerte genutzt werden. Erst die letzte Aktivität im Workflow übermittelt dann alle Daten und die erzielten Ergebnisse an den Auslöser zurück. Für die Einhaltung der im Workflow-Schema hinterlegten Ausführungsreihenfolge der beteiligten Aktivitäten ist jede Aktivität selbst verantwortlich. Eine Rückkopplung mit dem Auslöser des Workflows findet in der Regel in dieser dezentralen Ausführungsorganisation während der Ausführung nicht statt, es werden lediglich Fehler, die den Abbruch einer Ausführung zur Folge haben, dem Auslöser mitgeteilt. Dieser Lösungsansatz wird als „Choreography Approach" bezeichnet.

Bei der zentralen Organisationsform bildet der Auslöser des Workflows das Zentrum der Abwicklung der einzelnen Aktivitäten. Der Auslöser übermittelt die zur Ausführung einer Aktivität notwendigen Daten an die betroffene Aktivität, die Ergebnisse werden direkt an den Auslöser zurückgemeldet. Für die Einhaltung der im Workflow-Schema hinterlegten Reihenfolge ist somit der Auslöser des Workflows verantwortlich, der die Rolle eines Koordinators in der Workflow-Abwicklung übernimmt. Daher wird dieser zentralisierte Lösungsansatz als „Orchestration Approach" bezeichnet, da der Koordinator die Rolle eines Dirigenten einnimmt und die beteiligten Aktivitäten zur Ausführung ihrer Funktionalität auffordert.

In der Abbildung 48 werden diese beiden verschiedenen Konzepte der Ausführungsorganisation von Workflows visualisiert. Die Informationsflüsse werden durch die Pfeile dargestellt, die die Aktivitäten untereinander verbinden. Die Nummerierung der Aktivitäten gibt die angestrebte Ausführungsreihenfolge wieder.

---

[266] Vgl. zu den nachfolgenden Ausführungen Burghardt et al. (2003a), S. 63ff.

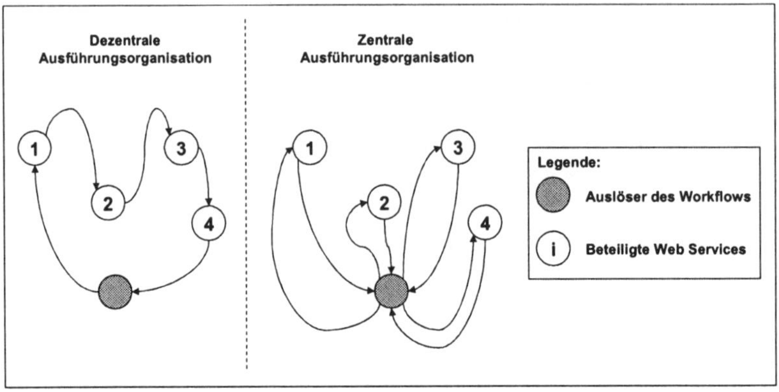

Abbildung 48: Allgemeine Konzepte für die Ausführung von Workflows von Web Services

Durch die nun folgende Bewertung der beiden Organisationsvarianten wird eine Idealform für die Ausführungsorganisation von Workflows ermittelt, die als Rahmenbedingung für das in den nachfolgenden Abschnitten vorgestellte Lösungskonzept dienen wird.

Die dezentrale Ausführungsorganisation zeichnet sich durch eine kleine Anzahl von zu übertragenden Nachrichten während der Ausführung des Workflows aus. Jedoch ist das Nachrichtenvolumen durch die Übertragung aller relevanten Informationen inklusive des Workflow-Schemas von Aktivität zu Aktivität und somit von Web Service zu Web Service deutlich größer als bei einer zentralen Ausführungsorganisation, da dort nur die für die Ausführung der angesprochenen Aktivität notwendigen Informationen übertragen werden und die Übertragung des Workflow-Schemas entfällt.

Die Interpretation des Workflow-Schemas wird durch eine Workflow-Engine ermöglicht, die die dafür notwendigen Funktionalitäten bereitstellt. Diese Workflow-Engine wird bei einer zentralen Ausführungsorganisation beim Auslöser vorgehalten. Der Auslöser ist für die korrekte Abwicklung des Workflows und für die Einhaltung der im Workflow-Schema hinterlegten Informationen verantwortlich. Bei der dezentralen Ausführung muss eine solche Workflow-Engine bei jeder Aktivität vorgehalten werden, da das Workflow-Schema zwischen den beteiligten Aktivitäten übertragen wird und die Interpretation und die Verantwortung für die korrekte Abwicklung des Workflows durch jede Aktivität wahrgenommen werden muss. Somit muss jede Aktivität in einem dezentralen Ausführungskonzept nicht nur ihre eigentliche Dienstleistung erbringen, sondern für diese Aufgabe auch geeignete Zusatzfunktionalitäten bereitstellen.

Um die Abwicklungszeiten von Workflows zu verkürzen, wird die Parallelisierung der Aktivitäten innerhalb der Workflows angestrebt. Bei einer dezentralen Ausführung ist diese Parallelisierung von Aktivitäten nur schwer zu erzielen, da das Zusammenführen der Informationsflüsse nach der parallelen Abarbeitung erfolgen muss. Für einen solchen Fall muss bei jeder Aktivität eine Funktionalität vorgehalten werden, die eine solche Zusammenführung regelt, so dass auch hier neben der eigentlichen Dienstleistung weitere Zusatzanforderungen zu erfüllen sind. Bei einer zentralen Ausführungsinstanz ist eine Parallelisierung einfach umsetzbar, da die erforderliche Zusatzfunktionalität nur beim Auslöser vorgehalten werden muss und dieser immer durch die Rückmeldung der Ergebnisse der Aktivitäten über den aktuellen Bearbeitungsstand des Workflows informiert ist.

Darüber hinaus ist bei der zentralen Organisation durch die Bündelung der Informationsflüsse beim Auslöser eine ausführliche Fehlerbehandlung möglich, da der Auslöser jederzeit in Kenntnis des Ausführungsgrads des Workflows als auch der erzielten Zwischenergebnisse ist. Bei einer dezentralen Organisationsform ist eine Fehlerbehandlung nur sehr aufwendig umsetzbar, da auch diese bei allen beteiligten Aktivitäten in spezifischer Form vorgehalten werden muss. Somit kommen auch auf den Dienstanbieter entsprechende Zusatzanforderungen zu. In der Tabelle 13 werden die beiden Ausführungsformen und deren Bewertungen gegenübergestellt.

Dezentrale Ausführungsorganisation	Zentrale Ausführungsorganisation
• kleine Anzahl von Nachrichten • hohes Nachrichtenvolumen • zusätzliche Funktionalitäten beim Dienstanbieter • Problem der Parallelisierung • eingeschränkte Fehlerbehandlung	• große Anzahl von Nachrichten • kleines Nachrichtenvolumen • Konzentration des Dienstanbieters auf seine Kernkompetenzen • einfache Parallelisierung von Abläufen • einfache Fehlerbehandlung

Tabelle 13: Gegenüberstellung möglicher Ausführungsorganisationen bei Workflows

Zusammenfassend lässt sich festhalten, dass bei einer zentralen Ausführungsorganisation sowohl die Workflow-Engine, die die Abwicklung des Workflows steuert, als auch die aufgezeigten Zusatzanforderungen in Form einer Fehlerbehandlung sowie der Parallelisierung von Aktivitäten an zentraler Stelle vorgehalten werden müssen. Es sind somit keine redundanten Funktionalitäten bei den beteiligten Aktivitäten bereitzustellen, so dass sich die zugehörigen Dienstanbieter auf die Durchführung ihrer Dienstleistung konzentrieren können. Somit wird nachfolgend eine solche zentrale Organisationsform in den Fokus der Betrachtungen gestellt.

4.4.3 Fachliche Anforderungen an den Workflow-Ausführungsservice

Der vorige Abschnitt zeigt, dass eine zentrale Abwicklung von Workflows im Rahmen einer Bewertung der vorgestellten Organisationsvarianten favorisiert wird. Daher wird nachfolgend ein mögliches Lösungskonzept in Form eines zentralen Workflow-Ausführungsservice sowohl aus fachlicher als auch aus technischer Sicht beschrieben. Dieser Workflow-Ausführungsservice übernimmt die Aufgabe der zentralen Spezifikation und Abwicklung von Workflows auf Basis von Web Services und stellt die dafür benötigten Funktionalitäten bereit.

Im Rahmen des Software Engineerings wird zwischen funktionalen und nichtfunktionalen Anforderungen unterschieden. Dabei werden unter funktionalen Anforderungen die Leistungen des Systems und somit die angebotenen Dienste verstanden. Zudem wird die Reaktion des Systems auf Benutzereingaben unter den funktionalen Anforderungen subsumiert.[267] Nichtfunktionale Anforderungen umfassen Aspekte, die die Qualität der Realisierung der funktionalen Anforderungen erhöhen beziehungsweise unterstützenden Charakter haben.[268] Dazu zählen beispielsweise die Unterstützung von verteilten heterogenen Einsatzumgebungen, die Verfügbarkeit, die Skalierbarkeit oder das Antwortzeitverhalten des Systems.[269] Diese Anforderungen werden an dieser Stelle nicht weiter vertieft, da ein Konzept für einen Workflow-Ausführungsservice vorgestellt wird, welcher die Realisierung von Workflows von Web Services gestattet. Jedoch werden diese nichtfunktionalen Anforderungen beim späteren Systemdesign oder bei einer späteren Optimierung des Systemdesigns berücksichtigt.

Da es sich bei dem Lösungskonzept prinzipiell um ein Workflow-Management-System für Web Services handelt, lassen sich die funktionalen Anforderungen aus den entsprechenden Anforderungen an Workflow-Management-Systeme ableiten und dabei in zwei essenzielle Bereiche untergliedern. Zum einen muss ein Workflow-Ausführungsservice in der Lage sein, ein Workflow-Schema korrekt zu implementieren und umzusetzen. Ein Workflow-Schema bildet somit den kompletten Workflow, also die Reihenfolge der Ausführung der beteiligten Aktivitäten und den Informationsfluss zwischen den Aktivitäten und damit deren Beziehungen innerhalb des Workflows ab. Der Informationsfluss kann dabei in den Nachrichten-, Daten- und Kontrollfluss zerlegt werden. Zum anderen sind entsprechende Anwenderschnittstellen bereitzustellen, über die beispielsweise die Entwicklung und die Bearbeitung von Workflow-Schemata möglich ist und auf die entsprechende Werkzeuge aufsetzen können. Diese beiden Bereiche werden nachfolgend konkretisiert.

Im Bereich der Umsetzung eines Workflow-Schemas lassen sich vier Aspekte identifizieren, die für die Abbildung von Workflows relevant sind:[270]

---

[267] Vgl. Sommerville (1985), S. 21.
[268] Vgl. Burghardt et al. (2003a), S. 65.; Schuster (1998), S. 16.
[269] Vgl. Heinl / Schuster (1997), S. 219ff.; Sommerville (1985), S. 35ff.
[270] Vgl. Burghardt et al. (2003a), S. 65f.; Schuster (1998), S. 17.

- **Funktionsaspekt:** Der Funktionsaspekt definiert die einzelnen Aktivitäten, die durch den Workflow-Ausführungsservice bei der Abwicklung eines konkreten Workflows durchzuführen sind. Dabei werden die einzelnen Aktivitäten, die am Workflow beteiligt sind, durch entsprechende Softwarekomponenten und somit durch Web Services realisiert.

- **Verhaltensaspekt:** Der Verhaltensaspekt legt die Reihenfolge der Aktivitäten innerhalb des Workflows fest. Durch diese Festlegung wird der Nachrichtenfluss definiert, da dieser entlang der festgelegten Reihenfolge stattfindet. Bei der Realisierung von Workflows von Web Services fällt in diesem Bereich die Konkretisierung der Ausführungsreihenfolge der einzelnen beteiligten Web Services an.

- **Informationsaspekt:** Der Informationsaspekt umfasst eine Verfeinerung des im Verhaltensaspekt vordefinierten Nachrichtenflusses. Es findet unter dem Informationsaspekt die Abbildung der für den Workflow und für die beteiligten Aktivitäten relevanten Daten sowie der Datenflüsse zwischen den einzelnen Aktivitäten statt. In diesem Bereich werden die Eingabe- und Ausgabeparameter der beteiligten Web Services untereinander verknüpft. Zusätzlich findet eine Zuordnung der für den Workflow relevanten Anwenderdaten statt.

- **Organisationsaspekt:** Der Organisationsaspekt ordnet die am Workflow beteiligten Aktivitäten speziellen Akteuren zu und definiert somit die Zuständigkeit für die Ausführung einer Aktivität. Da die am Workflow beteiligten Aktivitäten von Web Services durchgeführt werden, übernimmt der jeweilige Dienstanbieter die Rolle des zuständigen Akteurs. Die Zuordnung geschieht also implizit mit der Auswahl des genutzten Dienstes.

Im Bereich der Anwenderschnittstellen lassen sich die notwendigen Schnittstellen von den entsprechenden Benutzergruppen ableiten. Als Benutzergruppen lassen sich traditionell Endanwender, Entwickler und Administratoren identifizieren. Daraus ergeben sich dann die nachfolgenden Schnittstellen:[271]

- **Endanwenderschnittstellen:** Die Endanwenderschnittstellen ermöglichen die Kommunikation des Endanwenders mit dem System und somit die Abarbeitung einer zugeordneten Aufgabe. Bei der Komposition von Web Services löst, wie im Beispiel dargestellt, der Endanwender den Super Service aus. Jedoch bleibt der Aufbau des Super Service dem Endanwender verborgen. Eine Interaktion mit dem Endanwender findet während der Ausführung des Workflows in der Regel nicht statt.

---

[271] Vgl. Burghardt et al. (2003a), S. 66.; Itter (1999), S. 175ff; Schuster (1998), S. 19.

- **Entwicklerschnittstellen:** Die Entwicklerschnittstellen ermöglichen das Erstellen und das Überprüfen sowie das Optimieren von Workflow-Schemata. Diese Aufgabe wird bei der Komposition von Web Services durch entsprechende textuelle oder grafische Werkzeuge unterstützt.
- **Administratorschnittstellen:** Die Administratorschnittstellen ermöglichen die Konfiguration des Gesamtsystems sowie die Steuerung und Überwachung des Betriebs. Diese Aufgabe wird durch den Ausführungsservice zur Realisierung von Workflows von Web Services geeignet unterstützt.

Nachdem die fachlichen Anforderungen an einen Ausführungsservice für Workflows auf Basis von Web Services diskutiert worden sind, wird nachfolgend eine mögliche Umsetzung der fachlichen Anforderungen aufgezeigt.

4.4.4 Technische Umsetzung des Workflow-Ausführungsservice

Im Rahmen dieses Abschnitts wird nun ein Realisierungskonzept eines solchen zentralen Systems zur Spezifikation und Abwicklung von Workflows vorgestellt, welches die im vorigen Abschnitt aufgezeigten fachlichen funktionalen Anforderungen umsetzt. Dabei wird nachfolgend zuerst das Basisarchitekturmodell vorgestellt sowie die zugrunde liegende Workflow-Metadaten-Struktur kurz beschrieben. In diesem Zusammenhang wird dann auf die Ablage der Metadaten in einer geeigneten Beschreibungssprache eingegangen. Daran anschließend wird eine mögliche Erweiterung der Basisarchitektur erläutert, die eine ausführliche und effiziente Fehlerbehandlung in die Basisarchitektur des Ausführungsservice integriert.

4.4.4.1 Basisarchitekturmodell

Da die fachlichen Anforderungen an den Workflow-Ausführungsservice aus den Anforderungen an ein Workflow-Management-System abgeleitet worden sind, lässt sich die Basisarchitektur des Workflow-Ausführungsservice aus dem entsprechenden Referenzmodell für Workflow-Management-Systeme der Workflow Management Group sowie möglichen funktionalen Architekturvarianten für Workflow-Management-Systeme herleiten. Es ergibt sich folgende Basisarchitektur, die in der Abbildung 49 dargestellt und nachfolgend erläutert wird.[272]

---

[272] Vgl. Alonso et al. (2004), S. 249ff.; Burghardt et al. (2003a), S. 66f.; Ganesarajah / Lupu (2002), S. 275ff.; Hansen / Neumann (2001), S. 444ff.; Hastedt-Marckwardt (1999), S. 99ff.; Schuster (1998), S. 21ff.

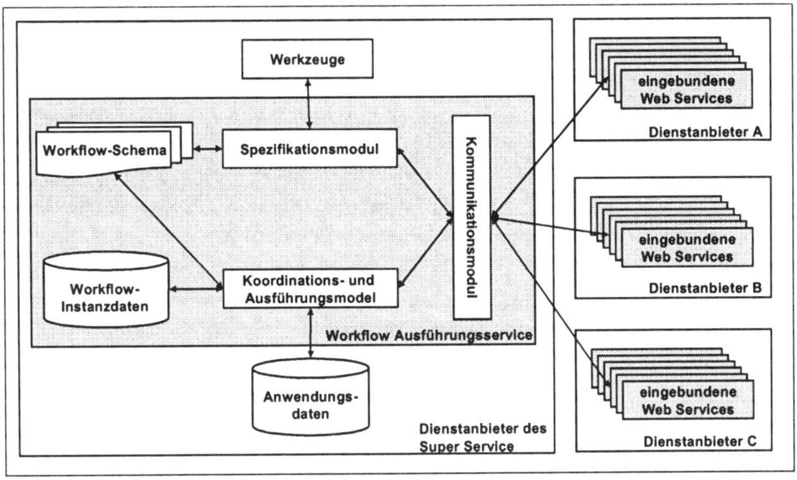

Abbildung 49: Basisarchitekturmodell des Workflow Ausführungsservices

Die Erstellung und Bearbeitung von Workflow-Schemata wird durch das Spezifikationsmodul abgedeckt, welches die Spezifikation von Workflows ermöglicht. Das Modul erlaubt es, Web Services zu kombinieren, und deren Aktivierungsreihenfolge festzulegen. Dazu wird jeder am Workflow beteiligte Dienst über eine eindeutige Dienstbezeichnung im Workflow-Ausführungsservice registriert. Zudem findet im diesem Modul die Verknüpfung der Ein- und Ausgabeparameter der Web Services untereinander sowie die Zuordnung von externen Anwendungsdaten auf diese Parameter statt. Es wird also das bereits angesprochene Datenmapping zwischen den beteiligten Diensten spezifiziert. Um eine komfortable Einbindung von Diensten zu ermöglichen, ist das Modul in der Lage, Schnittstellenbeschreibungen der Dienste auf Basis von WSDL zu verarbeiten und aus diesen automatisiert die entsprechenden Service Proxies für die Dienstaktivierung zu erstellen. Der letztendlich spezifizierte Workflow wird dann in Form eines Workflow-Schemas auf Basis einer Beschreibungssprache abgelegt und bildet die Schablone für die jeweiligen Instanzen eines Workflows.[273] Auf diesem Spezifikationsmodul setzen dann Werkzeuge auf, die die Spezifikation von Workflows durch textuelle oder grafische Oberflächen unterstützen. Die Kommunikation zwischen dem Spezifikationsmodul und den entsprechenden Werkzeugen wird ebenfalls über Web Services als Schnittstellentechnologie erfolgen, da dadurch Synergieeffekte erzielt werden. Das Spezifikationsmodul selbst bildet die aufgezeigte Entwickler- und Administrationsschnittstelle zum Ausführungsservice und realisiert die in den fachlichen Anforderungen aufgezeigten vier Aspekte an die Umsetzung eines Workflow-Schemata.

---

[273] Vgl. Rinderle / Dadam (2003), S. 17ff.

Das Koordinations- und Ausführungsmodul steuert die Abwicklung und somit die Ausführung des Workflows. Wird ein hinterlegter Workflow durch die Nutzung der durch dieses Modul vorgehaltenen Funktionalitäten, die ebenfalls über Web Services bereitgestellt werden, initialisiert, so übernimmt dieses Modul die Interpretation des hinterlegten Workflow-Schemas. Das Kommunikationsmodul wird angewiesen, auf Basis der hinterlegten Ausführungsreihenfolge und der Parameter eingebundene Web Services zu aktivieren. Zur Aktivierung der eingebundenen Dienste greift das Modul auf die entsprechenden Funktionalitäten des Kommunikationsmoduls zurück. Sowohl die aktuellen Bearbeitungsstände des Workflows als auch die Zwischenergebnisse bereits durchgeführter Aktivitäten werden durch dieses Modul in den so genannten Workflow-Instanz-Daten niedergelegt. An dieser Stelle kann ebenfalls die Fehlerbehandlung etabliert werden, da hier alle relevanten Ausführungsinformationen des Workflows zusammenlaufen. In dieser Basisarchitektur führt eine Fehlermeldung eines am Workflow beteiligten Dienstes und somit eine entsprechende Meldung des Kommunikationsmoduls automatisch zum Abbruch des kompletten Workflows und zu einer entsprechenden Rückmeldung an den Initiator des Workflows.

Das Kommunikationsmodul bildet die Schnittstelle zu den eingebundenen Web Services von Dienstanbietern. In diesem Modul wird die komplette Kommunikation zwischen dem Ausführungsservice und den externen Web Services gekapselt. Das Modul stellt Schnittstellen dem Koordinations- und Ausführungsmodul zur Verfügung, die die Aktivierung von beteiligten Web Services gestattet. Bei der Aktivierung eines Dienstes werden dem Kommunikationsmodul vom Koordinations- und Ausführungsmodul neben der internen Dienstbezeichnung auch die entsprechenden Eingabeinformationen des Dienstes in Form eines generischen Containers übergeben. Das Kommunikationsmodul übernimmt dann die Zuordnung der Informationen auf die konkreten Parameter des Dienstes und führt danach die Aktivierung des Dienstes aus. Nach Beendigung der Dienstausführung werden die Ausgabeparameter ebenfalls in einem Container an das aufrufende Modul zurückgemeldet. Somit ist auch die Erzeugung und Verarbeitung der SOAP-Nachrichten zur Kommunikation mit den eingebundenen Diensten in diesem Modul angesiedelt. Ist es dem Kommunikationsmodul nicht möglich, den Dienst zu aktivieren, so meldet es diesen Sachverhalt in Form einer Fehlermeldung an das aufrufende Koordinations- und Ausführungsmodul. In der Abbildung 50 wird dieser eben beschriebene Zuordnungsprozess der Containerinformationen auf die entsprechenden Dienstparameter dargestellt. Die relevante Reihenfolge der Ein- und Ausgabeparameter ist entsprechend durch die Indexierung verdeutlicht.

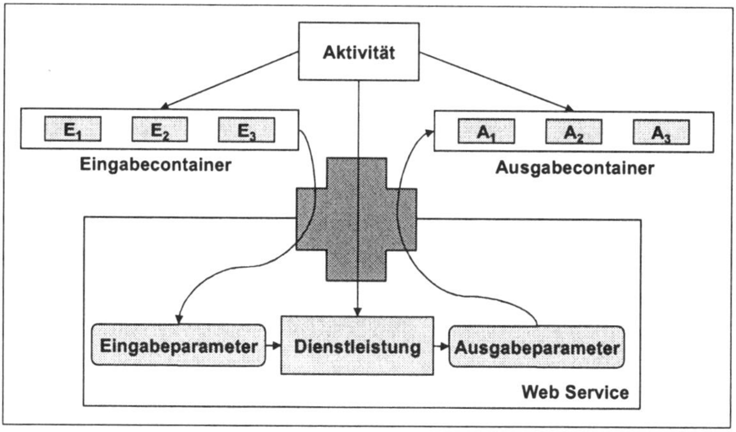

Abbildung 50: Parameterzuordnung im Kommunikationsmodul

Die in dieser Basisarchitektur vorgehaltenen Daten können entsprechend der Modifikationsmöglichkeiten durch das Workflow-Management-System selbst oder durch andere Systeme klassifiziert werden. Die Workflow-Schemata und die Workflow-Instanz-Daten werden als Kontrolldaten des Systems bezeichnet, da diese vollständig durch den Ausführungsservice erzeugt, verändert und gelöscht werden. Anstehende Änderungen werden in der Regel nur durch die zugreifenden Module des Ausführungsservice und nicht von außen durchgeführt. Dies trifft auf die externen Anwendungsdaten nicht zu, da diese durch andere Anwendungen ebenfalls verändert werden dürfen und nicht der vollständigen Kontrolle des Ausführungsservice unterliegen.

4.4.4.2 Workflow-Schema-Daten

Wie bereits aufgezeigt, beinhalten die Workflow-Schemata alle relevanten Informationen, die für die Abwicklung eines Workflow benötigt werden. Dazu zählen in diesem Fall unter anderem Informationen über die beteiligten Dienste, deren zeitliche Ausführungsreihenfolge sowie deren Beziehungen untereinander. Die Strukturierung der Informationen innerhalb der Workflow-Schemata und deren Ablage geschehen durch Verwendung von geeigneten Beschreibungssprachen.

Eine Analyse von Beschreibungssprachen ergibt, dass zur Spezifikation und somit zur Beschreibung von Workflows von Web Services mit der Business Process Execution Language (BPEL4WS) und dem Web Service Choreography Interface (WSCI) lediglich zwei Beschreibungssprachen im Fokus der Diskussion stehen. Diese beiden Sprachen sind speziell für das Umfeld von Web Services entwickelt worden und stehen in direkter

Konkurrenz zueinander. Nachfolgend werden beide Beschreibungssprachen dargestellt, da sich bisher noch keine dieser beiden Alternativen durchsetzen konnte.[274]

Bei BPEL4WS handelt es sich um eine XML-basierte Prozessdefinitionssprache, die es den Nutzern gestattet, Workflows von Web Services zu beschreiben. Diese Definitionssprache ist federführend durch IBM und Microsoft spezifiziert worden und fußt auf den beiden Vorgängerspezifikationen WSFL (Web Service Flow Language) von IBM und XLANG (Web Services for Business Process Design) von Microsoft. Erstere bildet die Workflows durch eine gerichtete Grafenstruktur ab, wobei die Knoten des Grafen die Aktivitäten darstellen, die durch Web Services implementiert werden. Die Verbindungen zwischen den Knoten und damit den Aktivitäten bilden dann den Informationsfluss ab. Der Gedanke der Umsetzung auf Basis einer Grafenstruktur wird bereits von IBM bei den MQ Series erfolgreich angewendet. XLANG selbst ist eine skriptenähnliche Beschreibungssprache, die sich an die Blockstruktur gängiger Programmiersprachen anlehnt und bereits im BizTalk Server, einer Komponente des .NET-Frameworks, Anwendung findet. BPEL4WS vereinigt nun diese in der Praxis erprobten Prinzipien der beiden Vorgänger.[275]

Bei WSCI handelt es sich ebenfalls um eine XML-basierte Prozessdefinitionssprache, die jedoch von Sun Microsystems, SAP und Intalio entwickelt worden ist. Diese Prozessbeschreibung weist in Analogie zu BPEL4WS ebenfalls eine Blockstruktur auf und ähnelt einer Skriptsprache. Jedoch handelt es sich hier um eine Neuentwicklung, so dass WSCI im Vergleich zum Konkurrenten und dessen Vorläufern auf keine erfolgreiche Vorgeschichte zurückblicken kann.[276]

Eine Gegenüberstellung der beiden konkurrierenden Beschreibungssprachen zeigt auf, dass beide die Metasprache XML zur Abbildung von Workflows nutzen. Aufgrund der Blockstruktur wird ebenfalls die direkte Abwicklung der Spezifikation durch eine Workflow-Engine ermöglicht, die die Ausführung des Workflows steuert. Eine solche Engine ist aber kein Bestandteil der einzelnen Spezifikationen. Somit liegt der Hauptunterschied in der Bezeichnung, der Anordnung und der Anzahl der möglichen Strukturelemente innerhalb des beschreibenden Dokuments selbst, so dass an dieser Stelle keine eindeutige Empfehlung für eine der beiden Beschreibungssprachen ausgesprochen werden kann. Für die Beschreibungssprache BPEL4WS existiert mittlerweile eine Softwarekomponente mit dem Namen BPWS4J, die die Bearbeitung und Validierung von entsprechenden Beschreibungen unter der Programmiersprache Java unterstützt. Wird eine Umsetzung des Workflow-Ausführungsservice auf Basis der Programmiersprache Java und der Beschreibungssprache BPEL4WS angestrebt, kann

---

[274] Vgl. hierzu Bodendorf / Schobert (2003), S. 46f.; Burghardt et al. (2003a), S. 63.
[275] Vgl. Andrews et al. (2003); Lehmann (2001); Thatte (2001).
[276] Vgl. Arkin et al. (2002); Peltz (2003), S. 46ff.

diese Softwarekomponente zum Einsatz kommen, da durch sie ein Teil der notwendigen Funktionalitäten einer Workflow-Engine gekapselt wird.[277]

4.4.5 Erweiterung der Basisarchitektur

Die vorgestellte Basisarchitektur sieht keine Fehlerbehandlung vor, jeglicher Fehler, der im Koordinations- und Ausführungsmodul aufläuft, führt zum sofortigen Abbruch des Workflows. Wie jedoch bereits in der Diskussion über die optimale Organisationsvariante angedeutet, ermöglicht eine solche zentrale Ausführungsarchitektur von Workflows eine einfache Ergänzung einer umfangreichen Fehler- und Ausnahmebehandlung. Das Ziel einer solchen Erweiterung der Basisarchitektur ist es, eine Weiterabwicklung des Workflows zu erreichen, d.h. ein aufgetretener Fehler führt nicht unmittelbar zum Abbruch des Workflows. Durch eine solche Zielsetzung kann die Robustheit des Ausführungsservice und die Ausführungsqualität gesteigert werden. Eine solche Erweiterung der Basisarchitektur um ein Modul zur Fehler- und Ausnahmebehandlung wird nachfolgend kurz vorgestellt.[278]

Bei der Behandlung von Fehlern lassen sich zunächst die am Workflow beteiligten Dienste in zwei Klassen unterteilen. Die eine Klasse umfasst Dienste (Diensttyp 1), die bei einer fehlerhaften Dienstausführung keinerlei Fehlermeldung an den Dienstnutzer zurückmelden und somit keine Informationen für die Fehlerbehandlung beim Workflow-Ausführungsservice liefern. Der anderen Klasse werden Dienste zugeordnet (Diensttyp 2), die bei einer fehlerhaften Dienstausführung vordefinierte Fehlernachrichten übermitteln. Eine typische Fehlermeldung bei einem Dienst, der Bestellungen von Artikeln anbietet, kann die Meldung „Artikel nicht verfügbar" sein.

Wird durch einen beteiligten Dienst eine vordefinierte Fehlermeldung zurückgeliefert (Diensttyp 2), so führt dieser Sachverhalt zu einem Ausführungsfehler des Workflows innerhalb des Koordinations- und Ausführungsmoduls. Diese Ausführungsfehler führen in der Konsequenz nicht zu einem Abbruch des Workflows, sondern das Koordinations- und Ausführungsmodul erzeugt eine entsprechende Ausnahme. Ein Ausführungsfehler kann jedoch auch dann auftreten, wenn es dem Kommunikationsmodul nicht möglich ist, einen beteiligten Dienst in einem hinterlegten Zeitfenster zu aktivieren beziehungsweise nach einer Dienstaktivierung eine Rückmeldung des Dienstes zu erhalten (Diensttyp 1). In diesem Fall wird ebenfalls eine entsprechende Ausnahme ausgelöst.

An diese möglichen Ausnahmen werden dann entsprechende Behandlungsregeln gekoppelt, die unter gewissen Rahmenbedingungen die Ausführung einer Aktion zur

[277] Vgl. o. V. (2003b).
[278] Vgl. zu den nachfolgenden Ausführungen Greiner / Rahm (2003), S. 427ff.

Folge haben. Durch die hinterlegte Aktion wird eine Weiterabwicklung des Workflows angestrebt. Es werden also Regeln der Form Ereignis, Bedingung und Aktion verwendet. In der Abbildung 51 wird ein Beispiel für eine solche Regel dargestellt.

EREIGNIS	Ausnahme 1 von Dienst A ausgelöst
BEDINGUNG	Rückgabeparameter 1 von Dienst A kleiner 1000
AKTION	Setze Eingabeparameter 1 von Dienst A auf 10 und führe Dienst A erneut aus

Abbildung 51: Beispiel einer Regel für die Ausnahmebehandlung

Um den Komfort bei der Spezifizierung von Workflows zu erhöhen und weitere Verzweigungen innerhalb des Workflows zuzulassen, können an die beteiligten Dienste auch so genannte Ausführungsbedingungen geknüpft werden. So können hier Restriktionen für bestimmte Übergabeparameter für die beteiligten Dienste festgelegt werden. Als Beispiel kann eine Preisrestriktion (Preis < x €) für einen Bestelldienst festgelegt werden. Somit sind Ausführungsbedingungen immer an die Ein- und Ausgabeparameter der beteiligten Dienste gekoppelt und spezifizieren in der Regel einen gültigen Wertebereich für den entsprechenden Dienstparameter. Wird eine Ausführungsbedingung während der Abwicklung des Workflows verletzt, so liegt ein Bedingungsfehler vor. Dieser Fehler löst wiederum eine entsprechende Ausnahme aus, die ebenfalls durch hinterlegte Regeln behandelt wird.[279]

In der Tabelle 14 wird der Zusammenhang zwischen der Entstehung von Ausnahmen in Abhängigkeit vom Diensttyp sowie dem entsprechenden Fehlertyp verdeutlicht.

	Diensttyp 1 (keine Fehlernachrichten)	**Diensttyp 2 (vordefinierte Fehlernachrichten)**
Ausführungsfehler	Überschreitung des Zeitfensters für die Dienstaktivierung	Überschreitung des Zeitfenster Vordefinierte Fehlernachrichten
Bedingungsfehler	Überwachung der Ausführungsbedingungen während der Workflowausführung	Überwachung der Ausführungsbedingungen während der Workflowausführung

Tabelle 14: Ausnahmezuordnung in Abhängigkeit vom Diensttyp und Fehlertyp

Um eine solche Fehler- und Ausnahmebehandlung zu etablieren, müssen Erweiterungen an den Funktionalitäten der bereits etablierten Module vorgenommen werden. Das Spezifikationsmodul muss neben den bisher dargestellten Funktionalitäten in der Lage sein, bei Diensten mit dem Diensttyp 2 entsprechende Fehlernachrichten und zugehörige Fehlernachrichten zu erfassen. Darüber hinaus müssen während der Spezifikation

[279] Vgl. Greiner / Rahm (2003), S. 427.

mögliche Ausführungsbedingungen niedergelegt werden. Für diese beiden Fehlerklassen (Ausführungs- und Bedingungsfehler) muss dann eine Funktionalität vorgehalten werden, die die Erfassung von Ausnahmen ermöglicht und diese mit den Fehlern assoziiert. Den Ausnahmen wiederum müssen Regeln zugeordnet werden können, die ebenfalls im Spezifikationsmodul erfasst werden müssen. Zudem wird die Zuordnung der Regeln auf die Ausnahmen in diesem Modul vorgenommen.

Dem Koordinations- und Ausführungsmodul obliegt dann in dieser erweiterten Fassung neben den bereits dargestellten Aufgaben die Überwachung der Ausführungsbedingungen während der Abwicklung eines Workflows. Wird eine Ausführungsbedingung verletzt oder wird ein Ausführungsfehler durch das Kommunikationsmodul zurückgemeldet, so löst dieses Modul die während der Spezifikation des Workflows zugeordnete Ausnahme aus und übergibt die Kontrolle an das Modul zur Fehler- und Ausnahmebehandlung, um welches die Basisarchitektur erweitert werden muss.

Die Behandlung der Ausnahme wird durch dieses neue Modul auf Basis der hinterlegten Regeln übernommen. Dazu wird zuerst aus den zugeordneten Regeln nach einem geeigneten Mechanismus die beste Regel ausgewählt, die auf die Ausnahme angewendet werden kann und die entsprechend in der Regel hinterlegte Aktion ausgeführt. Ist nach Durchführung der zugeordneten Aktion eine Weiterausführung des Workflows möglich, so aktualisiert das Modul die Workflow-Instanz-Daten und die Kontrolle wird an das Koordinations- und Ausführungsmodul zurückgegeben. Die Abwicklung des Workflows wird fortgesetzt. Ist eine Weiterausführung des Workflows nach Anwendung der Regel nicht möglich, so wird dem Koordinations- und Ausführungsmodul mitgeteilt, den Workflow abzubrechen. Eine Weiterausführung ist dann gescheitert.

In dieser erweiterten Basisarchitektur werden in den erzeugten Workflow-Schemata neben den bereits in der Basisarchitektur berücksichtigten Informationen der zeitliche Ausführungsreihenfolge sowie deren Beziehungen noch weitere Informationen wie die Ausführungsbedingungen, die entsprechenden Ausnahmen sowie die den Ausnahmen zugeordneten Regeln hinterlegt.[280]

Die Abbildung 52 veranschaulicht diese relevanten Daten in der UML-Notation. Es wird deutlich, dass als zentrales Element der Workflow im Mittelpunkt eines jeden Workflow-Schemas steht und die Dienste den Workflows zugeordnet werden. Alle anderen Elemente können direkt mit dem Dienst assoziiert werden.

---

[280] Vgl. Greiner / Rahm (2003), S. 427.

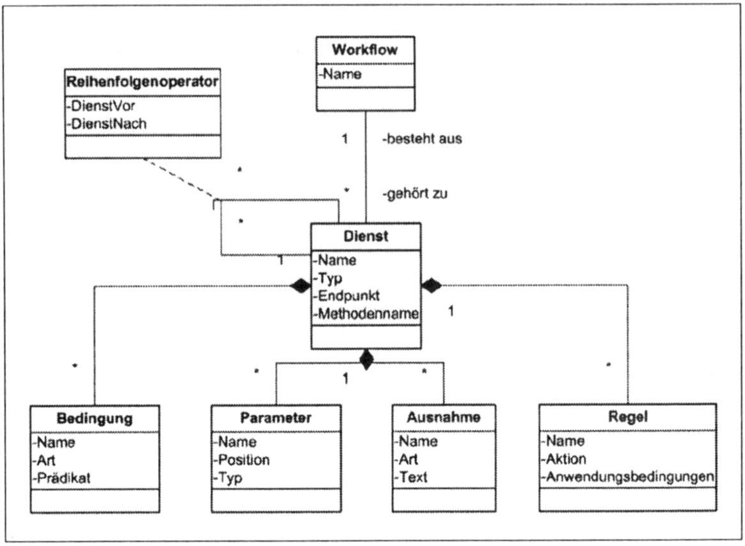

Abbildung 52: Relevante Daten des Workflow-Schemas in UML-Notation

4.4.6 Zusammenfassung und Beurteilung

Der vorige Abschnitt dieser Dissertation hat sich mit der Thematik der Spezifikation und der Ausführung von Workflows auf Basis von Web Services beschäftigt. Dazu wurden ausgehend von einer kurzen Problembeschreibung mögliche Organisationsformen für die Abwicklung von Workflows aufgezeigt. Im Rahmen der Ausführungen ergab sich, dass die zentrale Ausführung von Workflows als die bessere der beiden Organisationsformen angesehen werden kann. Für diese zentrale Abwicklung von Workflows wurde dann ein Lösungskonzept in Form eines zentralen Workflow-Ausführungsservice vorgestellt. Dieser Workflow-Ausführungsservice wurde aus fachlicher Sicht beschrieben und eine mögliche technische Umsetzung erläutert. Im Rahmen der technischen Realisierung wurden auf der einen Seite die Basisarchitektur des möglichen Systems betrachtet. Auf der anderen Seite wurden die Workflow-Schemata beleuchtet. Da in den Workflow-Schemata die Beschreibung des Workflows niedergelegt wird, wurden verfügbare Beschreibungssprachen aufgezeigt und eine Basis für eine mögliche Auswahlentscheidung für die konkrete Realisierung des Ausführungsservice vorgestellt. Die vorgestellte Basisarchitektur wurde in einem nächsten Schritt um Funktionalitäten zur Fehler- und Ausnahmebehandlung erweitert, um eine Weiterabwicklung des Workflows bei auftretenden Fehlern zu ermöglichen.

Eine Bewertung des vorgestellten zentralen Ausführungsservice für Workflows auf Basis von Web Services ergibt folgendes Bild: Das System ermöglicht prinzipiell die Spezifikation und Ausführung von Super Services und weist eine streng modulare Architektur bestehend aus drei Modulen in der Basisarchitektur und aus vier Modulen in der erweiterten Fassung auf. Aufgrund dieser Modularität kann das System flexibel eingesetzt werden, da durch Austausch beziehungsweise durch Modifikation einzelner Module eine Anpassung des Systems an unterschiedliche Einsatzszenarien möglich ist. Um eine komfortable Bedienung des Systems zu erzielen, sind speziell an der Spezifikationskomponente, die die Modellierung der Workflows ermöglicht, Schnittstellen vorgesehen, die als Zugang für Werkzeuge genutzt werden können. Diese Werkzeuge können sich durch textuelle oder grafische Oberflächen auszeichnen und die jeweiligen Aufgaben unterstützen.

Darüber hinaus weist die erweiterte Basisarchitektur eine hohe Qualität und eine hohe Robustheit bei der Ausführung von Workflows aus. Dies liegt darin begründet, dass ein Modul zur Fehler- und Ausnahmebehandlung etabliert wurde, welches auf Basis von hinterlegten Regeln eine Weiterabwicklung des Workflows anstrebt. Dazu werden diese benötigten Regeln bei der Spezifikation des Workflows hinterlegt. Bei Eintreten eines Fehlers übernimmt dieses Modul die Kontrolle der Ausführung und versucht, eine Regel anzuwenden. Da eine beliebige Anzahl von Regeln hinterlegt werden kann, kann das System sehr flexibel auf eingetretene Fehlerfälle reagieren und den Workflow eventuell doch noch zum Abschluss bringen. Ohne eine solche Erweiterung führte jeder Fehler zwangsweise zum Abbruch des Workflows.

4.5 Zusammenführung der vorgestellten Lösungskonzepte

Im Rahmen dieses vierten Kapitels wurde die Zielsetzung verfolgt, für die bereits in Abschnitt 2.5 aufgezeigten Herausforderungen an Web Services Lösungskonzepte vorzustellen. Dieses Ziel wurde auch erfolgreich umgesetzt. Es wurden jeweils Lösungskonzepte vorgestellt, die die aufgezeigten Anforderungen im Rahmen dieser einzelnen Zusatzanforderungen erfüllen. Die Umsetzbarkeit der Lösungsansätze im Bereich sowohl der Sicherheit als auch der Abrechnung wurden darüber hinaus in Diplomarbeiten durch konkret realisierte Prototypen belegt.[281]

Bei allen vorgestellten Lösungen wurde bei der Konzeption darauf geachtet, dass bereits etablierte Web Services und somit bereits angebotene Dienstleistungen relativ problemlos weiter genutzt beziehungsweise durch kleine Modifikationen in die Lage versetzt werden, diese Zusatzanforderungen zu erfüllen. Im Laufe der Untersuchungen

[281] Vgl. Christ (2003); Späth (2003).

ergab sich, dass bei den zentralen Anforderungen der Sicherheit, der Transaktionalität sowie der Abrechnung die an den Dienstanbieter beziehungsweise den Dienstnutzer gestellten Anforderungen und das realisierte Lösungskonzept idealerweise unter Nutzung des Handlerkonzepts in bestehende Web Services eingebunden werden können. Dabei werden in den Kommunikationsfluss zwischen SOAP-Server und SOAP-Client neue zu etablierende Softwarekomponenten, so genannte Handler, geschaltet, die die SOAP-Nachricht beim Sender mit Informationen anreichern und diese Zusatzinformationen beim Empfänger der Nachricht wieder extrahieren und verarbeiten. Es wurde deutlich, dass bei Nutzung dieses Handlerkonzepts bei der Lösung der Sicherheits- und Abrechnungsanforderungen keine Modifikationen weder am Dienst selbst noch an der nutzenden Anwendung notwendig sind. Bei der Einbindung von Transaktionalitätsaspekten sind hingegen kleinere Modifikationen bei den Dienstimplementierungen vorzunehmen, deren Ausmaß von der gewählten Sperrstrategie des Dienstanbieters abhängt. Durch die Aufweichung der Isolation und somit eines der ACID-Kriterien einer Transaktion wurde jedoch eine Umsetzungsmöglichkeit aufgezeigt, die keine Änderungen an der Dienstimplementierung nach sich zieht. Jedoch sind beim Dienstanbieter Zusatzfunktionalitäten vorzuhalten, die die Steuerung des Dienstes anhand des 2-Phasen-Commit-Protokolls gestatten. Der etablierte Transaktionsmanager ist erst dann in der Lage, auf Basis dieser Dienststeuerung die Transaktion zu verwalten und die Transaktionalität für die komplette Transaktion zu gewährleisten. Alle ansonsten notwendigen Funktionalitäten für die Integration der Lösungskonzepte wurden entweder in die zu etablierenden Handler oder in eine zu etablierende Dienstleistungskomponente (Transaktionsmanager oder Abrechnungsdienst) ausgelagert.

Jedoch ist ebenfalls eine Integration der Lösungskonzepte ohne Nutzung von Handlern möglich. In diesem Fall müssen die zusätzlichen Funktionalitäten der Handler in den Dienst und somit in die Dienstimplementierung oder in die nutzende Anwendung und somit deren Umsetzung integriert werden. Bei diesem Weg der Realisierung übernehmen die Dienste und die nutzende Anwendung selbst die Verschlüsselung und die Signierung der SOAP-Nachrichten. Bei der Realisierung der Transaktionalität und der Abrechenbarkeit von Diensten müssen die benötigten Informationen über zusätzliche Parameter bei der Dienstaktivierung übertragen werden. Die Auswertung dieser zusätzlichen Parameter obliegt der konkreten Implementierung des Dienstes beim Dienstanbieter. Der Dienstnutzer übergibt diese zusätzlichen Parameter bei der Aktivierung an den Dienst. Jedoch ist auch beim Lösungskonzept ohne Handler der Dienstanbieter verpflichtet, eine Möglichkeit der Steuerung des Dienstes anhand des 2-Phasen-Commit-Protokolls zu schaffen, um die Einbindung des Dienstes in eine Transaktion zu ermöglichen.

Die vorgestellten Lösungskonzepte können somit sehr flexibel eingesetzt werden, indem entweder Handler in den Kommunikationsfluss eingebaut oder die durch die zentralen

Softwarekomponenten (Transaktionsmanager und Abrechnungsdienst) vorgehaltenen Funktionalitäten innerhalb der jeweiligen Implementierungen aktiviert werden. Durch die Auslagerung der Standardfunktionalitäten in eine zentrale Softwarekomponente kann darüber hinaus eine Standardisierung des Abwicklungsprozesses erreicht werden, wodurch die anfallenden Transaktionskosten sinken.

Eine Kombination dieser drei geschilderten Aspekte ist ebenfalls problemlos möglich. Dabei wird bei der einen Integrationsvariante mit Handlern eine Handlerkette gebildet, die jeweils aus den Handlern zur Gewährleistung der Sicherheit, der Transaktionalität und der Abrechnung besteht. Die SOAP-Nachricht durchläuft in diesem Fall bei beiden Kommunikationspartnern (Dienstanbieter und –nutzer) mehrere Handler in sequenzieller Reihenfolge. Bei der anderen Integrationsvariante ohne Handler werden die Sicherheitsmechanismen bei der nutzenden Anwendung und dem Dienst selbst in der jeweiligen Implementation verankert. Die Aspekte der Transaktionalität und der Abrechnung werden durch eine Erweiterung der Schnittstellensignatur des Dienstes erreicht, es werden also zwei zusätzliche Parameter bei der Dienstaktivierung übertragen. Die Kommunikation mit den zentralen Softwarekomponenten wird in die jeweiligen Implementationen eingebettet.

Neben diesen drei Herausforderungen und den dazugehörigen Lösungen wurde auch die konzeptionelle Fragestellung der Abwicklung von Workflows auf Basis von Web Services aufgegriffen. Im Abschnitt 4.4 wurde für diese Zusatzanforderung ein Konzept für einen zentralen Workflow-Ausführungsservice für die Komposition von Web Services und die Abwicklung der daraus entstehenden Workflows vorgestellt. Dieser Workflow-Ausführungsservice wird auf Dienstnutzerseite eingesetzt und hat keine Auswirkungen auf die Kommunikation zwischen Dienstanbieter und Dienstnutzer, sondern vereinfacht die Entwicklung und Abwicklung von Super Services. Dabei können die Lösungskonzepte der Sicherheit, der Transaktionalität sowie die Abrechnung von Diensten in diesen Workflow-Ausführungsservice integriert und genutzt werden. Um dies zu erreichen, sind folgende Modifikationen am Workflow-Ausführungsservice vorzunehmen:

Das Spezifikationsmodul muss um die Möglichkeit erweitert werden, bei der Spezifikation von Workflows Dienste zu einer Einheit zusammenzufassen, die nur in der Gesamtheit erfolgreich abgearbeitet werden dürfen. Dazu muss ein Verweis auf einen Transaktionsmanager existieren, der die Abwicklung der Transaktion überwacht und die Transaktionalität gewährleistet. Um die Abrechnung zu ermöglichen, muss bei der Einbindung kommerzieller Web Services ein Verweis auf den zu nutzenden Abrechnungsdienst hinterlegt werden. Um die Abrechnung auch erfolgreich durchführen zu können, muss der Workflow-Ausführungsservice in Kenntnis sowohl der für die Abrechnung notwendigen Nutzerkennung des Dienstnutzers als auch der Dienstkennung des kommerziellen Web Services sein. Das Koordinations- und Ausführungsmodul interpretiert dann diese Zusatzinformationen und greift dann an den entsprechenden Stellen auf die

Funktionalitäten des Transaktionsmanagers oder des Abrechnungsdienstes zurück. Der durch den Transaktionsmanager oder den Abrechnungsdienst übermittelte Transaktions- beziehungsweise Abrechnungskontext wird dem Kommunikationsmodul als zusätzlicher Parameter für den Dienstaufruf im Container übergeben. Werden diese Zusatzanforderungen durch den Dienstanbieter des eingebundenen Dienstes durch eine Erweiterung der Schnittstellensignatur des betroffenen Dienstes und somit auf der Anwendungsebene umgesetzt, so wird dieser zusätzliche Parameter einfach bei der Dienstaktivierung mit übergeben. Ansonsten wird diese Zusatzinformation dem Kopf der SOAP-Nachricht hinzugefügt, indem die dazu notwendigen Funktionalitäten der Handler genutzt werden. Diese Funktionalitäten werden in das Kommunikationsmodul integriert. Somit ist also durch geringfügige Modifikationen der Module im Workflow-Ausführungsservice auch eine Integration der vorgestellten Lösungskonzepte möglich.

5 Fallstudien

In den vorigen Kapiteln sind die Grundlagen und die Basistechnologien erläutert sowie mögliche technische und konzeptionelle Lösungskonzepte für ausgewählte Zusatzanforderungen an Web Services vorgestellt worden. Gerade aus der Möglichkeit der Existenz von Lösungskonzepten für die aufgezeigten offenen Fragestellungen wird deutlich, dass Web Services ein Potenzial als eine mögliche Schnittstellentechnologie für Softwarekomponenten haben können und es sich bei Web Services nicht um eine kurzfristige Modeerscheinung handelt.[282] Diese Einschätzung wird sowohl durch die plattform- und programmiersprachenunabhängige Realisierung und Nutzung sowie durch die hohe Interoperabilität der Schnittstellen, die durch die Verwendung der Metasprache XML für alle wesentliche Spezifikation herrührt, als auch durch die Unterstützung der etablierten IT-Unternehmen wie beispielsweise Microsoft, SAP und SUN verstärkt. Somit obliegt es diesem Kapitel, den Einsatz von Web Services innerhalb ausgewählter Anwendungsgebiete zu demonstrieren. Um diese Zielsetzung zu erreichen, werden im nächsten Abschnitt besonders relevante Auswahlkriterien hergeleitet und auf Basis dieser Kriterien die Auswahl der beiden Fallstudien erläutert. Die beiden nächsten Abschnitte stellen jeweils ein Einsatzszenario von Web Services im jeweiligen Anwendungsgebiet vor.

5.1 Auswahlkriterien für die behandelten Fallstudien

Bereits in Abschnitt 2.5 sind Schlüsselfaktoren für die Entwicklung von Web Services und somit für die Etablierung von Schnittstellen in Form von Web Services an Softwarekomponenten aufgezeigt worden. Anhand dieser Schlüsselfaktoren lässt sich eine Bewertung von Web Services hinsichtlich der Eignung als Schnittstellentechnologie für Softwarekomponenten vornehmen. Die bereits identifizierten Schlüsselfaktoren können auf einige wesentliche Merkmale mit entsprechenden Merkmalsausprägungen aggregiert werden, die dann einen entsprechenden Würfel aufspannen. Die aufgezeigten Zusatzanforderungen werden aufgrund der in dieser Arbeit aufgezeigten Lösungskonzepte bei dieser Aggregation nicht weiter betrachtet, da in Zukunft dafür mit Sicherheit standardisierte Spezifikationen und konkrete Umsetzungen verfügbar sein werden. Auch ergibt sich ein neues Merkmal, welches als Veränderungsdynamik der

---

[282] Vgl. Riegen (2004), S. 48f.

Schnittstellenumgebung bezeichnet werden kann, welches sich aus der in Kapitel 3 diskutierten Werkzeugunterstützung von Web Services herleiten lässt. Anhand dieses Würfels lassen sich dann potenzielle Anwendungsgebiete identifizieren. Zudem kann anhand des Würfels die Auswahl der beiden in dieser Dissertation behandelten Fallstudien begründet werden.[283]

Als ein Auswahlkriterium kann die erzielte Interoperabilität der auf Basis von Web Services realisierten Schnittstellen abgeleitet werden. Dabei werden unter diesem Kriterium auf der einen Seite die plattform- und programmiersprachenunabhängige Nutzung von Web Services und der dort etablierten Kernstandards subsumiert, die auf der Nutzung von XML basiert. Diese durch die Kernstandards erzielte Interoperabilität wird darüber hinaus durch die Verwendung von etablierten und offenen Internetprotokollen für die Übertragung der Nachrichten verstärkt, da auch diese Internetprotokolle plattform- und programmiersprachenübergreifend angesprochen werden können. Somit sind Web Services für die Realisierung von Schnittstellen bei zu entwickelnden oder zu modifizierenden Softwarekomponenten besonders gut geeignet, wenn eine hohe Interoperabilität der Schnittstellen und somit der Softwarekomponente erreicht werden soll. Wird dem Kriterium der Interoperabilität keine große Bedeutung zugemessen, so können auch alternative Technologien für die Realisierung der Schnittstellen wie CORBA oder Java RMI mit ihrem in Abschnitt 2.4.1 vorgestellten Nachteilen zum Einsatz kommen.

Als zweites Kriterium kann die Anzahl der die Schnittstelle nutzenden Systeme herangezogen werden. Eine Realisierung der Schnittstelle auf Basis von Web Services ermöglicht prinzipiell eine einfache Integration der Schnittstellen in die nutzenden Systeme, die durch die hohe Interoperabilität von Web Services erreicht wird. Da Web Services darüber hinaus eine Schnittstellenbeschreibung mitführen, kann ein entsprechender Service Proxy auf Nutzerseite auf Basis dieser automatisch erstellbaren Beschreibung problemlos erstellt werden. Auf Basis dieses Service Proxies ist dann eine Nutzung des Web Services möglich. Ist eine hohe Anzahl von zugreifenden und zu verknüpfenden Systemen zu erwarten, so bieten sich Web Services als Lösung an. Greifen hingegen nur wenige Systeme auf diese Schnittstelle zu und ist somit die Anzahl der verknüpfenden Systeme tendenziell klein, so können auch traditionelle Schnittstellentechnologien mit einem entsprechenden binären Übertragungsformat zum Einsatz kommen. Es ist also dann eine Einzelfallentscheidung herbeizuführen.

Als drittes Auswahlkriterium für Web Services als Schnittstellentechnologie kann die Veränderungsdynamik der Schnittstellenumgebung herangezogen werden. Ist die Softwarekomponente, die über die Schnittstelle Funktionalitäten offeriert, ständigen

283 Vgl. hierzu und zu den nachfolgenden Ausführungen Abschnitt 2.5 in dieser Dissertation sowie Silberberger (2003), S. 69ff.

Änderungen unterworfen, die auch Auswirkungen auf die angebotenen Funktionalitäten und damit auf die Schnittstelle und deren Schnittstellensignatur haben, so liegt auf der Seite der Softwarekomponente eine hohe Veränderungsdynamik vor. Bietet die Softwarekomponente die Funktionalitäten als Web Services an, so sind die von den Änderungen betroffenen Schnittstellen und deren Beschreibungen relativ einfach an die neue Situation anzupassen. Dieser Sachverhalt liegt darin begründet, dass alle Kernstandards auf der Metasprache XML aufsetzen und mittlerweile zahlreiche Werkzeuge für die Entwicklung und die Wartung von Web Services zur Verfügung stehen. Neben der Betrachtungsperspektive von Seiten der Dienstanbieter und der dort zu realisierenden Schnittstellen an die Softwarekomponenten oder Systeme kann auch auf der Dienstnutzerseite eine gewisse Veränderungsdynamik identifiziert werden. Eine hohe Veränderungsdynamik zeichnet sich auf dieser Seite dadurch aus, dass häufig neue oder modifizierte Systeme und neue Dienstnutzer die Funktionalitäten auf Basis von Web Services nutzen und die Schnittstelle ansprechen. An dieser Stelle können Web Services aufgrund der mitgelieferten und automatisch erzeugten Dienstbeschreibung besonders gut eingesetzt werden, da eine Vielzahl von Werkzeugen die Erstellung der Service Proxies übernimmt, die den Zugriff auf die Funktionalitäten der Softwarekomponente ermöglichen. Somit sind Web Services besonders gut geeignet, wenn eine hohe Veränderungsdynamik entweder auf der Seite der Softwarekomponente und deren Schnittstellen und somit beim Dienstanbieter oder aber bei den nutzenden Systemen und somit den verschiedenen Dienstnutzern vorliegt.[284]

Das ebenfalls aufgezeigte Kriterium der Performanz der Schnittstellen, die sowohl durch die Verarbeitungsgeschwindigkeit der übertragenen Nachricht als auch durch die Bandbreite des genutzten Kommunikationsnetzwerks bestimmt wird, muss aufgrund dieser beiden Einflussgrößen im Rahmen einer Einzelfallprüfung bewertet werden. Wird in Zukunft eine ähnliche Entwicklung der Netzwerkbandbreite und der Geschwindigkeit der Prozessoren erzielt, so kann dieser Aspekt nahezu vernachlässigt werden. Ansonsten kann eine Optimierung des eingesetzten XML-Parsers deutlich Performanzvorteile zumindest bei der Verarbeitungsgeschwindigkeit der übertragenen Nachrichten bringen.

Die Abbildung 53 veranschaulicht den aus diesen drei Auswahlkriterien aufgespannten Würfel. Anhand dieser Auswahlkriterien lassen sich potenzielle Anwendungsgebiete bewerten, um deren Eignung für den Einsatz von Web Services zu überprüfen. Die für Web Services besonders gut geeigneten Anwendungsgebiete sind in der Grafik dunkelgrau eingefärbt. Dabei zeichnen sich diese idealen Anwendungsgebiete in Hinblick auf die dort angesiedelten Anwendungssysteme und Softwarekomponenten durch eine hohe Veränderungsdynamik aus. Außerdem werden die dort vorgehaltenen

[284] Vgl. zu den Ausführungen zur Werkzeugunterstützung Abschnitt 3.6.

Softwarekomponenten von einer großen Anzahl anderer Informationssysteme genutzt. Dies erfordert explizit auch eine hohe Interoperabilität der Schnittstelle.

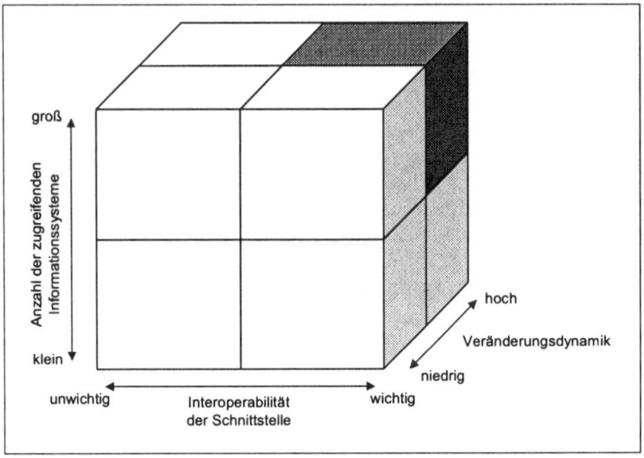

Abbildung 53: Exemplarische Auswahlkriterien für Anwendungsgebiete von Web Services

Die beiden in dieser Dissertation dargestellten Fallstudien und die durch die beiden Fallstudien vorgestellten Softwarekomponenten sind im dunkelgrauen Bereich des obigen Würfels angesiedelt. Sollen diese Softwarekomponenten mit Schnittstellen ausgestattet werden, so eignen sich dafür Web Services aufgrund des identifizierten Nutzungsumfelds der Komponente besonders gut. Dabei dienen die Fallstudien lediglich als exemplarische Beispiele für Softwarekomponenten, die in diesem besonders geeigneten Bereich des Würfels angesiedelt werden können. Die in den Fallstudien erzielten Erkenntnisse in Bezug auf sowohl das Vorgehen bei der Etablierung von Schnittstellen auf Basis von Web Services als auch die gewählten Architekturvarianten können jedoch auch auf ähnlich gelagerte Problemfälle übertragen werden.

In dem einen Szenario werden die Einsatzmöglichkeiten von Web Services in virtuellen Unternehmen beziehungsweise in virtuellen Netzwerken untersucht. Dieses Anwendungsgebiet eignet sich deshalb im besonderen Maße, da dort die bei den Partnerunternehmen vorgehaltenen Informationssysteme in geeigneter Weise gekoppelt werden müssen. Da die Autonomie der Partnerunternehmen in einem solchen virtuellen Unternehmen beziehungsweise Netzwerk erhalten bleibt, kann tendenziell von einer großen Anzahl von heterogenen Informationssystemen ausgegangen werden, die auf die zu etablierenden Schnittstellen zugreifen. Da aus dem gleichen Grund auch die für den Zugriff gewählte Programmiersprache und Systemplattform innerhalb virtueller Netzwerke inhomogen ist, müssen die Schnittstellen eine hohe Interoperabilität aufweisen. Eine hohe Veränderungsdynamik liegt bei virtuellen Netzwerken und den daraus gebildeten virtuellen Unternehmen ebenfalls vor, da alle Kundenaufträge in unterschiedlichen Konfigurationen durch die Partnerunternehmen abgearbeitet werden. Somit werden die zu nutzenden Schnittstellen auftragsbezogen aktiviert und eingebunden.

Im Rahmen der zweiten Fallstudie werden die Verpackung eines Altsystems und die Bereitstellung der Funktionalitäten des Altsystems über Web Services fokussiert. Dieses Anwendungsgebiet eignet sich besonders gut für den Einsatz von Web Services, da bei der Verpackung von Altsystemen die Zielsetzung verfolgt wird, die Funktionalitäten möglichst vielen Informationssystemen zugänglich zu machen, um eine Mehrfachverwendung dieser Funktionalitäten zu erreichen. Da die nutzenden Systeme ebenfalls in verschiedenen Programmiersprachen implementiert sein können und die Systemplattform der nutzenden Informationssysteme nicht feststeht, müssen die Schnittstellen über eine hohe Interoperabilität verfügen. Ebenfalls liegt hierbei eine hohe Veränderungsdynamik vor, da auf der einen Seite durch die Verpackung eines Altsystems im Rahmen einer Migrationsstrategie auch eine Ablösung des Altsystems angestrebt werden kann. Auf der anderen Seite können jedoch auch die nutzenden Informationssysteme eine hohe Veränderungsdynamik besitzen, da diese neu beziehungsweise weiterentwickelt werden. Diese hohe Veränderungsdynamik der nutzenden Anwendungen wird gerade bei dieser absolvierten Fallstudie besonders deutlich.

5.2 Einsatz von Web Services in virtuellen Netzwerken

Nachfolgend wird der Einsatz von Web Services in virtuellen Netzwerken analysiert. Dazu wird einleitend eine Begriffsdefinition von virtuellen Netzwerken und den daraus auftragsspezifisch kombinierten virtuellen Unternehmen vorgenommen. Danach werden kurz die Anforderungen an die Informationsinfrastruktur innerhalb virtueller Netzwerke aufgezeigt, um daran anschließend Einsatzszenarien für Web Services zu identifizieren. Als Ergebnis dieser möglichen Einsatzszenarien ergibt es sich, dass für die Unterstützung der Geschäftsprozesse innerhalb eines virtuellen Netzwerks ein zentrales Informationssystem angestrebt werden sollte, welches die Funktionalitäten auf Basis von Web Services und somit auf Basis von offenen Schnittstellen offeriert. Daher werden dann die bisherigen Entwicklungen von solchen zentralen Informationssystemen skizziert und die Rahmenbedingungen für das zu realisierende Informationssystem spezifiziert. Eine Darstellung sowohl des Fachkonzepts als auch der technischen Umsetzung bilden neben der abschließenden Beurteilung des entwickelten Informationssystems den Abschluss dieses Abschnitts.

5.2.1 Virtuelle Netzwerke und virtuelle Unternehmen

Virtuelle Unternehmen stellen eine zeitlich begrenzte Kooperation von mehreren rechtlich unabhängigen Unternehmen dar. Ziel dieser Kooperation ist es, durch Kombination von Unternehmensressourcen und durch Nutzung der dazugehörigen Kernkompetenzen der Partnerunternehmen Kundenaufträge zu bearbeiten, für den ein einzelnes Partnerunternehmen entweder nicht über alle benötigten Kompetenzen verfügt oder nicht genügend Kapazitäten bereitstellen kann. Das virtuelle Unternehmen hält selbst keine Ressourcen und damit Kompetenzen vor, tritt im Optimalfall aber gegenüber Dritten wie ein einheitliches Unternehmen mit einer *„corporate identity"* auf.[285]

Damit die Konstituierung eines virtuellen Unternehmens schnell und ohne langwierige Vertragsverhandlungen vollzogen werden kann, wird in der Praxis oft ein virtuelles Netzwerk gebildet, das einen Pool von potenziellen Partnerunternehmen bereitstellt. Virtuelle Netzwerke sind im Gegensatz zu virtuellen Unternehmen langfristig ausgelegt und bieten den Mitgliedern durch festgelegte Regeln und Verhaltensweisen zur Bildung von virtuellen Unternehmen eine vertrauenswürdige und stabile Plattform. Diese Vertrauensbasis wird jedoch nur schrittweise durch erfolgreich abgewickelte Kundenaufträge geschaffen.[286] Die strategischen Entscheidungen des virtuellen Netzwerks obliegen, zumindest in der Theorie, keiner zentralen weisungsberechtigten Leitungsinstitution, sondern allen Mitgliedern.[287] Somit liegt eine polyzentrische Entscheidungsstruktur innerhalb des Netzwerks vor. Die *Autonomie der Partnerunternehmen* bleibt in einem virtuellen Netzwerk und bei einem konkret gebildeten virtuellen Unternehmen bestehen.[288]

Die Kompetenzen und Kapazitäten der Partnerunternehmen eines virtuellen Netzwerks können bedarfsgerecht und auftragsbezogen zu einem virtuellen Unternehmen kombiniert werden. Somit liegt eine instabile Beziehung zwischen den Partnerunternehmen des Netzwerks vor. Solche instabilen Netzwerke werden auch als dynamische oder wandelbare Netzwerke bezeichnet.[289] Da es im Partnerpool des virtuellen Netzwerks durchaus vorkommen kann, dass Kompetenzen der Partnerunternehmen redundant vorhanden sind, kann bei der Bildung eines virtuellen Unternehmens eine Wettbewerbssituation um die Teilnahme an dem Unternehmen entstehen. Die Koordination dieses Wettbewerbs, die einer Ausschreibung ähnelt, übernimmt ein Broker.[290] Aus den für die Ausschreibung eingegangenen Angeboten erzeugt der Broker

---

[285] Vgl. Mertens / Faisst (1996), S. 280ff.; Mertens / Griese / Ehrenberg (1998), S. 3.; Österle / Fleisch / Alt (2002), S. 83.
[286] Vgl. Krammer / Luft (2002), S. 55.; Wohlgemuth (2002), S. 59.
[287] Vgl. Behme (1995), S. 298.; Lang (2001), S. 172ff.
[288] Vgl. Hess (2001), S. 92ff.
[289] Vgl. Weber / Franken / Göbel (1998), S. 26ff.
[290] Vgl. Mertens / Griese / Ehrenberg (1998), S. 12ff.; Miles / Snow (1986), S. 64.

das Gesamtangebot für den abzuwickelnden Kundenauftrag. Das primäre Auswahlkriterium bei der Angebotsaggregation ist in der Regel der Angebotspreis. Es sind aber auch andere Kriterien, wie beispielsweise die Reputation des anbietenden Unternehmens, denkbar.[291] Die konkrete Durchführung des Auftrags erfolgt dann von den im Angebot berücksichtigten Partnerunternehmen innerhalb eines gebildeten virtuellen Unternehmens. In einem virtuellen Unternehmen kann je nach Ausprägung des abzuwickelnden Kundenauftrags somit eine Zusammenarbeit sowohl über mehrere Wertschöpfungsstufen als auch auf einer bestimmten Wertschöpfungsstufe stattfinden.

Da sowohl das virtuelle Netzwerk als auch die virtuellen Unternehmen selbst keine Ressourcen und Kernkompetenzen besitzen und die interne Ausschreibung mit der daran anschließenden Selektion der Angebote zu einer auftragsorientierten und sehr flexiblen Zusammensetzung des virtuellen Unternehmens führt, liegt innerhalb eines virtuellen Netzwerks eine hochgradig *verteilte Leistungserstellung* vor.[292]

Diese hochgradig verteilte Leistungserstellung sowie die eher marktliche als hierarchische Koordinationsform in einem virtuellen Netzwerk setzen jedoch einen nahezu vollständigen Informationsstand zwischen den Partnerunternehmen voraus. Um dies zu erreichen und Informationsasymmetrien zwischen den Partnerunternehmen möglichst auszuschließen, wird der intensive Einsatz von Informations- und Kommunikations-Systemen propagiert und oft als kritischer Erfolgsfaktor angesehen, der oft auch konstituierenden Charakter bei der Etablierung von virtuellen Netzwerken hat. Eine geeignete informationslogistische Infrastruktur kann somit als eine notwendige Voraussetzung für eine effiziente Abwicklung von Aufträgen angesehen werden.[293]

Die Abbildung 54 visualisiert die eben dargestellte auftragsspezifische Bildung von virtuellen Unternehmen aus einem virtuellen Netzwerk.[294]

---

[291] Vgl. Wittenberg / Hess (2002), S. 107ff.
[292] Vgl. Hess (2001), S. 92ff.
[293] Vgl. Lang (2001), S. 170.
[294] Vgl. Burghardt et al. (2003b), S. 88.; Hess (2002a), S. 25.

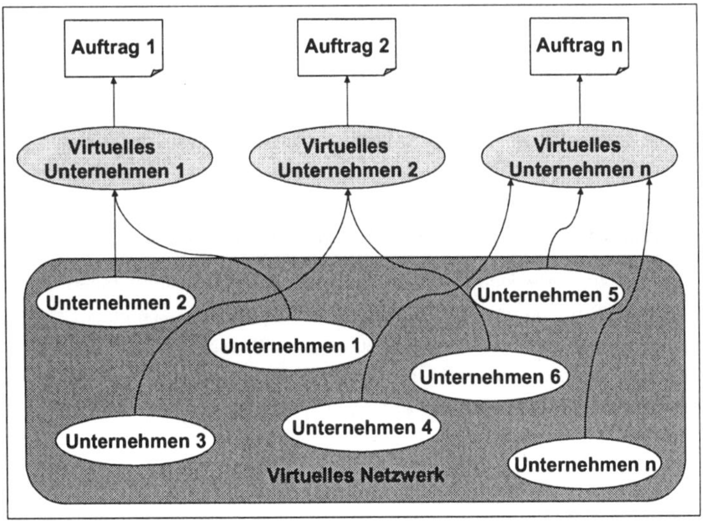

Abbildung 54: Bildung von virtuellen Unternehmen aus einem virtuellen Netzwerk

5.2.2 Anforderungen an die Informationsinfrastruktur

Die Idee des virtuellen Netzwerks und der daraus gebildeten virtuellen Unternehmen wird schon seit geraumer Zeit in Theorie und Praxis diskutiert. Bei virtuellen Netzwerken besteht insbesondere für kleine und mittlere Unternehmen, die nicht über die Fähigkeit verfügen, komplexe Netzwerke von Unternehmen zu koordinieren, immer die Gefahr, dass diese von großen Unternehmen dominiert und zu reinen Zulieferanten degradiert werden. Solche Abhängigkeitsverhältnisse sind zum Beispiel in der Automobilindustrie zu beobachten.[295] Dies entspricht aber nicht den Gedanken eines polyzentrischen virtuellen Netzwerks ohne zentrale Leitungsinstitution. Um kleinen und mittleren Unternehmen die für die Bildung eines virtuellen Netzwerks notwendige Koordinationsfähigkeit zu ermöglichen, wird wie bereits aufgezeigt der massive Einsatz von Informationssystemen zum Teil als Grundvoraussetzung für die Herausbildung und die Existenz von virtuellen Netzwerken propagiert.[296] Die kanonische Lösung für ein solches Informationssystem zur Unterstützung von virtuellen Netzwerken ist die Kopplung der in der Regel heterogenen Informationssysteme aller Partnerunternehmen. Dies würde aber bedeuten, dass innerhalb des virtuellen Netzwerks Festlegungen sowohl über die bei jedem Partnerunternehmen zu realisierenden Schnittstellen als auch die verwendeten

---

[295] Vgl. Veil / Hess (2002), S. 270ff.
[296] Vgl. Byrne (1993), S. 36ff.

Datenaustauschformate getroffen werden müssen.[297] Bei n Partnerunternehmen müssen somit [n * (n-1)] Absprachen bei wechselnden Brokern beziehungsweise n Absprachen bei einem festgelegten Broker innerhalb des Netzwerks für die Schnittstellen sowie Absprachen für die genutzten Datenaustauschformate getroffen werden, wodurch ein entsprechend hoher Aufwand entsteht.[298] Um diesen Aufwand ein wenig zu reduzieren und darüber hinaus die Flexibilität der Schnittstellen bei einer solchen Kopplung der Informationssysteme zu erhöhen, können Parametrisierungsmechanismen eingesetzt werden, die eine leichtere Anpassung der Schnittstellen ermöglichen.[299]

Als Alternative ist ein zentrales Anwendungssystem für das virtuelle Netzwerk denkbar, über das alle durch die Partnerunternehmen durchgeführten Aufträge abgewickelt werden, also auch diejenigen, die nicht über das Netzwerk akquiriert werden. Da die Unternehmen jedoch für ihren speziellen Tätigkeitsbereich bereits auf ihre Bedürfnisse optimierte Informationssysteme einsetzen, würde eine solche zentrale Lösung keine Akzeptanz finden. Daher wäre lediglich die Abwicklung von Kundenanfragen und Kundenaufträgen durch ein solches zentrales Anwendungssystem sinnvoll, die direkt durch eine Kooperation von Partnerunternehmen aus dem Pool bearbeitet werden. Dabei würden die etablierten Anwendungssysteme der Partner beibehalten. Eine solche zentrale Architektur des Informationssysteme für virtuelle Netzwerke würde auch die speziellen Anforderungen an das Controlling von virtuellen Netzwerken lösen, da die meisten für die Kennzahlberechnung notwendigen Informationen bereits in diesem System vorhanden sind und daher ein aufwendiges Zusammentragen der Daten aus den einzelnen Informationssystemen der Partnerunternehmen entfallen kann. Diese Erfolgskontrolle ist gerade bei größeren virtuellen Netzwerken wünschenswert und kann bei dieser zentralen Vorhaltung der operativen Daten effektiv durch in der Regel eine entsprechende Aggregation dieser Daten durchgeführt werden.[300] Die relevanten Erfolgsgrößen selbst werden von den Partnerunternehmen festgelegt und ähneln Erfolgsgrößen „klassischer" Unternehmen.[301]

5.2.3 Einsatzszenarien von Web Services

Aus den eben aufgeführten Sachverhalten lassen sich analog die zwei wesentlichen Einsatzmöglichkeiten für Web Services innerhalb virtueller Netzwerke ableiten. Diese sollen nachfolgend diskutiert sowie erläutert werden.[302]

---

[297] Vgl. Sydow / Winand (1998), S. 26.
[298] Vgl. Burghardt et al. (2003b), S. 88.
[299] Vgl. Mertens / Griese / Ehrenberg (1998), S. 69ff.; Mertens / Faisst (1996), S. 280ff.
[300] Für weiterführende Vertiefungen vgl. Burghardt (2003), S. 40ff.
[301] Vgl. hierzu Wohlgemuth / Hess (2002), S. 292ff.
[302] Vgl. hierzu Burghardt (2003), S. 32ff.

Auf der einen Seite kann der direkte Weg der Kopplung der bei den Partnerunternehmen vorgehaltenen Informationssysteme angestrebt werden. Dabei können die zu realisierenden Schnittstellen auf Basis von Web Services entwickelt werden. Über diese bei allen Partnern vorgehaltenen, über standardisierte Protokolle ansprechbaren Schnittstellen kann der Broker eines jeden Auftrags alle für die Auftragsabwicklungen notwendigen Informationen direkt von den beteiligten Partnern beziehen. Beispielsweise sind in einem ersten Schritt Schnittstellen denkbar, die Informationen über die freien Kapazitäten bei einem Partnerunternehmen liefern. Durch diese Informationen ist der Broker in der Lage, in die Ausschreibung nur Partnerunternehmen mit freien Ressourcen einzubeziehen. Zudem ist eine Schnittstelle zur Abfrage von Fortschrittsinformationen denkbar, die der Auftragskoordinator nutzt, um sich über den Abwicklungsstatus eines Teilauftrags zu informieren. Durch den aktuellen Stand der Informationen, die ohne zeitliche Verzögerung bereitgestellt werden, ist eine effektivere Abwicklung der Kundenanfrage und später des Auftrags innerhalb eines virtuellen Unternehmens aus Sicht des Brokers möglich.

Auf der anderen Seite können Web Services auch als Schnittstellentechnologie bei einem zentral realisierten Informationssystem eingesetzt werden. Dabei ist es denkbar, dass das zentrale Informationssystem alle vorgehaltenen Funktionalitäten als Web Services anbietet und somit diese plattform- und programmiersprachenunabhängig angesprochen werden können. Dadurch wird eine hohe Interoperabilität erreicht und es sind die folgenden Kopplungsmöglichkeiten denkbar: Eine Webanwendung kann die angebotenen Funktionalitäten in geeigneter Form kombinieren und somit den Zugang zu einem solchen zentralen Informationssystem gestatten. Da diese Webanwendung innerhalb eines herkömmlichen Webbrowsers abläuft, ist dieser Zugang zudem plattformunabhängig nutzbar. Je nach Ausprägung dieser Webanwendung können auf der einen Seite die Partnerunternehmen als Zielgruppe angesprochen werden, auf der anderen Seite ist aber auch eine Fokussierung auf die Kunden des Netzwerks denkbar. In diesem Fall stellt die Webapplikation eine Art Informationsportal für die erteilten Kundenaufträge dar und gibt beispielsweise Auskunft über deren Abwicklungsstand. Darüber hinaus können die Schnittstellen direkt aus den bereits bei den Partnerunternehmen etablierten Informationssystemen angesprochen werden, wenn diese über entsprechende Schnittstellen verfügen. Es wird auf diesem Wege also eine direkte Integration der Funktionalitäten und eine Kopplung der Informationssysteme ermöglicht und eine hohe Flexibilität in Bezug auf die Nutzungsmöglichkeiten der Schnittstellen verwirklicht.

Die Abbildung 55 stellt diese beiden eben aufgezeigten Einsatzmöglichkeiten von Web Services als Schnittstellentechnologie innerhalb virtueller Netzwerke grafisch dar.

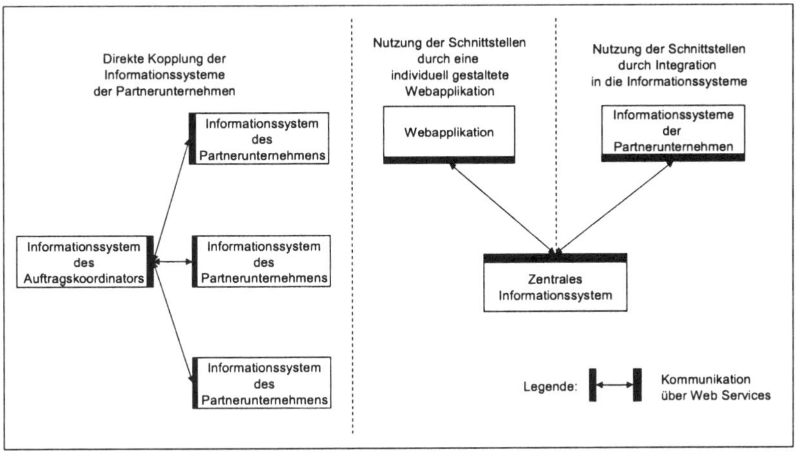

Abbildung 55: Direkte Kommunikation der Partnerunternehmen sowie Zugriff auf ein zentrales Informationssystem über Schnittstellen

5.2.4 Bisherige Entwicklungen und Rahmenbedingungen

Die Diskussion über virtuelle Netzwerke sowie deren Bedeutung gerade für kleine und mittlere Unternehmen hat in Deutschland zur Förderung mehrerer Projekte geführt, die die Entwicklung von Werkzeugen für solche Unternehmensformen vorangetrieben haben. Dabei ist bei allen Projekten der Ansatz eines zentralen Systems beziehungsweise einer zentralen Softwarekomponente verfolgt worden, da die Idee der direkten Kopplung der einzelnen Informationssysteme, wie dargestellt, mit großem Aufwand verbunden ist.

Als erstes Werkzeug im Anwendungsbereich virtueller Unternehmen ist im Rahmen eines Forschungsprojekts der technischen Universität Berlin Anfang der 90er Jahre das System EXECUdesk entstanden. Dieses System ermöglicht die Modellierung und das Controlling von zwischenbetrieblichen Geschäftsprozessen. Der Bereich des Controllings wird durch eine Dokumentation der Soll- beziehungsweise Ist-Prozesse und durch entsprechende Abweichungsanalysen unterstützt. Das System integriert ebenfalls zahlreiche Kommunikationssysteme und ermöglicht die verteilte Verwaltung von Dokumenten.[303]

Im Rahmen eines weiteren Forschungsprojekts ist darauf aufbauend in den Jahren 1996 bis 1998 an der Universität Saarbrücken ein System mit dem Namen DEVICE entwickelt worden. Dieses Werkzeug unterstützt die Auftragsabwicklung innerhalb virtueller Netzwerke von der Akquisition über die auftragsspezifische Ausgestaltung der gebildeten

[303] Vgl. Mueller-Wuensch (1995), S. 66ff.

virtuellen Unternehmen bis hin zum Auftragsabschluss. Der Bildung eines virtuellen Unternehmens liegt in diesem System ein fünfstufiger Prozess zugrunde, der die Konstituierung eines virtuellen Unternehmens weitestgehend automatisiert. Darüber hinaus unterstützt das Werkzeug die Dokumentation elektronischer Vereinbarungen und erlaubt eine Bewertung der Partnerunternehmen.[304]

Die neusten Forschungsergebnisse sind in einem Forschungsprojekt in Kooperation der Universitäten Göttingen und München entstanden, die die Systeme VICOPLAN und VICOPLANWS entwickelt haben. Beide Systeme unterstützen ebenfalls analog zu DEVICE die Auftragsabwicklung innerhalb virtueller Netzwerke. Das System VICOPLAN zeichnet sich gegenüber den Vorgängersystemen vor allem durch Controlling-funktionalitäten sowohl auf der Ebene des einzelnen Auftrags (auftragsbezogene Sichtweise) als auch auf der Ebene des kompletten virtuellen Netzwerks und der einzelnen Partnerunternehmen (auftragsübergreifende Sichtweise) aus. Das Konzept für das Informationssystem ist dabei in enger Zusammenarbeit mit einem realen virtuellen Netzwerk entstanden und das System selbst ist in der Praxis durch dieses Netzwerk erprobt worden. VICOPLAN weist allerdings Schwächen in der Systemkonzeption auf, da das System auf Basis der Skriptsprache PHP realisiert ist und die Datenspeicherung in einer Access-Datenbank erfolgt. Im Prinzip handelt es sich bei VICOPLAN um einen Monolithen, wodurch eine einfache Wartbarkeit und Skalierbarkeit des Systems sowie eine Anpassung der Nutzungsoberfläche nur mit großem Aufwand zu realisieren ist. Mittlerweile greift VICOPLAN allerdings auf eine relationale Datenbank (MySQL) zurück.[305] Auch sind sowohl Schnittstellen zum Export von Datenbeständen als auch Schnittstellen zur Kopplung mit den heterogenen Informationssystemen der Partner-unternehmen nicht vorgesehen und nur durch hohen Aufwand zu ergänzen.

VICOPLANWS stellt das zweite im Rahmen dieses Forschungsprojekts entwickelte Informationssystem dar. Dabei werden durch VICOPLANWS die Schwächen von VICOPLAN entkräftet beziehungsweise beseitigt. Der durch VICOPLAN vorgehaltene Funktionsumfang bleibt allerdings aufgrund des erprobten Konzepts auch beim Nachfolgesystem VICOPLANWS bestehen. Somit greift das Nachfolgesystem auf das etablierte Fachkonzept von VICOPLAN zurück. Allerdings werden erweiterte Rahmen-bedingungen an VICOPLANWS gestellt, die sich durch den Praxiseinsatz von VICOPLAN ergeben haben und die die Schwächen vor allem im Systemdesign von VICOPLAN eliminieren. Es wird aber ebenfalls ein zentrales Informationssystem angestrebt, da nur durch eine solche zentrale Architektur die Informationsbedürfnisse innerhalb virtueller Netzwerke und somit innerhalb virtueller Unternehmen adäquat abgebildet werden können. Der Name VICOPLANWS des Systems rührt daher, dass es

---

304 Vgl. Odendahl / Scheer (1999), S. 79ff.
305 Vgl. Hess (2002a), S. 24ff.; Hess / Katzy / Wittenberg (2003), S. 20.

sich um eine Weiterentwicklung von VICOPLAN handelt und die gleichen Funktionalitäten durch das System abgebildet werden. Außerdem kommen Web Services als zentraler Technologiebaustein zum Einsatz. Dabei werden die Vorteile von VICOPLANWS hauptsächlich durch die Nutzung von Web Services erzielt, wodurch ein plattform- und programmiersprachenunabhängiger Zugriff auf VICOPLANWS ermöglicht wird. Weitere Vorteile werden durch die konkrete Umsetzung auf Basis eines anderen Architekturkonzepts erzielt, wodurch eine Verbesserung hinsichtlich der Kriterien der Skalierbarkeit, der Wartbarkeit und Erweiterbarkeit erreicht wird. Das Konzept von VICOPLANWS wird nachfolgend skizziert. Allerdings werden zuerst kurz die wesentlichen Rahmenbedingungen an VICOPLANWS vorgestellt, anhand derer eine Bewertung von VICOPLANWS am Ende dieses Abschnitts vorgenommen wird.

Als Zielsetzung der VICOPLANWS zugrunde liegenden Architektur ist auf der einen Seite eine einfache Einbindung beliebiger Datenbanksysteme angestrebt worden, um die bisher etablierte Datenspeicherung auf Basis einer Access-Datenbank hinsichtlich der Skalierbarkeit zu verbessern. Durch dieses Vorgehen können auch eventuell vorhandene datenbankspezifische Kernkompetenzen innerhalb virtueller Netzwerke genutzt werden, um dadurch Synergieeffekte zu erzielen. Die weiterentwickelte Architektur sollte mit Blick auf die Eigenschaften Erweiterbarkeit, Skalierbarkeit sowie Wartbarkeit modular aufgebaut sein, um im Vergleich zu den bisherigen monolithischen Systemen Verbesserungen hinsichtlich dieser Eigenschaften zu erreichen.[306] Zudem sollte sich die Weiterentwicklung durch eine individuell und flexibel gestaltbare Nutzeroberfläche für die verschiedenen Perspektiven (Kunde, Partner, Broker) auszeichnen, um bei diesen Zielgruppen keine Einstiegsbarrieren in die Systemnutzung aufzubauen. Ebenfalls sollten Schnittstellen etabliert werden, die die Integration der Funktionalitäten in die Informationssysteme der Partnerunternehmen erlauben. Hierbei sollte die Schnittstelle eine hohe Interoperabilität besitzen. Neben diesen technischen Rahmenbedingungen sollte auf der anderen Seite die einfache Nutzung des zentralen Informationssystems auf der Basis eines Webbrowsers als ein möglicher Zugangsweg bestehen bleiben, da Webbrowser durch den Boom des Internets eine weite Verbreitung erfahren haben und mittlerweile zur Grundausstattung eines jeden Betriebssystems gehören. Eine Änderung des Grundsatzes, künftig Webbrowser als kostenlose Software für alle Systemplattformen zur Verfügung zu stellen, zeichnet sich darüber hinaus ebenfalls nicht ab. Bei der Praxiserprobung von VICOPLAN hat sich zudem dieser Zugang als vorteilhaft erwiesen, da die Anwender den Umgang mit einem Webbrowser gewohnt sind.

Nachfolgend wird kurz das Fachkonzept von VICOPLANWS dargestellt, welches dem Fachkonzept von VICOPLAN entspricht und aufgrund der Bewährung von VICOPLAN im Praxiseinsatz unverändert beibehalten werden soll. Beide Systeme weisen somit den

[306] Vgl. Sydow / Winand (1998), S. 26.

gleichen Funktionsumfang auf, eine Erweiterung des Funktionsumfangs ist bewusst aufgrund der Praxiserfahrungen von VICPLAN für VICOPLANWS nicht angestrebt worden. Bei VICOPLANWS erfolgt jedoch eine andere technische Umsetzung, die die im vorigen Absatz aufgezeigten Rahmenbedingungen und Zielsetzungen erfüllt und somit die bisherigen Schwächen von VICOPLAN eliminiert.

5.2.5 Fachkonzept des zentralen Informationssystems

Bei der detaillierten Betrachtung der fachlichen Anforderungen wird zunächst eine auftragsbezogene Perspektive gewählt, die später um eine auftragsübergreifende Sichtweise erweitert wird. Somit gelingt es, die fachlichen Anforderungen von (auftragsbezogenen) virtuellen Unternehmen und (auftragsübergreifenden) virtuellen Netzwerken voneinander abzugrenzen. Das Bindeglied zwischen diesen beiden Perspektiven bildet die Stammdatenverwaltung, die am Ende dieses Abschnitts dargestellt wird.[307]

In der auftragsbezogenen Sichtweise sollen die Anforderungen anhand des Lebenszyklus eines virtuellen Unternehmens abgeleitet werden. Da sich die Lebensdauer eines virtuellen Unternehmens auf die Abwicklung eines gemeinsamen Auftrags beschränkt, beginnt der Lebenszyklus mit der Anfrage eines (potenziellen) Kunden und endet mit der Abrechnung des Auftrags. Die hier angesiedelten Anforderungen können als Auftragsmanagement innerhalb des Systems bezeichnet werden.

Die Erfassung eines potenziellen Kundenauftrags und somit der Kundenanfrage steht am Beginn des Lebenszyklus eines Auftrags innerhalb eines virtuellen Unternehmens. Diese Aufgabe wird entweder durch den Kunden selbst oder aber durch das akquirierende Partnerunternehmen durchgeführt. Neben einer detaillierten Auftragsbeschreibung können während der Phase ergänzende Dokumente, wie beispielsweise CAD-Zeichnungen, erfasst werden.

Die erfassten Anfragen werden dann durch einen Broker in mehrere Teilanfragen partitioniert. Der Broker wird von den Mitgliedern des virtuellen Netzes entweder dauerhaft oder für die Dauer der Abwicklung eines Auftrages eingesetzt. Alternativ kann die Rolle des Brokers aber auch auf das Unternehmen fallen, das dem Netzwerk die entsprechende Anfrage zugeführt hat.[308] Danach werden diesen Teilanfragen die zur Bearbeitung benötigten Kompetenzen zugeordnet. Die Teilanfragen mit den zugeordneten Kompetenzen werden dann an die Partnerunternehmen ausgeschrieben, die

---

[307] Vgl. für die folgenden Ausführungen Burghardt et al. (2003b), S. 90ff.; Hess (2002a), S. 27ff.; Hess (2002b), S. 145ff.

[308] Vgl. Mertens / Griese / Ehrenberg (1998), S. 12ff.; Miles / Snow (1986), S. 64.

das geforderte Kompetenzprofil vorweisen. Der Broker kann aber auch eine seinen persönlichen Präferenzen folgende weitere Selektion und somit Einschränkung der an der Ausschreibung teilnehmenden potenziellen Partnerunternehmen vornehmen. Neben der Teilanfrage werden den an der Ausschreibung beteiligten Partnerunternehmen die Bedingungen und die Fristen der Ausschreibung bereitgestellt. Sind für eine Teilanfrage keine Kompetenzen im Netzwerk vorhanden, so wird die Anfragebearbeitung an dieser Stelle beendet und der Kunde informiert, dass das Netzwerk die benötigten Kernkompetenzen nicht besitzt. Dieser Fall lässt sich allerdings im Vorfeld durch den akquirierenden Partner vermeiden. Werden im zentralen Informationssystem neben den Kompetenzen auch deren freien Kapazitäten bei den Partnern hinterlegt, so kann an dieser Stelle ein Abbruch aufgrund von Kapazitätsengpässen erfolgen.

Die teilnehmenden Partnerunternehmen werden über die Ausschreibung informiert und können entsprechende Teilangebote abgeben. Aus den Teilangeboten aggregiert der Broker nach Ablauf der Ausschreibungsfrist ein Gesamtangebot. Bei der Auswahl der Teilangebote können neben monetären Kriterien auch qualitative Kriterien (Zertifikate, Zuverlässigkeit, etc.) durch den Broker berücksichtigt werden.[309] Die Abgabe von Teilangeboten erfolgt in einer standardisierten Form, damit die nachfolgende Aggregation der eingehenden Angebote effektiv durchgeführt werden kann und eine spätere Abweichungsanalyse problemlos möglich ist.

Wird das Gesamtangebot vom Kunden angenommen, müssen alle beteiligten Partnerunternehmen benachrichtigt werden und die Auftragsausführung kann beginnen. Während der Auftragsausführung müssen die Partnerunternehmen untereinander koordiniert werden. Dazu ist es notwendig, die Teilaufträge mit Netzplänen oder ähnlichen Hilfsmitteln untereinander in Beziehung zu bringen und die Teilaufträge ständig mit aktuellen Fortschrittszahlen sowie den bisher angefallenen Kosten bei den Partnerunternehmen zu belegen. Dadurch wird beispielsweise eine automatische Benachrichtigung der beteiligten Partnerunternehmen bei Zeitverzug ermöglicht. Nach der Auftragsausführung müssen alle beteiligten Partnerunternehmen die tatsächlich für die Ausführung ihres Teilauftrags entstandenen Kosten abrechnen. Der Broker kontrolliert die Teilabrechnungen und aggregiert diese zu einer Gesamtrechnung. Sind Teilzahlungen mit dem Kunden vereinbart, so kann diese Aggregation bei festgelegten Meilensteinen innerhalb der Auftragsabwicklung auf Basis der bisher bei den Teilaufträgen zugeordneten Kosten entstehen.

Während des ganzen Lebenszyklus des virtuellen Unternehmens muss ein Auftrags-Controlling stattfinden, das alle Tätigkeiten umfasst. Durch das Auftrags-Controlling sollen zeitliche und monetäre Abweichungen während der Abwicklung des Auftrags

[309] Vgl. Wittenberg / Hess (2002), S. 107ff.

erkannt werden, um adäquate Gegenmaßnahmen durch den Broker zu ermöglichen. Beispielsweise können durch die oben genannten Netzpläne Verzögerungen erkannt und zeitkritische Teilaufträge identifiziert werden. Anhand der abgegebenen Angebote im Rahmen der Ausschreibung kann ein Abgleich mit den tatsächlich angefallenen Kosten und somit eine monetäre Abweichungsanalyse erfolgen.

Die Abbildung 56 veranschaulicht die einzelnen Phasen der Auftragsabwicklung.

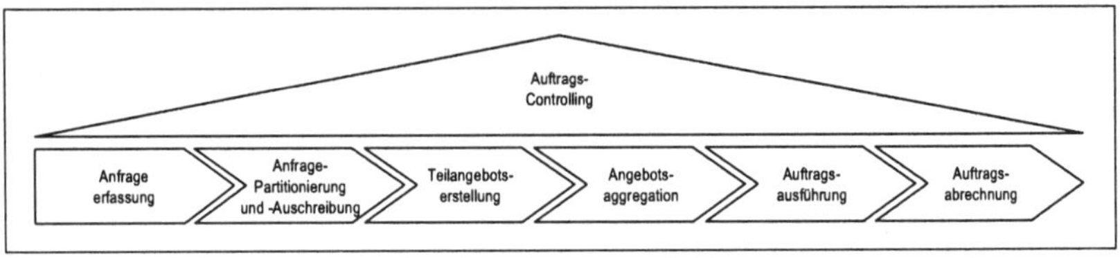

Abbildung 56: Fachliche Anforderungen auf der auftragsbezogenen Ebene innerhalb virtueller Unternehmen

Neben dieser auftragsspezifischen Sichtweise ist noch eine auftragsübergreifende Sichtweise zu spezifizieren, die den langfristigen Erfolg eines virtuellen Netzwerks sichern und die Basis für strategische Entscheidungen bilden soll. Diese auftragsübergreifende Sichtweise besteht aus dem so genannten Netzwerk-Controlling, welches alle aus einem Partnerpool gebildeten virtuellen Unternehmen umfasst, so dass eine Messung des Erfolgs des virtuellen Netzwerks stattfinden kann. Die relevanten Erfolgsgrößen des Netzwerks werden von den Partnerunternehmen festgelegt und ähneln Erfolgsgrößen „klassischer“ Unternehmen.[310]

Wie bereits zu Beginn angeführt, wird das Bindeglied zwischen der auftragsspezifischen und der auftragsunabhängigen Sichtweise durch die Stammdatenverwaltung des Systems gebildet. Diese hält Funktionalitäten bereit, die es ermöglichen, die im System hinterlegten Stammdaten zu pflegen. Dazu zählen unter anderen Informationen zu den im Partnerpool befindlichen Partnerunternehmen und deren Kompetenzen sowie Informationen über die Nutzer des Systems.[311] Auf Basis der hinterlegten Kompetenzen ist es dann beispielsweise auf der einen Seite auf auftragsspezifischer Ebene möglich, die Ausschreibung der Teilanfragen im Rahmen der Auftragsabwicklung durchzuführen, da hierbei Kompetenzen den einzelnen Teilanfragen zugeordnet werden müssen. Auf der anderen Seite können die Kompetenzen in der auftragsübergreifenden Ebene für die Identifikation von fehlenden Kompetenzen genutzt werden, um auf Basis dieser Analyse dann über eine Erweiterung des Partnerpools des virtuellen Netzwerks nachzudenken beziehungsweise diese anzustreben. Eine Berechnung der im virtuellen Netzwerk relevanten Erfolgsgrößen und somit ein Netzwerk-Controlling ist teilweise sogar erst

---

[310] Vgl. zu relevanten Erfolgsgrößen in virtuellen Netzwerken u. a. Wohlgemuth / Hess (2002), S. 292ff.
[311] Vgl. Hess (2002b), S. 282ff.

durch Kombination der durch die Stammdatenverwaltung hinterlegten sowie die durch die auftragsspezifische Ebene erfassten Daten möglich. Neben diesen Daten fallen auch die Berechtigungsdaten und eine entsprechende Verwaltung in den Funktionsbereich der Stammdatenverwaltung, da diese den Zugriff auf die im System hinterlegten Daten steuern.

Die Abbildung 57 stellt die fachlichen Anforderungen an ein solches zentrales Informationssystem für virtuelle Netzwerke dar. Es wird deutlich, dass die auftragsspezifische Ebene die Funktionalitäten der Stammdatenverwaltung nutzt und diese als Kernkomponente im Informationssystem vorzuhalten ist. Das Netzwerk-Controlling ihrerseits nutzt die sowohl durch die auftragsbezogene Ebene als auch durch die Stammdatenverwaltung hinterlegten und erfassten Daten, um daraus die relevanten Erfolgsgrößen für das virtuelle Netzwerk zu ermitteln.

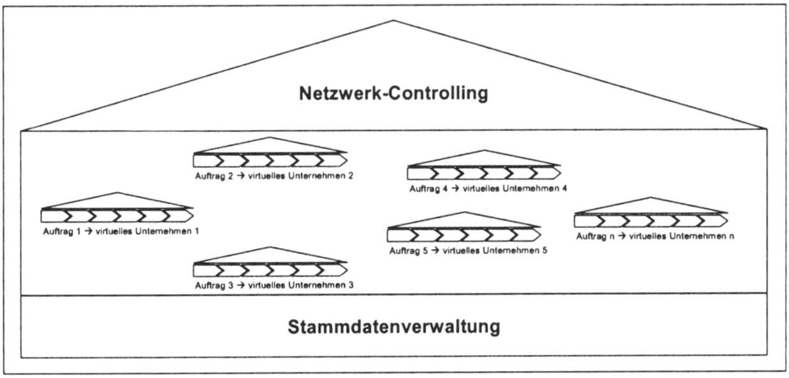

Abbildung 57: Fachliche Anforderungen an ein virtuelles Netzwerk

In der nachfolgenden technischen Umsetzungen müssen somit entsprechende Module vorgehalten werden, die die Auftragsabwicklung und somit das Auftragsmanagement, die Stammdatenverwaltung und das Controlling sowohl auf auftragsspezifischer als auch auf auftragsunabhängiger Ebene ermöglichen.

5.2.6 Technische Umsetzung

In diesem Abschnitt wird zunächst ein Überblick über die gewählte Basisarchitektur des Informationssystems gegeben. Daran anschließend wird detailliert auf die Umsetzungen der einzelnen Ebenen innerhalb der Basisarchitektur eingegangen.

5.2.6.1 Basisarchitektur

Wie die bisherigen Ausführungen gezeigt haben, kann für die technische Realisierung der aufgezeigten Anforderungen lediglich eine zentrale Architektur in Betracht kommen. Dies bedeutet jedoch nicht, dass das zu realisierende Informationssystem auch zentral auf einem Rechner betrieben werden muss, sondern fordert lediglich die Transparenz des Informationssystems. Jedem Nutzer des Systems erscheint es „als ein Ganzes". Für solche Anwendungen haben sich in der Regel so genannte Schichtenanwendungen etabliert. Bei Schichtenanwendungen ist eine Verteilung der Schichten auf verschiedene Rechner möglich, da die Anwendungsschichten untereinander über klar definierte Schnittstellen die Informationen austauschen. Die Schichtenarchitekturen sind daher gut skalierbar und der Austausch der einzelnen Schichten bei Anpassungen der Funktionalität ist bei Beibehaltung der Schnittstellensignatur problemlos möglich, wodurch die Wartbarkeit sowie die Erweiterbarkeit der einzelnen Funktionalitäten in den einzelnen Schichten der Anwendungen sichergestellt werden. Durch diese Schichtenarchitektur wird weiterhin auch die geforderte Modularität in Form der Aufteilung in Schichten des zentralen Informationssystems zum Teil extern vorgegeben, so dass auch eine Wiederverwendbarkeit der vorgehaltenen Funktionalitäten erreicht wird.[312]

Da als weitere Rahmenbedingung der Zugriff über Standardsoftware und dort speziell der Webbrowser als Zugangsform gefordert ist, kommt das Grundprinzip einer klassischen Webanwendung zum Einsatz. Im Allgemeinen werden unter Webanwendungen Anwendungen verstanden, bei denen die Kommunikation zwischen der Anwendung und dem Benutzer über einen Webbrowser erfolgt und bei denen etablierte Webtechnologien zum Einsatz kommen.[313] Die Webanwendungen basieren in der Regel auf einer so genannten 4-Schicht-Architektur, die die Webanwendung in eine Daten-, eine Geschäftslogik-, eine Präsentationslogik- und eine Präsentationsschicht unterteilt.[314] Diese klassische 4-Schicht-Architektur, ergänzt um eine weitere Schicht, die zwischen der Geschäftslogik- und der Präsentationslogikschicht angesiedelt ist, wird als Basisarchitektur genutzt. Diese ergänzte Schicht kann dabei als Web Service Schicht bezeichnet werden. Die eben dargestellte Basisarchitektur wird in der Abbildung 58 visualisiert und nachfolgend beschrieben.

---

[312] Vgl. Balzert (2001), S. 706f.; Dunkel / Holitschke (2003), S. 16ff.
[313] Vgl. Conallen (2000), S. 19f.
[314] Vgl. Noack et al. (2000), S. 8ff.; Wutka (2002), S. 40ff.

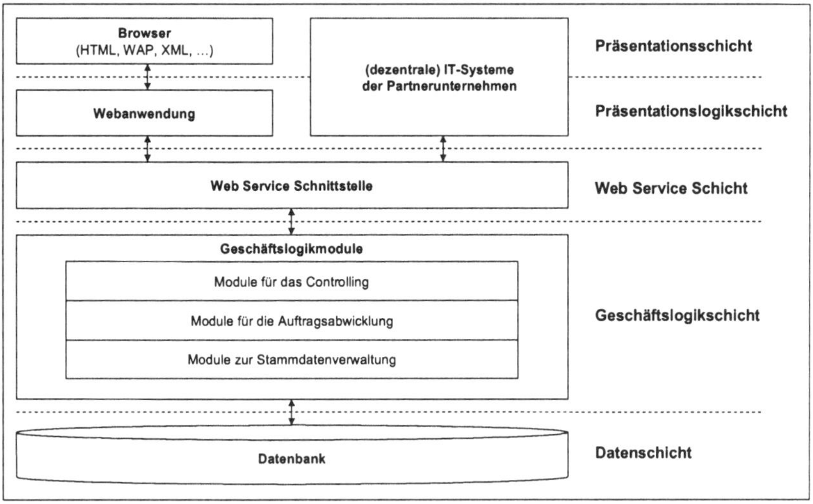

Abbildung 58: Basisarchitektur des Informationssystems für virtuelle Netzwerke

Die unterste Schicht der Anwendung dient der Datenspeicherung in einer Datenbank. Der Zugriff auf diese Datenschicht und somit auf die gespeicherten Daten erfolgt ausschließlich über die Geschäftslogikschicht. Ein anderer Zugang zu den Daten ist nicht möglich. Für alle Anwender des Informationssystems wird ein gemeinsamer Pool von in der Geschäftslogikschicht etablierten Funktionalitäten zur Datenmanipulation genutzt und dadurch die Datenkonsistenz garantiert. Bei einem direkten Zugriff auf die Daten aus höher liegenden Schichten besteht immer die Gefahr, dass nicht zulässige Änderungen der Daten vorgenommen werden können und somit die Datenkonsistenz gefährdet ist.

Die Geschäftslogikschicht kapselt die drei Hauptmodule „Stammdatenverwaltung", „Auftragsabwicklung" und „Controlling", die ihrerseits in sich in mehrere Submodule zerfallen und die fachlichen Anforderungen umsetzen. Beispielsweise wird durch das Hauptmodul „Auftragsabwicklung" der komplette Geschäftsprozess innerhalb eines virtuellen Unternehmens von der Anfragebearbeitung bis zur Abrechnung gewährleistet. Diese Aufteilung in Module und Submodule wird durch das Kapseln von zusammengehörenden Funktionalitäten erreicht. Somit ist es möglich, einzelne Module oder die kleineren Submodule aufgrund der standardisierten Schnittstellen nach außen austauschen beziehungsweise an spezielle Anforderungen der unterschiedlichen virtuellen Netzwerke anzupassen, so dass hierdurch eine hohe Flexibilität und Wartbarkeit des Systems erreicht wird.

Sämtliche Funktionalitäten der Geschäftslogikschicht werden durch standardisierte Schnittstellen durch die Web Service Schicht nach außen publiziert und lassen sich dann als einzelne Web Services ansprechen. Da Web Services über eine hohe Interoperabilität verfügen und plattform- und programmiersprachenunabhängig angesprochen werden können, ist die Nutzung der Funktionalitäten der Geschäftslogik durch verschiedene andere Anwendungen möglich. Es lassen sich hierbei in der Regel zwei Arten von Anwendungen unterscheiden. In der Architektur wird dies durch die vertikale Zweiteilung der beiden oberen Schichten (Präsentationslogik- und Darstellungsschicht) verdeutlicht.

Auf der einen Seite kann die Präsentationslogikschicht einer „klassischen" Webanwendung die Web Service Schicht nutzen und somit auf die Funktionalitäten der Geschäftslogik zugreifen. Dabei kombiniert diese Schicht die Aktivierung der Web Services entsprechend der Benutzeranforderung, bereitet die gelieferten Informationen grafisch auf und reicht diese an die Präsentationsschicht weiter. Die Präsentationsschicht übernimmt dann die Darstellung und wird in der Regel durch einen Webbrowser realisiert. Neben den weit verbreiteten Browsern für Personal Computer können auch andere Browser beispielsweise auf Personal Digital Assistents (PDAs) und Handys unterstützt werden. Somit beschränkt sich die Architektur nicht auf ein einzelnes Zielmedium.

Auf der anderen Seite können die Partnerunternehmen ihre Informationssysteme über die Web Service Schicht direkt mit dem zentralen Informationssystem koppeln. Dadurch ist es den Partnerunternehmen möglich, einzelne Funktionalitäten des zentralen Systems in ihre eigenen Informationssysteme zu integrieren oder einzelne Funktionen beziehungsweise Prozesse durch das eigene Informationssystem abwickeln zu lassen und die dafür benötigten Informationen oder aber deren Ergebnisse in das zentrale System zu ex- beziehungsweise zu importieren. Beispielsweise kann ein Partnerunternehmen Angebote für Teilanfragen mit einem eigenen auf die persönlichen Bedürfnisse angepassten System erstellen und diese über eine entsprechende Schnittstelle auf Basis von Web Services in das zentrale Informationssystem einspeisen. Um diese Integrationsmöglichkeit in die vorhandenen Informationssysteme bei den Partnerunternehmen zu nutzen, müssen diese allerdings, wie aufgezeigt, über entsprechende Schnittstellen zur Kopplung verfügen.

5.2.6.2 Umsetzung

Nachfolgend werden die Eckpunkte der Systemrealisierung dargestellt und erläutert. Dabei werden die Schichten der Basisarchitektur bei den Ausführungen von unten nach oben durchschritten.

Die Datenschicht ist für die permanente Speicherung aller relevanten Daten des zentralen Informationssystems zuständig. Dabei können alle gängigen Datenbankmanagementsysteme zum Einsatz kommen, die die Datenbankabfrage- und Datenbankmanipulationssprache SQL interpretieren können. Die konkrete Umsetzung nutzt die

MySQL-Datenbank, allerdings stehen auch Realisierungen für die Datenbanken ORACLE 8i als auch SAP DB auf dieser Ebene zur Verfügung.

Auf der Geschäftslogikschicht erfolgt die Realisierung unter Verwendung des J2EE-Frameworks und somit unter Nutzung der Programmiersprache Java. Dabei garantiert die gewählte Programmiersprache den plattformunabhängigen Betrieb des zentralen Informationssystems. Zudem wird das J2EE-Framework durch eine Vielzahl von Applikationsservern von verschiedenen Anbietern unterstützt, wodurch auch hier eine dauerhafte Bindung auf einen speziellen Anbieter von Applikationsservern verhindert wird. Als Applikationsserver kommt Tomcat in der Version 4.1 zum Einsatz. Die durch die Geschäftslogikebene vorgehaltenen Funktionalitäten werden in Modulen gekapselt, die jeweils ein eng abgegrenztes Funktionsspektrum abdecken. Das Hauptmodul „Auftragsabwicklung“ übernimmt beispielsweise die komplette Auftragsabwicklung in einem virtuellen Unternehmen ausgehend von der Auftragserfassung bis zur Auftragsabrechnung. Um eine bessere Wartbarkeit sowie eine bessere Flexibilität zu erzielen, zerfallen die Hauptmodule in sich in so genannte Submodule. Alle Module greifen auf ein so genanntes Unterstützungsmodul zu, welches sich in verschiedene Submodule aufgliedert und unter anderem Funktionalitäten zum Datenbankzugriff aber auch zur Protokollierung von Nutzeraktionen bereitstellt. Dabei werden innerhalb der Hauptmodule das Geschäftslogik- und ein Datenmodul als Submodule unterschieden. Das Geschäftslogikmodul setzt die Logik der einzelnen Funktionalitäten um. Das Datenmodul übernimmt die Aufgabe, die durch das Geschäftslogikmodul bereitgestellten oder angeforderten Daten in SQL-Statements zu überführen und diese dann dem Submodul „Datenbankzugriff“ zu übergeben. Die Kommunikation zwischen den Modulen erfolgt immer auf der Ebene der Geschäftslogikmodule, weitere Kommunikationsverzweigungen zwischen den Modulen sind nicht realisiert, wodurch immer die Konsistenz der Daten durch die im Geschäftslogikmodul hinterlegten Funktionalitäten gewährleistet wird. Eine Anordnung der Submodule zeigt, dass in der Geschäftslogik eine stringente Dreiteilung in horizontaler Weise erreicht worden ist.

Die Abbildung 59 veranschaulicht einen Ausschnitt der in der Geschäftslogikschicht vorgehaltenen Module sowie deren Kommunikationsbeziehungen.

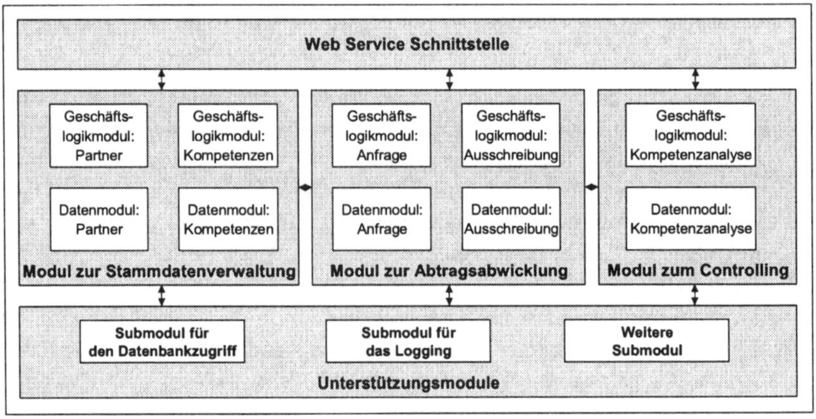

Abbildung 59: Ausschnitt der Module der Geschäftslogikschicht

Die Veröffentlichung der kompletten durch die Geschäftslogikschicht gekapselten Funktionalitäten erfolgt dann durch die Web Service Schicht. Alle Funktionen des Systems lassen sich somit über Web Services nutzen und aktivieren. Dabei wird diese Aufgabe im Prototypen durch Verwendung des Programmpakets Axis in Version 1.1 von Apache realisiert, da dieses Programmpaket optimal auf den verwendeten Applikationsserver abgestimmt ist.

Auf der Präsentationslogikschicht ist eine Webanwendung nach dem Model-View-Controller-Entwurfsmuster für J2EE-Anwendungen etabliert worden. Dieses Entwurfsmuster zerlegt die dort anzusiedelnde Anwendung in logische Einheiten und sieht die folgenden drei verschiedenen Objekte vor. Das Anwendungsobjekt wird durch das Model-Objekt abgebildet, welches alle relevanten Informationen der Anwendung bereitstellt. Das View-Objekt realisiert die visuelle Darstellung und das Controller-Objekt bestimmt die Möglichkeiten, wie auf eine bestimmte Benutzereingabe zu reagieren ist. Dabei wird eine Nutzeranfrage immer durch folgendes Vorgehen abgearbeitet: Das Controller-Objekt nimmt die Nutzeranfrage an und fordert das Model-Objekt auf, die für die Bearbeitung der Nutzeranfrage notwendigen Informationen durch entsprechende Kombinationen von Web Services bereitzustellen. Nach der Bereitstellung der Informationen wird das entsprechende View-Objekt benachrichtigt, welches dann die Visualisierung der angeforderten Informationen übernimmt und diese um mögliche weiterführende Nutzerinteraktionen anreichert.[315] In der prototypischen Implementierung wird das Controller-Objekt durch ein Servlet umgesetzt. Die realisierten View-Objekte sind entsprechende Java Server Pages (JSPs).

---

315 Vgl. Dunkel / Holitschke (2003), S. 345.; Turau / Saleck / Schmidt (2001), S. 15f. u. S. 145ff.

Auf der Präsentationsschicht wird als Zugangssoftware ein Webbrowser eingesetzt, der die Darstellung der durch das View-Objekt gelieferten HTML-Seiten übernimmt. Um hier für die beiden betrachteten Schichten ebenfalls die Unabhängigkeit der gewählten Realisierung aufzuzeigen, ist ebenfalls eine Anwendung auf Basis des .NET Frameworks entwickelt worden, die ebenfalls über die gleichen Schnittstelle auf die Funktionalitäten des Informationssystem zugreift und einen Ausschnitt des Funktionsumfangs der Webanwendung bereitstellt. Durch die .NET-Anwendung konnten die Web Services ebenfalls ohne Probleme genutzt werden.

In der Abbildung 60 wird dieser Ablauf einer Nutzeranfrage schematisch veranschaulicht. Bei den dargestellten Webseiten wird bewusst auf eine Lesbarkeit verzichtet, da durch die Abbildung lediglich das Grundprinzip des Ablaufs visualisiert werden soll. Oben links in der Abbildung ist die Ausgangswebseite zu sehen, auf der der Nutzer die Nutzerinteraktion mit dem System ausführt. Die ausgelöste Anfrage wird an das Controller-Objekt weitergeleitet und es erfolgt eine Verarbeitung nach dem im Modell-View-Controller-Entwurfsmuster vorgesehenen Vorgehen. Oben rechts ist die Webseite dargestellt, die nach Abarbeitung der Nutzeranfrage als visuelle Darstellung durch das genutzte View-Objekt zurückgeliefert wird. Der Zugriff des Modell-Objekts auf die Web Service Schicht des zentralen Informationssystems und somit auf die dort vorgehaltenen Funktionalitäten wird durch die Wolke mit der Beschriftung „Web Services“ symbolisiert.

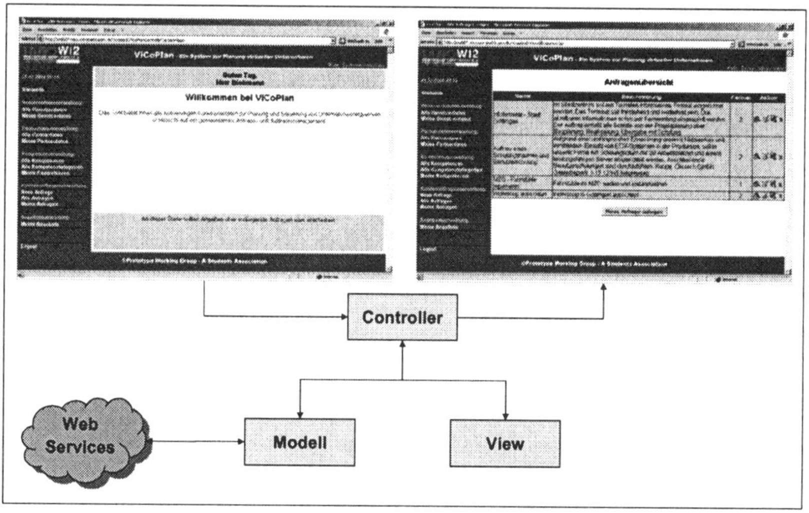

Abbildung 60: Schematische Darstellung des Ablaufs auf der Präsentationslogikschicht

Die Abbildung 61 zeigt die bei einer durch das Modell-Objekt ausgelösten Aktivierung eines Web Services übertragene Nachricht an das zentrale Informationssystem. Dabei wird durch diese Nachricht die Funktionalität *getAllEnquiries* aufgerufen und somit das Informationssystem aufgefordert, alle hinterlegten Kundenanfragen zu übermitteln. Als Parameter wird jeder Nutzanfrage als Parameter mindestens die bei der System-anmeldung erteilte *Session-Id* übergeben, die im System zur Berechtigungsprüfung benötigt wird.

```xml
<?xml version="1.0" encoding="UTF-8"?>
<soapenv:Envelope xmlns:soapenv="http://schemas.xmlsoap.org/soap/envelope/" xmlns:xsd="…"
  xmlns:xsi="http://www.w3.org/2001/XMLSchema-instance">
  <soapenv:Body>
    <ns1:getAllEnquiries soapenv:encodingStyle="…" xmlns:ns1="http://localhost/axis/services/Vicoplan">
      <in0 xsi:type="xsd:string">118cf19e5b499d55</in0>
    </ns1:getAllEnquiries>
  </soapenv:Body>
</soapenv:Envelope>
```

Abbildung 61: Nachricht zur Anfrage aller im zentralen Informationssystem hinterlegten Kundenanfragen

Die Abbildung 62 stellt die zugehörige gekürzte Antwortnachricht auf die Anfrage aus der Abbildung 61 dar. Die Nachricht enthält aufgrund der vorgenommenen Kürzung lediglich Informationen über eine im System hinterlegte Kundenanfrage. Die übermittelten Informationen werden dann durch das View-Objekt visuell aufbereitet und an das Ausgabegerät weitergeleitet.

```xml
<?xml version="1.0" encoding="UTF-8"?>
<soapenv:Envelope xmlns:soapenv="http://schemas.xmlsoap.org/soap/envelope/" xmlns:xsd="..."
  xmlns:xsi="http://www.w3.org/2001/XMLSchema-instance">
  <soapenv:Body>
    <ns1:getAllEnquiriesResponse soapenv:encodingStyle="…" xmlns:ns1="http://localhost/axis/services/...">
      <getAllEnquiriesReturn href="#id0"/>
    </ns1:getAllEnquiriesResponse>
    <multiRef id="id0" soapenc:root="0" soapenv:encodingStyle="http://schemas.xmlsoap.org/soap/encoding/"
      xsi:type="ns2:getEnquiriesResponse" xmlns:soapenc="…" xmlns:ns2="urn:BeanService">
      <enquiries xsi:type="soapenc:Array" soapenc:arrayType="ns2:Enquiry[6]">
        <item href="#id1"/>
    </enquiries>
      <status xsi:type="xsd:string">OK</status>
    </multiRef>
    <multiRef id="id1" soapenc:root="0" soapenv:encodingStyle="…" xsi:type="ns8:Enquiry"
      xmlns:ns8="urn:BeanService" xmlns:soapenc="http://schemas.xmlsoap.org/soap/encoding/">
      <description xsi:type="xsd:string">
        Im Stadtzentrum soll ein Touristen-Informations-Termial eingerichtet werden.
        Das Terminal soll freistehend und wetterfest sein.
        Die abrufbaren Informationen sollen per Fernwartung eingespielt werden.
        Der Auftrag umfaßt alle Schritte von der Projektplanung über Bauplanung, Übergabe mit Schulung.
      </description>
      <enquiryID xsi:type="xsd:int">37</enquiryID>
      <name xsi:type="xsd:string">Infoterminal - Stadt Göttingen</name>
      <partnerID xsi:type="xsd:int">2</partnerID>
    </multiRef>
  </soapenv:Body>
</soapenv:Envelope>
```

Abbildung 62: Gekürztes Antwortdokument aller im zentralen Informationssystem hinterlegten Kundenanfragen

5.2.7 Zusammenfassung und Beurteilung

In diesem Abschnitt wurden die Einsatzmöglichkeiten von Web Services diskutiert sowie ein Konzept für ein Werkzeug für die IT-Unterstützung innerhalb virtueller Netzwerke und somit innerhalb konkreter virtueller Unternehmen vorgestellt. Dazu wurden einleitend eine Begriffsdefinition vorgenommen und die Anforderungen an die Informationsinfrastruktur innerhalb virtueller Netzwerke aufgezeigt. Daran anschließend wurden potenzielle Einsatzszenarien von Web Services erläutert. Dabei ergab sich, dass die beste IT-Unterstützung innerhalb virtueller Netzwerke durch ein zentrales Informationssystem erzielt wird. Diese Feststellung hatte zur Folge, dass nachfolgend bisherige Entwicklungen von Werkzeugen für virtuelle Netzwerke aufgezeigt und die speziellen Rahmenbedingungen an ein solches Werkzeug eruiert wurden. Den Abschluss bildeten eine Darstellung des Fachkonzepts sowie der konkreten technischen Umsetzung des Werkzeugs. Bei der technischen Realisierung kamen Web Services als zentraler Technologiebaustein innerhalb des zentralen Informationssystems zum Einsatz.

Um eine Beurteilung der Ergebnisse zu ermöglichen und den Zielerreichungsgrad zu verdeutlichen, werden dem Leser nachfolgend stichpunktartig die eher technischen Rahmenbedingungen in Erinnerung gerufen, die bei der Realisierung einzuhalten waren und an denen sich das entwickelte System messen lassen muss:

- Einbindung beliebiger Datenbankmanagementsysteme
- Modularer Aufbau des Systems zur Verbesserung der Skalierbarkeit, der Wartbarkeit und der Erweiterbarkeit
- Einfach und individuell gestaltbare Nutzungsoberflächen
- Obligatorischer Zugang über Webbrowser
- Etablierung von Schnittstellen zur Anbindung von Informationssystemen der Partnerunternehmen

Eine Beurteilung hinsichtlich der Zielerreichung ergibt folgendes Bild: Durch die gewählte Schichtenarchitektur wird eine einfache Einbindung beliebiger Datenbankmanagementsysteme erreicht, da beim Wechsel des Datenbankmanagementsystems lediglich das Submodul „Datenbankzugriff“ aus den Unterstützungsmodulen ausgetauscht werden muss. Eine weitere Veränderung anderer Module ist nicht nötig.

Darüber hinaus gestattet der modulare Aufbau des Systems auf der Geschäftslogikschicht eine einfache Wartbarkeit, da bei veränderten Anforderungen jeweils nur die betroffenen Module angepasst und ausgetauscht werden müssen. Durch die modulare Gestaltung ist es weiterhin möglich, für verschiedene virtuelle Netzwerke beispielsweise verschiedene Submodule für die Auftragsausschreibung vorzuhalten, und somit die

Akzeptanz des Systems innerhalb verschiedener Netzwerke zu erhöhen. Zudem ist eine Erweiterbarkeit gegeben, da lediglich neue Module bereitgestellt und zugreifende Module beziehungsweise Submodule modifiziert werden müssen. In der Regel können die meisten Module unverändert weiter genutzt werden. Dies trifft vor allem für die in der Geschäftslogikschicht vorgehaltenen Datenmodule der einzelnen Funktionalitäten zu. Darüber hinaus ist eine gute Skalierbarkeit des Systems gegeben, da sich sowohl die Schichten als auch die einzelnen Module sowie deren Submodule auf verschiedene Rechner verteilen lassen.

Wird sich in einem virtuellen Netzwerk auf eine konkrete Ausprägung der Module und somit auf eine bestimmte Funktionalität des zentralen Informationssystems geeinigt und dafür auf der Präsentationslogikschicht eine entsprechende Anwendung nach dem vorgestellten Entwurfsmuster bereitgestellt, die die Nutzeranfragen entsprechend kanalisiert und die angebotenen Web Services aktiviert, so kann durch den Austausch lediglich der View-Objekte die Nutzeroberfläche einfach individuell und flexibel angepasst und gestaltet werden. Liefern die View-Objekte HTML-Seiten als Ausgabeformat, so wird dadurch der geforderte Zugang durch einen Webbrowser ermöglicht.

Darüber hinaus ist es möglich, eine kundenzentrierte Präsentationslogikschicht vorzuhalten. Diese nutzt ebenfalls die Funktionalitäten der Web Service Schicht und bietet dem Kunden eine Art Informationsportal an, in welchen beispielsweisen Informationen bezüglich des Auftragsfortschritts beziehungsweise Schnittstellen zum Export von elektronischen Rechnungen vorhanden sind. Dieses spezielle Informationsportal für den Kunden unterstützt dabei die Bildung einer „Corporate Identity" des virtuellen Netzwerks.

Da das zentrale Informationssystem die kompletten Funktionalitäten auf Basis von Web Services anbietet, ist auch eine direkte Einbindung der Funktionalitäten in die Informationssysteme der Partnerunternehmen möglich. Durch die Nutzung von Web Services wird auch eine hohe Interoperabilität der Schnittstellen garantiert, da diese plattform- und programmiersprachenunabhängig angesprochen und aktiviert werden können. An dieser Stelle ist jedoch anzumerken, dass durch die Etablierung einer Schnittstelle auf Basis von Web Services an beliebige andere Legacy-Systeme zwar auch eine Möglichkeit zur Bereitstellung der dort etablierten Funktionalitäten geschaffen werden kann, jedoch durch diese Schnittstelle keine Verbesserung des Legacy-Systems in Hinblick auf die Eigenschaften der Erweiterbarkeit, Wartbarkeit und Skalierbarkeit erreicht wird. Diese Eigenschaften müssen bereits beim Systemdesign und somit bei der technischen Umsetzung Berücksichtigung finden.

Durch VICOPLANWS werden somit alle an das System gestellten Anforderungen und Eckpunkte erfolgreich realisiert. Nachteilig an der gewählten Architektur wirkt sich lediglich die Performanz des Systems aus, die sich durch den Einsatz der Web Services

Schicht und der damit verbundenen Nutzung von SOAP und der Metasprache XML ergibt. Deren Ursache liegt im Volumen der zu übertragenden Nachrichten im Vergleich zu proprietären Formaten mit gleichem Inhalt, welches sich durchaus verachtfachen kann. Jedoch wird die erzielte Performanz durch die erhöhte Integrationsmöglichkeit und Flexibilität des Informationssystems überkompensiert. Die Weiterentwicklung im Bereich der Prozessortechnologie in Bezug auf deren Verarbeitungsgeschwindigkeit und die Möglichkeit der Optimierung der XML-Parser, die die Nachrichten verarbeiten, lässt eine Verbesserung der Performanz in Zukunft erwarten.

5.3 Verpackung von Altsystemen auf Basis von Web Services

Nachfolgend wird eine Fallstudie vorgestellt, in der die Möglichkeit, Altsysteme mit Web Services zu verpacken, analysiert wird. Die Fallstudie entstand in Zusammenarbeit mit der Hochschul-Informations-System GmbH (HIS), die die praktische Realisierung des Konzepts in ein Produkt integriert. Zunächst wird kurz die Problemstellung beim Praxispartner geschildert, die als Auslöser für die entstandene Fallstudie angesehen werden kann und die beiden beteiligten Softwarekomponenten werden näher beschrieben. Daran anschließend wird das fachliche Vorgehen zur Problemlösung aufgegriffen und die konkrete technische Lösung aufgezeigt. Der Abschnitt schließt mit einer kurzen Beurteilung der realisierten Architektur.

5.3.1 Problemstellung

Die Hochschul-Informations-System GmbH verfolgt den Zweck, die Hochschulen und die zuständigen Verwaltungen zu unterstützen, um diesen eine rationale und wirtschaftliche Erfüllung der Hochschulaufgaben zu ermöglichen.[316] Um diese Aufgaben zu erfüllen, gliedert sich das Unternehmen in die drei Abteilungen „Informationstechnologie in der Hochschulverwaltung“ (Abt. 1), „Hochschulforschung: Studium, Lehre, Forschung, Finanzierung“ (Abt. 2) sowie „Hochschulplanung: Bau, Bedarf, Ressourcen, Organisation“ (Abt. 3).[317] In Abteilung I des Unternehmens HIS werden dabei Softwareprodukte konzipiert und entwickelt, die innerhalb der Hochschulen zum Einsatz kommen können. Dabei umfasst die Produktpalette in diesem Bereich beispielsweise Produkte zur Studenten-, Prüfungs- und Zulassungsverwaltung, die praktisch den gesamten Lebenszyklus eines Studierenden an einer Hochschule informationstechnisch unterstützen. Es werden jedoch auch Produkte angeboten, die über den Fokus des

[316] Satzung der HIS GmbH, verfügbar unter http://www.his.de/pdf/satzung.pdf
[317] Vgl. dazu und zu weiteren Informationen zu den Abteilungen die Webadresse http://www.his.de.

Studierenden an einer Hochschule hinausgehen und beispielsweise das Gebäude- und Flächenmanagement, die Personal- und Stellenverwaltung und die Finanz- und Sachmittelverwaltung abdecken.[318]

Der Ausgangspunkt für das Entstehen dieser Fallstudie ist das Produkt „HIS QIS Modul SOS", welches den Studierenden in Selbstbedienung unter Nutzung des Internets gestattet, unter anderem folgende Funktionalitäten zu nutzen:

- Erfassung und Modifikation von ausgewählten im Studentenverwaltungssystem gespeicherten personenbezogenen Stammdaten (Adressen, E-Mail, Telefon, etc.)
- Rückmeldung in das nächste Semester durch Erteilung eines Lastschriftauftrags an die Hochschule
- Ausdruck von vordefinierten Bescheinigungen (Immatrikulations-, Exmatrikulationsbescheinigung, Bescheinigung für die Rentenversicherung, etc.)

Für die Realisierung der Rückmeldefunktionalitäten bietet sich eine Schnittstelle zur ebenfalls durch das Unternehmen HIS entwickelte Softwarekomponente „BSOS" an, die die für die Rückmeldung notwendigen Funktionalitäten kapselt. Der Zugang zu diesen Selbstbedienungsfunktionalitäten wird durch einen Webbrowser realisiert, da Webbrowser mittlerweile als Standardsoftware auf jeder Systemplattform kostenfrei zur Verfügung gestellt werden. Mit diesem Produkt wird die Zielsetzung verfolgt, auf der einen Seite eine Komforterhöhung aus Sicht des Studierenden zu erzielen, der eine Vielzahl von Aufgaben, die bisher durch das Studentensekretariat der Hochschule abgewickelt werden, nun eigenständig durchführen kann und somit den Gang zum Studentensekretariat einspart. Auf der anderen Seite wird das Studentensekretariat von den nun durch den Studierenden durchgeführten Routineaufgaben entlastet. Es findet also eine Arbeitsverlagerung von den Mitarbeitern des Studentensekretariats hin zum Studierenden statt.

Die technische Umsetzung des Produkts „HIS QIS Modul SOS" entspricht einer klassischen Webanwendung, deren Strukturierung dem etablierten Modell-View-Controller-Entwurfsmuster folgt.[319] Sowohl das Modell- als auch das Controller-Objekt, welches als Servlet realisiert wird, basieren auf der Programmiersprache Java. Das View-Objekt basiert auf Templates unter Nutzung von VELOCITY.[320] Somit ist die in diesem Bereich entwickelte Webanwendung prinzipiell plattformunabhängig einsetzbar und kann unter Verwendung eines jeden Applikationsservers betrieben werden. Als problematisch wirkt sich lediglich die technische Realisierung der Schnittstelle zur externen

---

[318] Vgl. zu den verschiedenen Einsatzgebieten der Softwareprodukte die Webadresse http://www.his.de/Abt1.

[319] Vgl. zum Modell-View-Controller-Entwurfsmuster die Ausführungen in Abschnitt 5.2.6.2.

[320] Für weitere Informationen zu VELOCITY siehe http://jakarta.apache.org/velocity/index.html.

Softwarekomponente „BSOS“ aus, die im Rahmen der Rückmeldung per Lastschrift sowohl für die Ermittlung des zu zahlenden Semesterbetrages als auch für die nach der Erteilung der Lastschrift notwendige Rückmeldung des Studierenden im Studentenverwaltungssystem zum Einsatz kommt und die die dafür notwendigen Funktionalitäten kapselt. Eine direkte Realisierung dieser Funktionalitäten im Produkt „HIS QIS Modul SOS“ ist aufgrund der Komplexität der Berechnungen des Semesterbetrags und der notwendigen Modifikationen der im Studentenverwaltungssystem vorgehaltenen Daten bei der Rückmeldung nicht anzustreben. Da in der Praxis die Softwarekomponente „BSOS“ und damit die benötigten Funktionalitäten erfolgreich eingesetzt wird, spricht dies für den Weg einer Etablierung einer Schnittstelle zwischen dem Produkt „HIS QIS Modul SOS“ und der Softwarekomponente „BSOS“.

Die eingebundene Softwarekomponente „BSOS“ bietet Batch-Funktionen für die Datenmanipulation in der den HIS Produkten zugrunde liegenden Datenbank an und wird mittlerweile in Version 5.0 Release 7 angeboten (Stand: Januar 2004). Die erste Version ist bereits im Jahre 1998 durch den Hersteller den Nutzern zur Verfügung gestellt worden. Mittlerweile werden durch die Softwarekomponente unter anderem folgende Funktionalitäten angeboten: Automatischen Rückmeldung und Exmatrikulation, Eintragung von Bescheiden, Zurücksetzen der Rückmeldung und der Exmatrikulation, Bankdatenimport, Plausibilitätsprüfungen, amtliche Statistiken. Für eine Darstellung des kompletten Funktionsumfangs sei jedoch auf die Produktdokumentation verwiesen.[321] Um den Funktionsumfang der Softwarekomponente zu nutzen, wird eine grafische Benutzungsoberfläche vorgehalten, die den Zugang zu den vorhandenen Funktionalitäten komfortabel ermöglicht. Sowohl die Softwarekomponente als auch die grafische Benutzungsoberfläche ist unter Verwendung der Programmiersprache VISUAL BASIC realisiert worden. Aufgrund der Tatsache, dass die komplette Realisierung mit der Programmiersprache VISUAL BASIC erfolgt, die auf die Systemplattform Windows gebunden ist, liegt für die Softwarekomponente „BSOS“ eine Plattformabhängigkeit vor. Die Softwarekomponente „BSOS“ kann nur unter dem Betriebsystem Windows eingesetzt werden.

Die Benutzungsoberfläche der Softwarekomponente „BSOS“ wird in der Abbildung 63 dargestellt. Dabei sind die in den Ausführungen angesprochenen Funktionalitäten anhand der Schaltflächen zu erkennen, die auf der Oberfläche angeordnet sind.

---

[321] Für weitere Informationen zu BSOS siehe http://www.his.de/Abt1/SOSPOSZUL/Zusatztools/BSOS/BSOS.

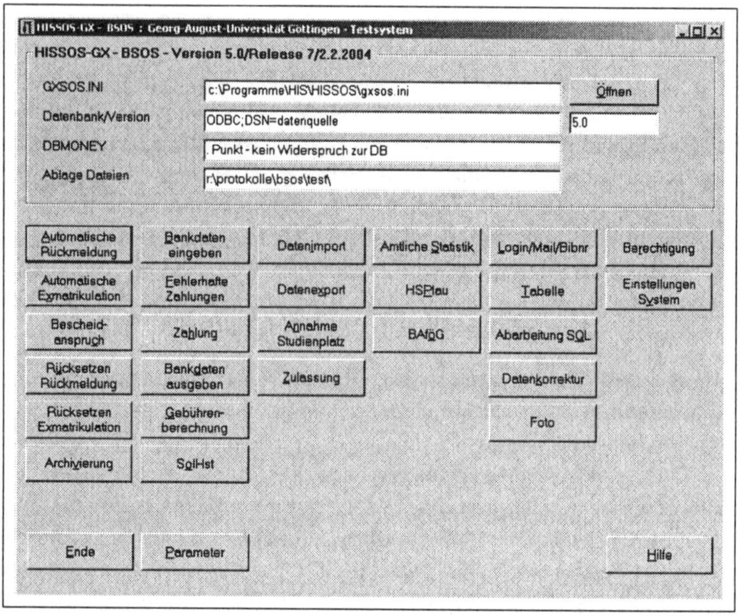

Abbildung 63: Einstiegsmaske in das Produkt BSOS der Anbieters HIS

Neben dem Zugang über die durch das Unternehmen HIS etablierte Benutzungsoberfläche ist es jedoch auch möglich, die Softwarekomponente über die Kommandozeile des Betriebssystem Windows anzusprechen. Dabei werden die notwendigen Aufrufinformationen der Softwarekomponente „BSOS" als Parameter übergeben. Die Ergebnisse, die durch die Nutzung der vorgehaltenen Funktionalitäten erzielt werden, werden auf dem System in einer Logdatei niedergelegt. Der Speicherort der Datei wird als ein möglicher Parameter dem Kommandozeilenaufruf angefügt. Somit wird also ein proprietärer Funktionsaufruf als Zugang zur Softwarekomponente „BSOS" genutzt, der darüber hinaus nur auf der Systemplattform Windows ausgeführt werden kann. Ein programmiersprachen- und plattformunabhängiger Zugang zu den Funktionalitäten der Softwarekomponente „BSOS" existiert nicht.

Innerhalb der technischen Umsetzung des Produkts „HIS QIS Modul SOS" ist dementsprechend in die Modell-Objekte der realisierten Modell-View-Controller-Architektur eine Lösung etabliert worden, die den Zugang zur Softwarekomponente „BSOS" und dessen Funktionalitäten über einen entsprechenden Aufruf auf Kommandozeilenebene ermöglicht, da dies die einzige mögliche Zugangsform zur Komponente „BSOS" neben der Benutzungsoberfläche ist. Eine solche Ausführung eines Kommandozeilenbefehls ist bei der genutzten Programmiersprache Java problemlos möglich. Es wird also durch das Produkt „HIS QIS Modul SOS“ ein proprietärer Funktionsaufruf an die Softwarekomponente „BSOS“ abgesetzt und eine Auswertung der erstellten Logdatei durch die betroffenen Modell-Objekte vorgenommen. Da der proprietäre Funktionsaufruf lediglich auf der Systemplattform Windows durchführbar ist, ist die durch die gewählte Architektur des Produkts „HIS QIS Modul SOS“ erzielte Plattformunabhängigkeit nicht mehr gegeben, sondern es liegt eine Bindung des Produkts an die Systemplattform Windows vor.

Die Abbildung 64 veranschaulicht die Einbindung der Softwarekomponente „BSOS“ in das Produkt „HIS QIS Modul SOS“. Als Zugangsform zu den Selbstbedienungsfunktionalitäten dient der Webbrowser.

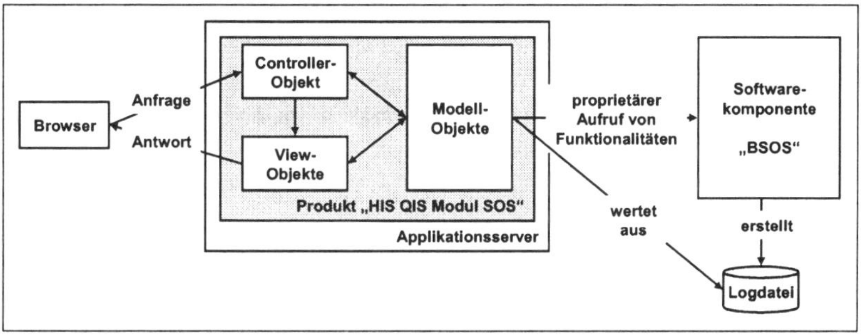

Abbildung 64: Einbindung der Komponente "BSOS" in das Softwareprodukt "HIS QIS Modul SOS"

Dieses nun an die Systemplattform Windows gebundene Bündel aus dem Produkt „HIS QIS Modul SOS“ sowie der Softwarekomponente „BSOS“ wird zur Zeit an den Pilothochschulen der Georg-August-Universität Göttingen und der Technischen Hochschule Karlsruhe mit dem kompletten Funktionsumfang im Sommersemester des Jahres 2004 erprobt, wobei als Applikationsserver Tomcat in der Version 4.1 und als Betriebssystem Windows zum Einsatz kommt. Als offizieller Veröffentlichungstermin wird durch das Unternehmen HIS der Oktober des gleichen Jahres angestrebt.

Um jedoch wieder die Plattformunabhängigkeit des Produkts „HIS QIS Modul SOS“ bei Beibehaltung des kompletten Funktionsumfangs herzustellen, muss ein Weg gefunden werden, lediglich die Softwarekomponente „BSOS“ auf der Systemplattform Windows zu betreiben und die bisher realisierten proprietären Funktionsaufrufe durch standardisierte plattformunabhängige Funktionsaufrufe zu ersetzen. Da sich gerade bei Funktionsaufrufen über Plattformgrenzen hinweg Web Services anbieten und diese einen plattform- und zusätzlich einen programmiersprachenunabhängigen Zugriff auf vorgehaltenen Funktionalitäten erlauben, sollen Web Services als Schnittstellentechnologie eingesetzt werden. Für diesen Zugriffsmechanismus werden im Rahmen dieser Fallstudien sowohl die dafür durchgeführte fachliche Konzeption als auch die konkrete Implementierung vorgestellt. Durch Etablierung einer solchen interoperablen Schnittstelle an die Softwarekomponente „BSOS“ wird eine weitere Verbreitung dieser Komponente gefördert, da eine Einbindung der Funktionalitäten beispielsweise in individuelle Systeme bei den Hochschulen möglich wäre.

5.3.2 Fachliche Anforderungen

Nachdem im vorigen Abschnitt sowohl die Problemstellung als auch die betroffenen Produkte des Unternehmens HIS kurz vorgestellt worden sind, obliegt es diesem Abschnitt, die fachlichen Anforderungen zur Lösung der geschilderten Problemstellung darzustellen. Für die Problemlösung kommen sowohl zugangsschaffende als auch zugreifende Mechanismen aus dem Bereich der Middleware zum Einsatz, so dass das Fachkonzept und die spätere technische Realisierung in zwei Stufen gegliedert werden kann.[322] Es wird somit ein analoges Vorgehen gewählt, wie es bereits in der Kapselung von Portlets bei Portalsystemen durchgeführt wird.[323]

In der ersten Stufe muss eine Möglichkeit geschaffen werden, den Zugang zu den Funktionalitäten der Softwarekomponente „BSOS“ zu ermöglichen und somit einen Weg für die Wiederverwendung der Komponente zu etablieren. Zur Lösung dieser Problematik wird der Einsatz von zugangsschaffenden Mechanismen beziehungsweise von zugangsschaffender Middleware vorgeschlagen. Aus diesem dort etablierten Pool von Mechanismen bietet sich an dieser Stelle der Einsatz von so genannten „Wrappern“ an. Dabei sind Wrapper Softwarekomponenten, die zunehmend in der objektorientierten Softwareentwicklung zum Einsatz kommen. Die Grundidee des Einsatzes von Wrappern besteht darin, das Altsystem mit einer Softwareschicht zu umgeben, die es ermöglicht, die Funktionalitäten auf Basis des objektorientierten Programmierparadigmas zu nutzen. Dieses Vorgehen wird auch als das Verpacken von Altsystemen bezeichnet. Im Rahmen einer darauf aufbauenden Migrationsstrategie können dann solche verpackten Altsysteme nach und nach durch neuere Entwicklungen abgelöst werden, ohne dass die nutzenden Systeme diese Ablösung beziehungsweise diese Änderung bemerken.[324] Im Zusammenhang mit der Etablierung einer Schnittstelle an die Softwarekomponente „BSOS“ kann die Softwarekomponente selbst in diesem Fall als Altsystem angesehen werden.

In einem zweiten Schritt müssen nun die durch die etablierte Softwareschicht angebotenen Funktionalitäten über Systemgrenzen zur Verfügung gestellt werden. Diese Softwareschicht muss somit mit entsprechenden interoperablen Schnittstellen

---

[322] Vgl. zu diesem beiden Mechanismen die Ausführungen in Abschnitt 2.4.2.
[323] Vgl. Kaspar / Burghardt / Hagenhoff (2004).
[324] Vgl. Balzert (1998), S. 669.; Tan / Edwards (2003), S. 29f.

ausgestattet werden, die die plattform- und programmiersprachenunabhängige Nutzung der vorgehaltenen Funktionalitäten gestattet. Um dies zu erreichen, werden zugreifende Mechanismen beziehungsweise zugreifende Middleware eingesetzt, die auf Basis verschiedener Architekturkonzepte und Kommunikationsparadigmen diese Aufgabe übernehmen.

Die Abbildung 65 veranschaulicht dieses zweistufige Vorgehen der Kapselung der Softwarekomponente „BSOS“ grafisch.

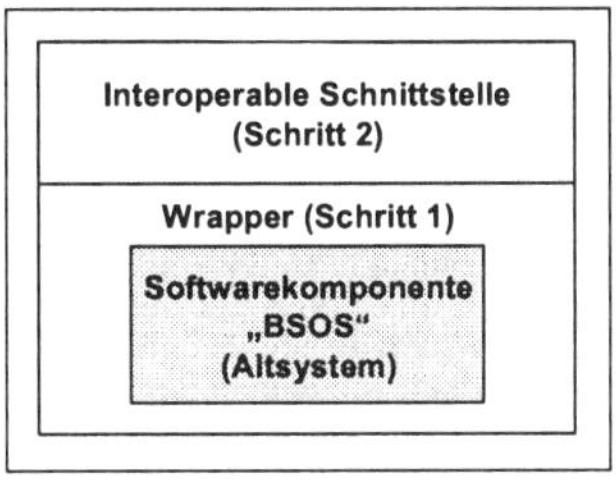

Abbildung 65: Fachkonzept zur Kapselung der Softwarekomponente "BSOS"

Wird die Softwarekomponente „BSOS“ nach diesem Grundkonzept verpackt und mit entsprechenden interoperablen Schnittstellen ausgestattet, so kann das Produkt „HIS QIS Modul SOS“ auf diese Schnittstellen zugreifen und die Funktionalitäten der Softwarekomponente „BSOS“ nutzen. Dadurch wird der bisherige proprietäre Funktionsaufruf durch einen standardisierten Funktionsaufruf ersetzt und das Produkt „HIS QIS Modul SOS“ kann für sich zumindest die durch die gewählte Architektur erzielte Plattformunabhängigkeit bewahren.

5.3.3 Technische Realisierung

Bei der Darstellung der technischen Realisierung wird ebenfalls das im Fachkonzept zugrunde liegende zweistufige Vorgehen beibehalten.

In der ersten Stufe der Realisierung ist ein objektorientierter Wrapper umgesetzt worden, der die durch die Softwarekomponente „BSOS“ bereitgestellten Funktionalitäten kapselt und diese auf Basis einer objektorientierten Programmiersprache zur Verfügung stellt. Um Synergieeffekte zu erzielen, ist die Wahl auf Java als Programmiersprache gefallen, da bei der Entwicklung und der ständigen Anpassung des Produkts „HIS QIS Modul SOS“ beim Praxispartner ebenfalls diese Programmiersprache eingesetzt wird. Der Wrapper selbst stellt dabei eine einzelne Klasse dar, die durch die anderen Anwendungen instanziert werden muss, um die dort vorgehaltenen Methoden zu nutzen. Der Wrapper verbirgt somit sowohl die genutzte funktionale Schnittstelle als auch die

Datenstrukturen der Softwarekomponente „BSOS“ und nimmt somit eine Art Übersetzerrolle zwischen der nutzenden Anwendung und dem verpackten Altsystem ein. Als Zugangsform zur Softwarekomponente „BSOS“ wird der bereits im Produkt „HIS QIS Modul SOS“ etablierte Zugriffsmechanismus in Form eines Kommandozeilenaufrufs genutzt. Da dieser Kommandozeilenaufruf auf die Systemplattform Windows beschränkt ist und auf proprietären Mechanismen beruht, ist in Konsequenz daraus der erstellte Wrapper auf die Systemplattform Windows gebunden.

Der realisierte Wrapper nimmt den Funktionsaufruf samt der für die Funktionsausführung notwendigen Informationen entgegen, erstellt aus diesen Informationen den proprietären an die Systemplattform Windows gebundenen Funktionsaufruf und setzt diesen ab. Danach wartet der Wrapper, dass der Funktionsaufruf durch die Softwarekomponente „BSOS“ abgearbeitet worden ist und liest dann die Ergebnisse des Aufrufs aus einer lokalen durch die Softwarekomponente angelegten Logdatei aus. Der Speicherort wird der aufgerufenen Funktionalität der Softwarekomponente „BSOS“ als Parameter übergeben. Die Ergebnisse selbst kapselt der Wrapper in einem Objekt, welches dann als Rückgabewert des Funktionsaufrufs übermittelt wird.

In der Abbildung 65 wird diese erste Stufe der technischen Realisierung grafisch veranschaulicht.

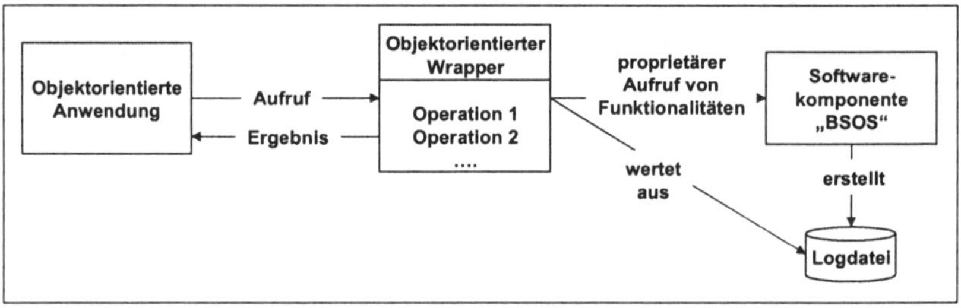

Abbildung 66: Objektorientierter Verpacker des Altsystems mit nutzender Anwendung

Um auch das eben beschriebene abstrakte Vorgehen zu verdeutlichen, ist in der Abbildung 67 ein Quelltextausschnitt des realisierten objektorientierten Wrappers visualisiert. Anhand dieses Ausschnitts wird auch das zweistufige Vorgehen bei der Nutzung einer Funktionalität der Softwarekomponente „BSOS“ deutlich. Innerhalb des Wrappers wird in einem ersten Schritt der Funktionsaufruf abgesetzt. Nach erfolgreicher Ausführung der Funktionalität wird in einem zweiten Schritt die erstellte Logdatei ausgewertet und der Inhalt der Logdatei als Rückgabewert übermittelt.

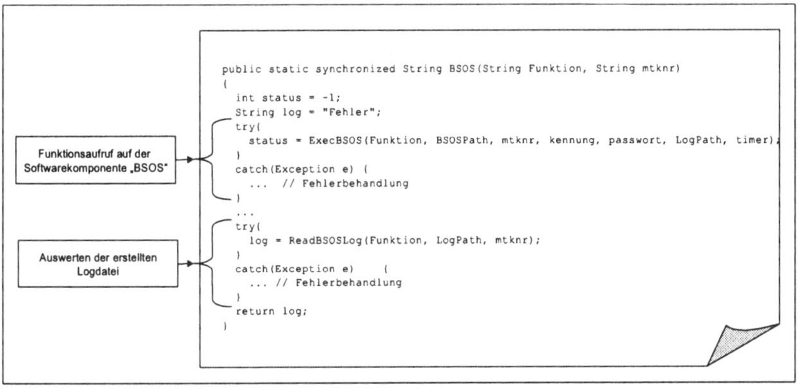

Abbildung 67: Quelltextausschnitt des objektorientierten Wrappers

Nachdem nun in diesem ersten Schritt die Möglichkeit eröffnet worden ist, die Softwarekomponente „BSOS“ durch die Nutzung des objektorientierten Wrappers anzusprechen, wird nun in einem zweiten Schritt dieser Wrapper mit einer interoperablen Schnittstelle ausgestattet, die eine plattform- und programmiersprachenunabhängige Aktivierung der durch den Wrapper gekapselten Funktionalitäten ermöglicht. Da Web Services genau diese plattform- und programmiersprachenunabhängige Aktivierung von Funktionalitäten auf Basis von entsprechenden Schnittstellen ermöglichen, werden Web Services als Schnittstellentechnologie eingesetzt. Bei der Aktivierung eines Web Services übernimmt der SOAP-Server die Aufgabe, den Aufruf in Form einer SOAP-Nachricht zu verarbeiten, die entsprechend durch den Wrapper vorgehaltene und angeforderte Funktionalität aufzurufen und das Ergebnis des Funktionsaufrufs in Form einer SOAP-Nachricht an den Aufrufer zu übermitteln. Auf Seite der nutzenden Anwendung übernimmt ein SOAP-Client die Aufgabe, die Aktivierung des angeforderten Web Services durchzuführen sowie die zu sendende und die empfangene SOAP-Nachricht zu erstellen beziehungsweise zu verarbeiten. Dieser SOAP-Client wird aus der Produkt „HIS QIS Modul SOS“ angesprochen und genutzt.

Um auch bei diesem zweiten Schritt bei der Realisierung Synergieeffekte zu erzielen und die beim Praxispartner vorhandenen Kompetenzen zu nutzen, wird als Produkt ebenfalls der Applikationsserver Tomcat in der Version 4.1 genutzt, da dieser auch beim Betrieb des Produkts „HIS QIS Modul SOS“ eingesetzt wird. Als SOAP-Server wird das Produkt „Axis“ in Version 1.1 genutzt, da dieses Produkt speziell als SOAP-Server für den Tomcat entwickelt worden ist und somit eine problemlose Nutzung dieser beiden Produkte (Tomcat und Axis) möglich ist.[325] Darüber hinaus ist genau diese Produktkombination

[325] Für weitere Informationen siehe http://ws.apache.org/axis/index.html.

mehrfach in Projektseminaren erprobt worden, so dass auch auf Erfahrungswerte im Umgang mit den Produkten zurückgegriffen werden konnte. Mit dem Produkt Axis ist es möglich, Schnittstellenbeschreibungen auf Basis von WSDL automatisiert zur Laufzeit des Dienstes zu erstellen. Die Kombination aus dem realisierten objektorientierten Wrapper und dem Applikationsserver Tomcat mit dem Produkt „Axis" kann aufgrund des im Wrapper implementierten proprietären Mechanismus für den Zugriff auf die Softwarekomponente „BSOS" ebenfalls nur auf der Systemplattform Windows betrieben werden. Es liegt somit eine Plattformabhängigkeit vor.

Der SOAP-Client, der dem Produkt „HIS QIS Modul SOS" den Zugriff auf die durch den SOAP-Server bereitgestellten Funktionalitäten ermöglicht, ist unter Nutzung der Programmiersprache Java entstanden. Durch die Verwendung von Java als Programmiersprache werden entsprechende Synergieeffekte erzielt, da bereits vorhandene Kompetenzen beim Praxispartner genutzt werden. Zudem ist eine Einbettung des SOAP-Clients in das Produkt „HIS QIS Modul SOS" problemlos möglich, da auch dort die Programmiersprache Java eingesetzt wird. Da durch die genutzte Produktauswahl bei der Realisierung des SOAP-Servers eine automatisierte Erstellung der Schnittstellenbeschreibung möglich ist, kann der SOAP-Client durch das Werkzeug „WSDL2Java" vollautomatisiert in der gewünschten Programmiersprache erstellt werden. Das Werkzeug „WSDL2Java" ist hierbei in dem genutzten Produkt „Axis" enthalten. Der SOAP-Client selbst kann dabei als eine Sammlung von Klassen verstanden werden, die für den Aufruf der Funktionalitäten beim SOAP-Server und für die Verarbeitung und somit für die Erstellung und Auswertung der SOAP-Nachrichten verantwortlich sind. Da der Zugriff auf den SOAP-Server über standardisierte und plattformunabhängige Funktionsaufrufe erfolgt und sowohl das Produkt „HIS QIS Modul SOS" als auch der integrierte SOAP-Client nun die Programmiersprache Java nutzen, ist die Plattformunabhängigkeit des Produkts „HIS QIS Modul SOS" gewährleistet.

Der Ablauf einer Nutzung der Softwarekomponente „BSOS" stellt sich also auf Basis dieser Verpackung wie folgt dar: Das Produkt „HIS QIS Modul SOS" übermittelt den Funktionsaufruf mit allen notwendigen Parametern an den erstellten SOAP-Server. Dazu wird der in die bereits existierenden Modell-Objekte eingebettete SOAP-Client genutzt, der den Aufruf in eine SOAP-Nachricht überführt. Der SOAP-Server empfängt die Nachricht, extrahiert den übermittelten Funktionsaufruf samt Parameter und leitet diesen Funktionsaufruf an den Wrapper weiter, der dann seinerseits den proprietären Aufruf der Softwarekomponente „BSOS" durchführt. Nach Abarbeitung der Anfrage wertet der Wrapper die erstellte Logdatei aus und das Ergebnis der Funktionsausführung wird vom Wrapper über den SOAP-Server zum SOAP-Client und letztendlich an das zuständige und den Funktionsaufruf auslösende Modell-Objekt des Produkts „HIS QIS Modul SOS" übermittelt.

Der eben geschilderte Ablauf der Nutzung der Softwarekomponente „BSOS“ und der durch die Komponente gekapselten Funktionalitäten wird in der Abbildung 68 veranschaulicht.

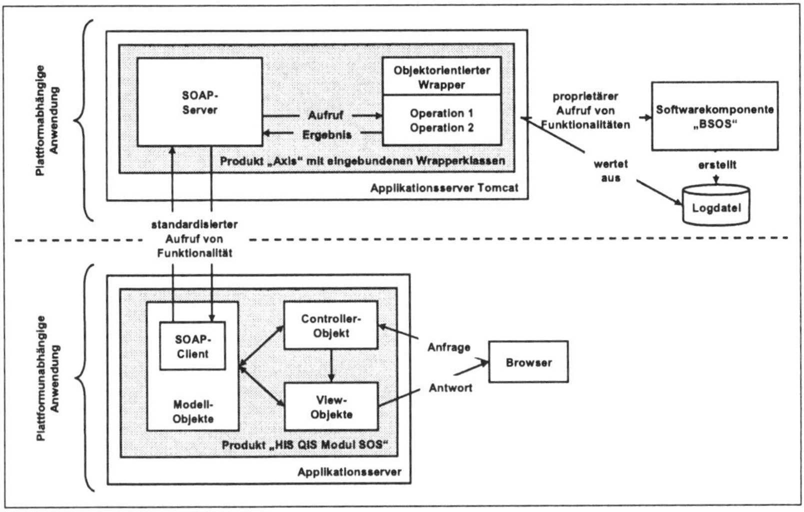

Abbildung 68: Ablauf bei der Nutzung von Funktionalitäten der Komponente „BSOS“ aus dem Produkt „HIS QIS Modul SOS“

5.3.4 Zusammenfassung und Beurteilung

In diesem Abschnitt wurde eine Fallstudie vorgestellt, die in Zusammenarbeit mit der Hochschul-Informations-System GmbH (HIS) entstanden ist. Dabei wurde ausgehend von einer kurzen Schilderung der Problemstellung sowie einer Darstellung der betroffenen Softwarekomponente „BSOS“ ein Fachkonzept zur Problemlösung erläutert und dessen technische Realisierung beim Praxispartner aufgezeigt.

Um die Problemstellung zu lösen, wurde die betroffene Softwarekomponente „BSOS“ zunächst mit einer Softwareschicht und somit mit einem objektorientierten Wrapper umgeben, der es ermöglicht, die Funktionalitäten der Softwarekomponente zu nutzen. Dieser Wrapper wurde in einem nächsten Schritt mit Schnittstellen auf Basis von Web Services ausgestattet, die es erlauben, die Funktionalitäten plattform- und programmiersprachenunabhängig zu offerieren und zu aktivieren. Dabei wurden für die Problemlösung sowohl zugangsschaffende als auch zugreifende Mechanismen von Middleware eingesetzt. Die Funktionalitäten der Softwarekomponente „BSOS“ sind nach diesem realisierten Konzept nicht nur durch das Produkt „HIS QIS Modul SOS“ ansprechbar, sondern es ist auch eine Einbindung in eigene durch die Hochschulen entwickelte Anwendungen und in andere Produkte des Praxispartners möglich.

Die Fallstudie belegt, dass auf Basis von Web Services Altsysteme, die bereits mit einer zugangsschaffenden Softwareschicht verpackt worden sind, relativ einfach mit einer interoperablen Schnittstelle ausgestattet werden können. Der weit größte Aufwand im Vergleich zu der Etablierung der Schnittstellen auf Basis von Web Services ist bei der Erstellung der verpackenden Softwareschicht zu erwarten, da die Funktionalitäten des Altsystems gekapselt und die im Altsystem genutzten Datenstrukturen geeignet abgebildet werden müssen. Diese Aufgaben fallen jedoch immer bei der Verpackung von Altsystemen und somit bei der Realisierung von Wrappern an und sind unabhängig von der gewählten Ausgestaltung der Schnittstelle des Wrappers und stellen somit keinen Mehraufwand dar. Der Vorteil dieser Lösung liegt darin, dass die Schnittstellen des Wrappers als Web Services realisiert worden sind und somit die Vorteile bezüglich der Nutzung dieser Schnittstellen sich aus den Vorteilen von Web Services ergeben. Die hinter der Schnittstelle gekapselte Funktionalität kann nun plattform- und programmiersprachenunabhängig eingebunden und genutzt werden. Dabei ist eine Integration der Schnittstelle aus Sicht des Entwicklers besonders einfach möglich, da durch die Schnittstelle menschenlesbare XML-Dokumente ausgetauscht werden. Dadurch ist eine gute Möglichkeit des Debugging während der Einbindung sowie während des Betriebs gegeben. Darüber hinaus weist die Schnittstelle eine hohe Interoperabilität auf. Existieren Wrapper, die die gleiche Funktionalität auf Basis der gleichen Schnittstellensignatur anbieten, jedoch ein anderes Altsystem kapseln, so kommt an dieser Stelle die Möglichkeit der losen Kopplung von Web Services zum Tragen. Der eingebundene Wrapper kann lediglich durch Veränderung des Verbindungsendpunkts, unter welchem die Funktionalität ausgesprochen werden kann, ausgetauscht werden.

Als kritisch bei der hier angestrebten Problemlösung kann lediglich der Umfang der SOAP-Nachrichten und somit der XML-Dokumente angesehen werden, die zwischen dem nutzenden Anwendungssystem und dem Wrapper ausgetauscht werden. Dieses Nachrichtenvolumen kann aufgrund der alphanumerischen Codierung im Vergleich zu binären Übertragungsformaten auf bis das Achtfache anwachsen. Dies kann eventuell Performanzprobleme des Wrappers beispielsweise im Hinblick auf das Antwortzeitverhalten nach sich ziehen. Die Verschlechterung des Antwortzeitverhaltens wird durch die längere Verarbeitungsdauer der Nachrichten beim Wrapper erzielt, da jede Nachricht vor der Bearbeitung durch einen XML-Parser auf Vollständigkeit und Konsistenz geprüft wird und die Dauer dieses Vorgangs mit der Nachrichtengröße skaliert. Jedoch kann der Verschlechterung der Verarbeitungsdauer und damit des Antwortzeitverhaltens durch den Einsatz von speziell abgestimmten XML-Parsern entgegengewirkt werden, die nur in der Lage sind, speziell aufgebaute SOAP-

Nachrichten auf Konsistenz und Vollständigkeit zu prüfen und dadurch einen Geschwindigkeitsvorteil gegenüber allgemeinen XML-Parsern erzielen. Auch führt eine Vergrößerung des Nachrichtenvolumens zu einer Erhöhung der Übertragungszeit der Nachricht zwischen der einbindenden Anwendung und dem Wrapper. Bei den zu erwarteten Nachrichtenvolumina in dieser speziellen Problemstellung kann diese Volumenvergrößerung und die daraus resultierende längere Übertragung der Nachricht allerdings vernachlässigt werden.

Folgt jedoch die Entwicklung in Bezug sowohl auf die verfügbare Verarbeitungsgeschwindigkeit bei Prozessoren als auch auf die verfügbare Netzwerkbandbreite auch in Zukunft der zügigen Entwicklung der Vergangenheit, so fallen diese theoretisch denkbaren Performanzprobleme immer weniger ins Gewicht und müssen bei einer Entscheidung für oder gegen Web Services nur am Rande betrachtet werden.

Der Einsatz von Web Services in einer Produktivumgebung bei der Durchführung dieser Fallstudien ermöglichte darüber hinaus das Sammeln von ersten Praxiserfahrungen mit dieser neuen Technologie. Dabei zeigt sich, dass Web Services durchaus im Intranet schon als Schnittstellentechnologie geeignet sind und dort eine zunehmende Verbreitung erfahren werden. Die bei der Hochschul-Informations-System GmbH etablierte Lösung hat die Entwickler und die Leitung des Unternehmens derart überzeugt, dass dieses Lösungskonzept in die Softwarelösung aufgenommen und den Hochschulen ab Oktober 2004 als ein mögliches Integrationskonzept angeboten wird.

6 Zusammenfassung und Ausblick

In der vorliegenden Arbeit werden Web Services als eine neue konkrete Realisierung der schon oft in der Softwareentwicklung propagierten serviceorientierten Architektur diskutiert, die die Entwicklung und den Betrieb von verteilten Anwendungen ermöglichen. Als Zielsetzung im Rahmen dieser Dissertation sind drei Themenaspekte fokussiert worden. Zuerst einmal soll durch die Arbeit ein grundlegendes Verständnis von Web Services als eine neue Technologiekombination ermöglicht werden. Neben diesem grundlegenden Verständnis sollen die Schwachstellen von Web Services identifiziert und für diese jeweils ein mögliches Lösungskonzept vorgestellt werden. Neben diesen Herausforderungen sollen Anwendungsgebiete hergeleitet und beispielhafte Einsatzszenarien in ausgewählten Gebieten erläutert werden. Um diese Zielsetzung zu erreichen, sind zu Beginn der Arbeit in Abschnitt 1.2 Forschungsfragen zur Operationalisierung formuliert worden, aus denen sich der Aufbau der Arbeit ableiten lässt. Um den Kreis zu diesen zentralen Forschungsfragen zu schließen, werden an dieser Stelle die Fragestellungen zusammenfassend beantwortet.

Forschungsfrage 1: Was sind Web Services und welche Abgrenzungen lassen sich zu verwandten Technologien (verteilte Anwendungsentwicklung, Middleware, etc.) vornehmen?

Dieser Fragestellung ist schwerpunktmäßig in Kapitel 2 dieser Dissertation nachgegangen worden. Web Services lassen sich als Softwarekomponenten klassifizieren, die in sich wohldefinierte Funktionalitäten kapseln. Diese Funktionalitäten werden über standardisierte Schnittstellen anderen Anwendungen zur Verfügung gestellt, wobei die komplette Kommunikation der Softwarekomponente auf Basis von XML-Dokumenten und unter Nutzung etablierter Internetprotokolle abläuft. Darüber hinaus besitzen Web Services eine Schnittstellenbeschreibung in Form einer Interface Definition Language (IDL), die ebenfalls auf der Metasprache XML basiert. Um Web Services den Nutzern komfortabel zur Verfügung zu stellen und die Suche nach etablierten Web Services zu ermöglichen, können Web Services optional in einem Verzeichnis registriert werden. Web Services können somit als eine mögliche Umsetzung zugreifender Middleware aufgefasst werden. Ein Vergleich von Web Services mit anderen verwandten Technologien zur Entwicklung von verteilten Anwendungen (CORBA, DCOM, Java RMI) hat ergeben, dass die Vorteile von Web Services gerade auf der Verwendung offener Standards (SOAP, WSDL, UDDI) und der damit verbundenen alphanumerischen Darstellung der essenziellen Informationen beruhen. Aus der Nutzung offener Standards ergibt sich dann auch in Konsequenz, dass Web Services plattform- und programmiersprachenunabhängig entwickelt und betrieben werden können. Diese Plattform- und Programmiersprachenunabhängigkeit und die damit verbundene hohe Interoperabilität von Web Services wird durch die Nutzung der Metasprache XML und der damit verbundenen Verwendung von Unicode als Zeichensatz weiter verstärkt. Durch die gewählte alphanumerische Darstellung der Dokumente ist darüber hinaus eine gute Lesbarkeit gegeben, die zu einer guten Erlernbarkeit von Web Services und den damit verbunden Kernstandards sowie einer einfachen Realisierung der Schnittstellen führen. Gerade diese Vorteile zeichnen Web Services gegenüber anderen verteilten Technologien aus, die entweder hinsichtlich ihrer Plattform- und Programmiersprachenunabhängigkeit eingeschränkt oder aber durch die Nutzung von proprietären Protokollen und der damit verbundenen binären Kodierung der Informationen nur schwer erlernbar und aufwendig realisierbar sind. Nachteilig wirken sich lediglich fehlende Standardisierungen oder Konzepte in den Bereichen der Sicherheit, der Transaktionalität, der Abrechnung und der Abwicklung von Workflows aus, für die bei den verwandten Technologien bereits erprobte Konzepte bestehen. Bei CORBA beispielsweise werden durch spezifizierte CORBA-Services die Aspekte der Sicherheit und der Transaktionalität abgedeckt. Jedoch werden in dieser Arbeit gerade für diese fehlenden Konzepte Lösungsansätze vorgestellt.

> *Forschungsfrage 2: Welche Basistechnologien werden durch Web Services genutzt, welche Alternativen gibt es für die unterschiedlichen fachlichen Anforderungen bei Web Services und wie funktionieren diese Basistechnologien?*

Die Funktionsweise der Basisstandards sowie mögliche Alternativen sind im Rahmen der Ausführungen in Kapitel 3 analysiert worden. Dabei können die etablierten Standards sowie die Alternativen anhand eines Protokollstapels systematisiert werden, dessen Schichten die fachlichen Anforderungen an Web Services abbilden.

Auf der Dienstkommunikationsebene hat sich bei Web Services mit SOAP ein XML-basiertes und somit einfaches, programmiersprachenunabhängiges Kommunikationsprotokoll gegen die Alternativen WDDX und DIME durchgesetzt. Dabei lassen sich über SOAP sowohl Remote Procedure Calls als auch die nachrichtenorientierte Kommunikation abbilden. Eine SOAP-Nachricht besteht neben dem Kopf, der allgemeine und zusätzliche Informationen aufnimmt, aus einem Körper, der die Nutzinformationen kapselt. Der prinzipielle Kommunikationsablauf wird durch so genannte SOAP-Clients (Alternative Bezeichnung: Service Proxy) und SOAP-Server (Alternative Bezeichnung: Service Implementation Template) abgewickelt, die für die Erstellung der SOAP-Nachricht beim Sender und deren Verarbeitung beim Empfänger genutzt werden. SOAP als Kommunikationsprotokoll weist dabei keine Bindung an ein bestimmtes Übertragungsprotokoll auf, sondern kann an beliebige Protokolle gebunden werden.

Auf der Ebene der Dienstbeschreibung hat sich WSDL gegen die beiden Alternativen RDF und DAML-S durchgesetzt. WSDL ist speziell als Schnittstellenbeschreibungssprache für Web Services entwickelt worden. Dabei handelt es sich bei einer WSDL somit prinzipiell um eine IDL für Web Services. Die Schnittstellen und somit die Funktionalität sowie alle für die Nutzung relevanten technischen Informationen werden in einem XML-Dokument hinterlegt. Dieses XML-Dokument lässt sich in eine Interfacedefinition und eine Implementierungsdefinition untergliedern. Somit ist es möglich, eine Interfacedefinition mit mehreren Implementierungsinformationen zu verknüpfen und somit eine Wiederverwendung der technischen Schnittstellenbeschreibung zu erreichen. Auf diese Art und Weise ist es auch möglich, die gleiche Schnittstelle durch verschiedene Softwareanbieter realisieren zu lassen und somit die Funktionalitäten an verschiedenen Endpunkten anzubieten.

Als Dienstverzeichnis hat sich UDDI durchgesetzt und unterstützt die dynamische Veröffentlichung von Inhalten. Dabei sind neben dem Dienstverzeichnis UDDI sowohl WS-Repositories als auch Lösungen auf Basis von DISCO und ADS denkbar, die allerdings im Vergleich zu UDDI einen deutlich geringeren Funktionsumfang besitzen. UDDI stellt aus konzeptioneller Sicht ein verteiltes Datenbanksystem dar, welches die Ablage der Dienstbeschreibung sowie die Speicherung von Informationen über den Dienstanbieter in so genannten Weißen, Gelben und Grünen Seiten gestattet. Um diese Speicherung vorzunehmen oder aber das Verzeichnis zu durchsuchen, stellt UDDI einen festen Pool von Methoden zur Verfügung, die in entsprechenden APIs spezifiziert und hinterlegt sind.

> *Forschungsfrage 3: Welche Schwachstellen besitzen Web Services und welche Herausforderungen müssen gelöst werden, damit eine weitere Verbreitung und Etablierung von Web Services gefördert wird? Wie können Lösungskonzepte für diese Fragestellungen aussehen?*

Als Schwachstellen von Web Services sind bereits in Abschnitt 2.5 die Aspekte der Sicherheit, der Transaktionalität, der Abrechnung und die Abwicklung von Workflows und die in diesen Bereichen fehlende Standardisierung identifiziert worden. Daher widmet sich Kapitel 4 mit der Beantwortung dieser Forschungsfrage, in welchem für jede ausgewählte Herausforderung ein mögliches Lösungskonzept erarbeitet wird. Der Sicherheitsaspekt der Nutzung von Web Services wird dabei durch Integration von bereits standardisierten Verfahren (XML Encryption, XML Signature, XKMS) aus dem Umfeld von XML gewährleistet. Für den technischen Aspekt der Transaktionssicherheit sowie für den konzeptionellen Aspekt der Abrechnung werden jeweils Softwarekomponenten sowohl aus fachlicher als auch aus technischer Sicht erläutert, die als zentraler Baustein diese beiden Aspekte gewährleisten und die Anforderungen an den Dienstnutzer und den Dienstanbieter für die Partizipation erläutert. Für die Lösung der Abwicklung von Workflows wird ein Workflow-Ausführungsservice erarbeitet, der beim Dienstanbieter zum Einsatz kommt und die Spezifikation und die Abwicklung von Workflows ermöglicht.

Zusammenfassend ergibt sich, dass für alle vier betrachteten Aspekte Lösungskonzepte möglich sind und in der Zukunft auch für diese Zusatzanforderungen an Web Services durch entsprechende Standardisierung abgedeckt werden. Beim Sicherheitsaspekt hat sich dort bereits mit WS-Security eine mögliche Standardisierung herausgebildet, bei der Transaktionssicherheit kann sich das Business Transaction Protocol (BTP) eventuell als möglicher Standard etablieren. Jedoch sind noch keine Implementierungen verfügbar, die den komfortablen Einsatz dieser Spezifikationen ermöglichen. Hervorzuheben ist, dass die hier vorgestellten Lösungskonzepte in Bezug auf Sicherheits-, Transaktionalität- und Abrechnungsaspekte alle auf Basis eines so genannten Handlerkonzepts in den Kommunikationsablauf zwischen dem Dienstnutzer und dem Dienstanbieter eingebunden werden können und aufgrund dieses Konzepts im Idealfall keine oder nur minimale Änderungen bei der nutzenden Anwendung und dem Dienst vorgenommen werden müssen, um diese Zusatzanforderungen umzusetzen. Handler sind dabei Softwarekomponenten, die eine SOAP-Nachricht zwischen dem Dienstnutzer und dem Dienstanbieter abfangen und entsprechenden Informationen der SOAP-Nachricht hinzufügen beziehungsweise diese hinzugefügten Informationen auslesen. Es ist jedoch auch eine Einbindung der zentralen Softwarekomponenten auf der Anwendungsebene ohne den Einsatz von Handlern möglich.

> *Forschungsfrage 4: Welche Anwendungsgebiete lassen sich für Web Services identifizieren und welche Anwendungen können dort exemplarisch angesiedelt werden?*

Die Beantwortung dieser Forschungsfrage obliegt dem fünften Kapitel dieser Ausarbeitung. Web Services sind besonders gut geeignet, wenn im betrachteten Anwendungsgebiet eine große Anzahl von Systemen auf die zu etablierende Funktionalität und die Schnittstelle zugreifen sowie eine hohe Interoperabilität der Schnittstelle erzielt werden soll. Zeichnet sich darüber hinaus das Anwendungsgebiet durch eine hohe Veränderungsdynamik aus, so wird die Eignung von Web Services noch verstärkt. Anhand dieser Bewertungskriterien werden sowohl virtuelle Netzwerke als auch die Verpackung von Altsystemen in einer heterogenen Systemlandschaft als Anwendungsgebiete identifiziert und entsprechende Einsatzszenarien und konkrete Umsetzungen aufgezeigt.

Zusammenfassend lässt sich festhalten, dass die bei der Lösung der Problemstellung innerhalb virtueller Netzwerke diskutierte Architektur, die als Web Services basiertes

Informationssystem bezeichnet werden kann, problemlos auf andere Anwendungsgebiete überführt werden kann. Dadurch können Informationssysteme in solchen Anwendungsgebieten ihre Funktionalitäten in einer zentralen Softwarekomponente anbieten und den Zugriff sowohl aus einer geeigneten Webanwendung als auch aus fremden Informationssystemen ermöglichen. Auch die Verpackung von Altsystemen kann durch Anwendung einer Kombination von zugangsschaffender Middleware und Web Services als zugreifende Middleware erfolgen. Auf diese Art und Weise können die Funktionalität über Systemgrenzen hinweg zur Verfügung gestellt werden. Mittelfristig kann dann im Rahmen einer Migrationsstrategie optional die Ablösung des Altsystems angegangen werden.

Ein Ausblick auf die zukünftigen Entwicklungen bei Web Services lässt eine weitere Verbreitung und Etablierung von Web Services erwarten. Dies liegt darin begründet, dass Web Services prinzipiell keine neue Errungenschaft sind, sondern sich aus der geeigneten Kombination bereits etablierter Konzepte entwickelt haben. Neben diesen fundierten konzeptionellen Eigenschaften finden Web Services eine breite Unterstützung seitens der Wirtschaft und dort von zahlreichen Unternehmen, wie beispielsweise Microsoft, SAP und Oracle, die die Entwicklung fehlender Spezifikationen vorantreiben oder bereits ihre Produkte mit entsprechenden Schnittstellen auf Basis von Web Services ausgestattet haben. Weitere Denkanstöße werden demnächst verstärkt auch aus der Wissenschaft zu erwarten sein, da sich mittlerweile eine Vielzahl von Workshops und Konferenzen mit dieser Thematik beschäftigt. Somit können Web Services sicherlich nicht als Modeerscheinung bezeichnet werden, denn gerade mit der Etablierung der aufgezeigten fehlenden Spezifikationen weisen Web Services im Vergleich zu verwandten Technologien (CORBA, Java RMI, DCOM) deutliche Vorteile auf. Jedoch wird die Verbreitungsgeschwindigkeit ein wenig zurückgehen, da zuerst einmal in der breiten Basis eine Akzeptanz und ein Verständnis für Web Services geschaffen werden muss. Dies wird sicherlich unter anderem durch die bereits etablierten Schnittstellen auf Basis von Web Services an Standardsoftwareprodukte von SAP und Microsoft erreicht. Da zurzeit jedoch diese zentralen Zusatzanforderungen an Web Services nur bruchstückhaft durch Spezifikationen abgedeckt werden und konkrete Implementierungen in der Regel nicht verfügbar sind, so kann für die Zukunft der folgende dreistufige Verbreitungsprozess prognostiziert werden:

1. Einsatz im Intranet von Unternehmen und somit die unternehmensinterne Etablierung von Schnittstellen auf Basis von Web Services

2. Einsatz im Extranet von Unternehmen und somit die Kopplung von Informationssystemen mit ausgewählten Partnerunternehmen auf Basis von Web Services

3. Einsatz im Internet und somit die Schaffung eines unternehmensübergreifenden Angebots von Web Services für alle dem Unternehmen bekannten Partner- und Kundengruppen

Dieser prognostizierte dreistufige Verbreitungsprozess liegt darin begründet, dass Unternehmen im Intranet erste Erfahrungen mit Web Services sammeln können und eventuelle Nutzungshemmnisse abgebaut werden. Darüber hinaus ist der Zugriff auf diese Web Services auf die Mitarbeiter des Unternehmens beziehungsweise auf die Nutzer des Intranets eingeschränkt, so dass in einem solchen Umfeld zu Beginn auf die Realisierung dieser Zusatzanforderungen zumindest teilweise verzichtet werden kann. Zu Beginn werden sicherlich nur Funktionalitäten mit einem kleinem Komplexitätsgrad realisiert. Mit dem Herausbilden von Spezifikationen für diese Zusatzanforderungen und der Entwicklung von konkreten Application Programming Interfaces (APIs) wird sich dann der Komplexitätsgrad der Dienste erhöhen. Schließlich können dann ausgewählte Funktionalitäten im Extranet und nach erfolgreicher Etablierung dann auch im Internet einer erweiterten Nutzergruppe zur Verfügung gestellt werden.

Literaturverzeichnis

Adler et al. (2001): Adler, S.; Berglund, A.; Caruso, J.; Deach, S.; Graham, T.; Grosso, P.; Gutentag, E.; Milowski, A.; Parnell, S.; Richman, J.; Zilles, S.: Extensible Stylesheet Language (XSL) Version 1.0, http://www.w3.org/TR/xsl/, Abruf am 25.05.2004.

Alonso et al. (2004): Alonso, G.; Casati, F.; Kuno, H.; Machiraja, V.: Web services: concepts, architectures and applications, Berlin 2004.

Andresen (2003): Andresen, A.: Komponentenbasierte Softwareentwicklung: mit MDA, UML und XML, München 2003.

Andrews et al. (2003): Andrews, T.; Curbera, F.; Dholakia, H.; Goland, Y.; Klein, J.; Leymann, F.; Liu, K.; Roller, D.; Smith, D.; Trickovic, I.; Weerawarana, S.: Business Process Execution Language for Web Services Version 1.1, http://www-106.ibm.com/developerworks/webservices/library/ws-bpel/, Abruf am 25.05.2004.

Arkin et al. (2002): Arkin, A.; Askary, S.; Fordin, S.; Jekeli, W.; Kawaguchi, K.; Orchard, D.; Pogliani, S.; Riemer, K.; Struble, S.; Takacsi-Nagy, P.; Trickovic, I.; Zimek, S.: Web Service Choreography Interface 1.0, http://wwws.sun.com/software/xml/developers/wsci/ wsci-spec-10.pdf, Abruf am 25.05.2004.

Atkinson et al. (2002): Atkinson, B.; Della-Libera, G.; Hada, S.; Hondo, M.; Hallam-Baker, P.; Klein, J.; LaMacchia, B.; Leach, P.; Manferdelli, J.; Maruyama, H.; Nadalin, A.; Nagaratnam, N.; Prafullchandra, H.; Shewchuk, J.: Web Services Security Version 1.0, ftp://www6.software.ibm.com/software/developer/library/ws-secure.pdf, Abruf am 25.05.2004.

Austin et al. (2002): Austin, D.; Barbir, A.; Ferris, C.; Garg, S.: Web Services Architecture Requirements, http://www.w3.org/TR/2002/WD-wsa-reqs-20021011, Abruf am 25.05.2004.

Bach (2000): Bach, M.: XSL und XPath - verständlich und praxisnah: Transformationen und Ausgabe von XML-Dokumentationen mit XSL, Boston 2000.

Badach/Rieger/Schmauch (2003): Badach, A.; Rieger, S.; Schmauch, M.: Web-Technologien: Architekturen, Konzepte, Trends, München 2003.

Balen/Elenko (2000): Balen, H.; Elenko, M.: Distributed object architectures with CORBA, Cambridge 2000.

Balzert (1998): Balzert, H.: Lehrbuch der Software-Technik, Heidelberg 1998.

Balzert (2001): Balzert, H.: Software-Entwicklung, 2. Auflage, Heidelberg 2001.

Bartel et al. (2002): Bartel, M.; Boyer, J.; Fox, B.; LaMacchia, B.; Simon, E.: XML-Signature Syntax and Processing, http://www.w3.org/TR/xmldsig-core/, Abruf am 25.05.2004.

Basha (2002): Basha, S. J.: Professional Java web services, Birmingham 2002.

Bea/Dichtl/Schweitzer (1985): Bea, F. X.; Dichtl, E.; Schweitzer, M.: Allgemeine Betriebswirtschaftslehre, Band 3: Leistungsprozess, Stuttgart 1985.

Behme (1995): Behme, W.: Virtuelle Unternehmen. In: Zeitschrift für Planung 6 (1995) 6, S. 297-230.

Behme/Mintert (2001): Behme, H.; Mintert, S.: XML in der Praxis: professionelles Web-Publishing mit der Extensible Markup Language, 2, München 2001.

Beimborn/Mintert/Weitzel (2002): Beimborn, D.; Mintert, S.; Weitzel, T.: WI - Schlagwort - Web Services und ebXML. In: Wirtschaftsinformatik 44 (2002) 3, S. 277-280.

Beimborn/Weitzel (2003): Beimborn, D.; Weitzel, T.: Web Services und Service-oriented IT-Architekturen. In: WISU (2003) 11, S. 1360-1364.

Bellwood et al. (2002): Bellwood, T.; Clément, L.; Ehnebuske, D.; Hately, A.; Hondo, M.; Husband, Y. L.; Januszewski, K.; Lee, S. B.; Munter, J.; von Riegen, C.: UDDI Version 3.0 - UDDI Spec Technical Committee Specifaction, http://uddi.org/pubs/uddi-v3.00-published-20020719.pdf, Abruf am 25.05.2004.

Berglund et al. (2003): Berglund, A.; Boag, S.; Chamberlin, D.; Fernandez, M. F.; Kay, M.; Robie, J.; Siméon, J.: XML Path Language (XPath) 2.0, http://www.w3.org/TR/xpath20/, Abruf am 25.05.2004.

Bertsch (2002): Bertsch, A.: Digitale Signaturen, Berlin 2002.

Bettag (2001): Bettag, U.: Web Services. In: Informatik Spektrum 5 (2001) 24, S. 302-304.

Birrell/Nelson (1984): Birrell, A. D.; Nelson, B. J.: Implementing remote procedure calls. In: ACM Transaction on Computer Systems 2 (1984) 1, S. 39-59.

Boag et al. (2003): Boag, S.; Chamberlin, D.; Fernandez, M. F.; Florescu, D.; Robie, J.; Siméon, J.: XQuery 1.0: An XML Query Language, http://www.w3.org/TR/xquery/, Abruf am 25.05.2004.

Bodendorf/Schobert (2003): Bodendorf, F.; Schobert, A.: Integration von Web-Services in ein Kundenportal. In: HMD 234 (2003) 6, S. 42-51.

Boles/Schmees (2003): Boles, D.; Schmees, M.: Kostenpflichtige Web-Services, In: Uhr, W.; Essein, W.; Schoop, E. (Herausgeber): Wirtschaftsinformatik - Medien, Märkte, Mobilität - Band 1, Heidelberg 2003, S. 385-403.

Box/Skonnard/Lam (2000): Box, D.; Skonnard, A.; Lam, J. F.: Essential XML: beyond markup, Boston 2000.

Box et al. (2000): Box, D.; Ehnebuske, D.; Kakivaya, G.; Layman, A.; Mendelsohn, N.; Nielsen, H. F.; Thatte, S.; Winer, D.: Simple Object Access Protocol (SOAP) 1.1, http://www.w3.org/TR/2000/NOTE-SOAP-20000508/, Abruf am 25.05.2004.

Brandtweiner (2000): Brandtweiner, R.: Differenzierung und elektronischer Vertrieb digitaler Informationsgüter, Düsseldorf 2000.

Bray/Hollander/Layman (1999): Bray, T.; Hollander, D.; Layman, A.: Namesspaces in XML, http://www.w3.org/TR/REC-xml-names/, Abruf am 25.05.2004.

Bray et al. (2000): Bray, T.; Paoli, J.; Sperberg-McQueen, C. M.; Maler, E.: Extensible Markup Language (XML) 1.0, http://www.w3.org/TR/REC-xml, Abruf am 25.05.2004.

Britton (2001): Britton, C.: IT architectures and middleware: strategies for building large, integrated systems, Boston 2001.

Bräuer/Stolpmann (2000): Bräuer, M.; Stolpmann, M.: Schlau und sicher - technologische Trends bei E-Commerce-Lösungen, In: Bliemel, F. (Herausgeber): Electronic commerce: Herausforderungen, Anwendungen, Perspektiven, Wiesbaden 2000, S. 85-102.

Buchholz (2003): Buchholz, C.: Sicherheitsaspekte von Web-Services. In: HMD 234 (2003) 6, S. 70-77.

Buchmann (2001): Buchmann, J.: Wie sicher kann Sicherheit sein ?, In: Müller, G.; Reichenbach, M. (Herausgeber): Sicherheitskonzepte für das Internet, Berlin 2001, S. 45-56.

Buchmann et al. (2002): Buchmann, A.; Casati, F.; Fiege, L.; Hsu, M.; Shan, M.: Proceedings of the Third VLDB Workshop on Technologies for E-Services, Lecture Notes in Computer Science 2444, Hong Kong 2002.

Burghardt (2003): Burghardt, M.: Innovative Technologien in virtuellen Netzwerken - Einsatzmöglichkeiten von XML, Web Services und OLAP, In: Schumann, M. (Herausgeber): Arbeitsberichte des Instituts für Wirtschaftsinformatik II, Nr. 10, Göttingen 2003.

Burghardt/Gehrke/Schumann (2003a): Burghardt, M.; Gehrke, N.; Schumann, M.: Eine Architektur zur Abrechnung von Web Services, In: Eckstein, R.; Tolksdorf, R.

(Herausgeber): XMIDX 2003 - XML-Technologien für Middleware - Middleware für XML-Anwendungen, Köln 2003, S. 45-56.

Burghardt/Gehrke/Schumann (2003b): Burghardt, M.; Gehrke, N.; Schumann, M.: Implikationen kommerzieller Web Services, In: Eckstein, R.; Tolksdorf, R. (Herausgeber): XMIDX 2003 - XML-Technologien für Middleware - Middleware für XML-Anwendungen, Köln 2003, S. 71-82.

Burghardt et al. (2003a): Burghardt, M.; Gehrke, N.; Hagenhoff, S.; Schumann, M.: Spezifikation und Abwicklung von Workflows auf Basis von Web Services. In: HMD 234 (2003) 6, S. 61-69.

Burghardt et al. (2003b): Burghardt, M.; Diekmann, T.; Hagenhoff, S.; Schumann, M.: Structure of a Web-Based IT-System for virtual Networks, In: Kotsis, G.; Bressan, S.; Catania, B.; Ibrahim, I. K. (Herausgeber): Fifth International Conference on Information Integration and Web-based Applications and Services (IIWAS2003), Jakarta 2003, S. 87-96.

Byrne (1993): Byrne, J.: The virtual corporation. In: Business Week 8 (1993) Februar, S. 36-41.

Celko (1999): Celko, J.: Joe Celko's data databases: concepts in practice, San Francisco 1999.

Cerami (2002): Cerami, E.: Web services essentials, Beijing 2002.

Chappell/Jewell/Dalheimer (2003): Chappell, D. A.; Jewell, T.; Dalheimer, M. K.: Java Web Services, Beijing 2003.

Chaudhri (2003): Chaudhri, A. B.: Web, web-services, and data-base systems: revised papers, Berlin 2003.

Chinnici et al. (2003): Chinnici, R.; Gudgin, M.; Moreau, J.; Weerawarana, S.: Web Services Description Language (WSDL) Version 1.2, http://www.w3.org/TR/ wsdl12/, Abruf am 25.05.2004.

Christ (2003): Christ, F.: Konzeption eines Modells für eine sichere Web Service Nutzung - Anforderungen, technische Umsetzung und Beurteilung, Diplomarbeit am Institut für Wirtschaftsinformatik Abteilung Wirtschaftsinformatik II, Göttingen 2003.

Christensen et al. (2002): Christensen, E.; Curbera, F.; Meredith, G.; Weerawarana, S.: Web Services Description Language (WSDL) 1.1., http://www.w3.org/TR/ wsdl, Abruf am 25.06.2002.

Clark (2002): Clark, M.: Selling Web Services, In: Fletcher, P.; Waterhouse, M. (Herausgeber): Web Services Business Strategies and Architectures, Birmingham 2002, S. 25-38.

Clark/DeRose (1999): Clark, J.; DeRose, S.: XML Path Language (XPath) Version 1.0, http://www.w3.org/TR/xpath, Abruf am 25.05.2004.

Conallen (2000): Conallen, J.: Building Web applications with UML, Boston 2000.

Coulouris/Dollimore/Kindberg (2002): Coulouris, G.; Dollimore, J.; Kindberg, T.: Verteilte Systeme: Konzepte und Design, 3. Auflage, München 2002.

Curbera et al. (2002): Curbera, F.; Duftler, M.; Khalaf, R.; Nagy, W.; Mukhi, N.; Weerawarana, S.: Unraveling the Web Services Web: An Introduction to SOAP, WSDL, and UDDI. In: IEEE Internet computing 6 (2002) 2, S. 86-93.

Daconta/Obrst/Smith (2003): Daconta, M. C.; Obrst, L. J.; Smith, K. T.: The semantic web: a guide to the future of XML, web services, and knowledge management, Indianapolis 2003.

Dadam (1996): Dadam, P.: Verteilte Datenbanken und Client/Server-Systeme: Grundlagen, Konzepte und Realisierungsformen, Berlin 1996.

Dahms (1994): Dahms, H.: Positivismusstreit: die Auseinandersetzungen der Frankfurter Schule mit dem logischen Positivismus, dem amerikanischen Pragmatismus und dem kritischen Rationalismus, Frankfurt am Main 1994.

Dalai et al. (2003): Dalai, S.; Temel, S.; Little, M.; Potts, M.; Webber, J.: Middleware for Web Services - Coordinating Business Transactions on the Web - The business transaction protocol addresses limitations of data-centric (ACID) transactions for multiparty interactions in Web service-based business interactions. In: IEEE Internet computing 7 (2003) 1, S. 30-39.

Deitel (2002): Deitel, H. M.: Wireless internet mobile business: how to program, Upper Saddle River 2002.

Della-Libera et al. (2002): Della-Libera, G.; Dixon, B.; Farrell, J.; Garg, P.; Hondo, M.; Kaler, C.; Lampson, B.; Lawrence, K.; Layman, A.; Leach, P.; Manferdelli, J.; Maruyama, H.; Nadalin, A.; Nagaratnam, N.; Rashid, R.: Security in a Web Services World: A Proposed Architecture and Roadmap, http://www-106.ibm.com/developerworks/webservices/library/ws-secmap/, Abruf am 25.05.2004.

Diederich (2001): Diederich, B.: Mobile Business: Märkte, Techniken, Geschäftsmodelle, Wiesbaden 2001.

Drews/Schwab (1997): Drews, D.; Schwab, H.: Internet/Intranet: Programmieren mit VB, Kaarst 1997.

Dunkel/Holitschke (2003): Dunkel, J.; Holitschke, A.: Softwarearchitektur für die Praxis, Berlin 2003.

Eastlake/Jones (2001): Eastlake, D.; Jones, P.: US Secure Hash Algorithmen 1 (SHA1). In: IETF RFC 3174 (2001).

Eckert (2003): Eckert, C.: IT-Sicherheit: Konzept - Verfahren - Protokolle, 2, München 2003.

Eddy/Delong (2001): Eddy, S. E.; Delong, B.: XML in plain English, Foster City 2001.

Elmasri/Navathe (2002): Elmasri, R.; Navathe, S. P. S. A.: Grundlagen von Datenbanksystemen, 3. Auflage, München 2002.

Fessenbecker (2002): Fessenbecker, M.: Web Services - Revolution für die B2B-Integration?. In: IM 17 (2002) 3, S. 47-50.

Friedrichs (1990): Friedrichs, J.: Methoden empirischer Sozialforschung, Opladen 1990.

Fritz (2000): Fritz, W.: Internet-Marketing und Electronic Commerce: Grundlagen, Rahmenbedingungen, Instrumente, 1. Auflage, Wiesbaden 2000.

Galbraith et al. (2002): Galbraith, B.; Hankison, W.; Hiotis, A. J. M.; Prasad, D.; Trivedi, R.; Whitney D.,: Professional Web Services Security, Birmingham 2002.

Ganesarajah/Lupu (2002): Ganesarajah, D.; Lupu, E.: Workflow-based composition of web-services: a business modell or a programming paradigm ?. In: Proceedings of the 6th International Enterprise Distributed Object Computing Conference (EDOC) (2002), S. 273-284.

Gehrke/Burghardt/Schumann (2002): Gehrke, N.; Burghardt, M.; Schumann, M.: Strategien der Produktbündelung. In: Das Wirtschaftsstudium 31 (2002) 03, S. 346-352.

Genussa (1999): Genussa, P.: Evolution and Use of Generic Markup Languages, In: Möhr, W.; Schmidt, I. (Herausgeber): SGML und XML: Anwendungen und Perspektiven, Berlin 1999, S. 27-50.

Gisolfi (2001a): Gisolfi, D.: Web services architect, Part 1: An introduction to dynamic e-business, http://www-106.ibm.com/developerworks/webservices/library/ws-arc1/, Abruf am 25.05.2004.

Gisolfi (2001b): Gisolfi, J.: Web services architect, Part 2: Models for dynamic e-business, http://www-106.ibm.com/developerworks/webservices/library/ws-arc2.html, Abruf am 25.05.2004.

Gisolfi (2001c): Gisolfi, D.: Web services architect, Part 3: Is Web services the reincarnation of CORBA?, http://www-106.ibm.com/developerworks/ webservices/library/ws-arc3/, Abruf am 25.05.2004.

Goldfarb/Prescod (2002): Goldfarb, C. F.; Prescod, P.: XML handbook, Upper Saddle River, NJ 2002.

Gollmann (2001): Gollmann, D.: Wer ist mein Nächster ? Zur Authentifikation des Kommunikationspartners, In: Müller, G.; Reichenbach, M. (Herausgeber): Sicherheitskonzepte für das Internet, Berlin 2001, S. 147-160.

Gottschalk et al. (2002): Gottschalk, K.; Graham, S.; Kreger, H.; Snell, J.: Introduction to Web services architecture. In: IBM systems journal 41 (2002) 2, S. 170-177.

Graham/Simeonov/Boubez (2002): Graham, S.; Simeonov, S.; Boubez, T.: Building web services with Java: making sense of XML, SOAP, WSDL, and UDDI, Indianapolis, Ind. 2002.

Greiner/Rahm (2003): Greiner, U.; Rahm, E.: WebFlow: Ein System zur flexiblen Ausführung webbasierter, kooperativer Workflows, In: Weikum, G.; Schöning, H.; Rahm, E. (Herausgeber): Datenbanksysteme für Business, Technologie und Web - Tagungsband der BTW 2003 , Leipzig 2003, S. 423-432.

Gudgin et al. (2003a): Gudgin, M.; Hadley, M.; Mendelsohn, N.; Moreau, J.; Nielsen, H. F.: SOAP Version 1.2 Part 1: Messaging Framework, http://www.w3.org/TR/ 2003/REC-soap12-part1-20030624/, Abruf am 25.05.2004.

Gudgin et al. (2003b): Gudgin, M.; Hadley, M.; Mendelsohn, N.; Moreau, J.; Nielsen, H. F.: SOAP Version 1.2 Part 2: Adjuncts, http://www.w3.org/TR/2003/REC-soap12-part2-20030624/, Abruf am 25.05.2004.

Haase (2001): Haase, O.: Kommunikation in verteilten Anwendungen, München, Wien 2001.

Hallam-Baker (2003): Hallam-Baker, P.: XML Key Management Specification (XKMS), http://www.w3.org/TR/xkms2/, Abruf am 25.05.2004.

Hansch/Kuhlins/Schader (2002): Hansch, M.; Kuhlins, S.; Schader, M.: XML-Schema. In: Informatik Spektrum 25 (2002) 5, S. 363-366.

Hansen/Neumann (2001): Hansen, H. R.; Neumann, G.: Grundlagen betrieblicher Informationsverarbeitung, 8. Auflage, Stuttgart 2001.

Harold (2001): Harold, E. R.: XML bible, New York 2001.

Hars/Schlüter-Langdon (2002): Hars, A.; Schlüter-Langdon, C.: Chancen und Risiken für verteilte Informationssysteme. In: IM 17 (2002) 3, S. 13-19.

Hartmann et al. (2003): Hartmann, B.; Flinn, D. J.; Beznosov, K.; Kawamoto, S.: Mastering Web Services Security, Indianapolis 2003.

Hastedt-Marckwardt (1999): Hastedt-Marckwardt, C.: Workflow-Management-Systeme. In: Informatik-Spektrum 22 (1999) 2, S. 99-109.

Heinl/Schuster (1997): Heinl, P.; Schuster, H.: Grundlagen der Implementierung von Workflow-Management-Systemen, In: Jablonski, S.; Böhm, M.; Schulze, W. (Herausgeber): Workflow-Management: Entwicklung von Anwendungen und Systemen - Facetten einer neuen Technologie, Heidelberg 1997, S. 219-223.

Hentrich (2001): Hentrich, J.: B2B-Katalogmanagement: E-Procurement und Sales im Collaborative Business, Bonn 2001.

Hess (2001): Hess, T.: Controlling eines virtuellen Unternehmens. In: Kostenrechnungspraxis, Sonderheft E-Business & Controlling (2001) S. 92-100.

Hess (2002a): Hess, T.: Planning and Control of Virtual Corporations in the Service Industry: The Prototype VICOPLAN, 35th Annual Hawaii International Conference on System Sciences, 2002, S. 24-33.

Hess (2002b): Hess, T.: Netzwerkcontrolling: Instrumente und ihre Werkzeugunterstützung, Wiesbaden 2002.

Hess/Katzy/Wittenberg (2003): Hess, T.; Katzy, B.; Wittenberg, S.: Kooperationstools - Werkzeuge oder Spielzeug ?. In: io new management (2003) 12, S. 16-21.

Hirsch/Just (2003): Hirsch, F.; Just, M.: XML Key Management (XKMS 2.0) Requirements, http://www.w3.org/TR/xkms2-req, Abruf am 25.05.2004.

Hoch (1996): Hoch, T.: Einsatz der Informationsverarbeitung bei Business Process Reengineering: Elemente eines Vorgehensmodells für Dienstleistungsunternehmen, Wiesbaden 1996.

Hofmann (2003): Hofmann, O.: Web-Service in serviceorientierten IT-Architekturen. In: HMD 234 234 (2003) 6, S. 27-33.

Hoidn/Jungclaus (2002): Hoidn, H. P.; Jungclaus, R.: Web Services aus Sicht der Unternehmensarchitektur. In: Information Management & Consulting 17 (2002) 3, S. 31-35.

Holzner (2002): Holzner, S.: XSLT - Anwendung und Referenz: XML-Transformationen, XPath, Einsatz mit Java, JSP und ASP, München 2002.

Imamura/Dillaway/Simon (2002): Imamura, T.; Dillaway, B.; Simon, E.: XML Encryption Syntax and Processing, http://www.w3.org/TR/xmlenc-core/, Abruf am 25.05.2004.

Itter (1999): Itter, R.: Internet-basierte Informationssysteme in betrieblichen Prozessen: Einsatzbereiche und Vorgehensmodell, Lohmar 1999.

Jeckle (2002): Jeckle, M.: Web Services, http://www.jeckle.de/webServices/index.html, Abruf am 25.05.2004.

Jeckle/Zengler (2002): Jeckle, M.; Zengler, B.: Web Services - Sicherheitsaspekte beim Einsatz von XML-basierten Web-Diensten am Beispiel SOAP. In: IM 17 (2002) 3, S. 37-46.

Kaliski/Staddon (1998): Kaliski, B.; Staddon, J.: RSA Cryptography Specifications Version 2.0, http://www.ietf.org/rfc/rfc243, Abruf am 25.05.2004.

Kamin (2003): Kamin, O.: Kriterien zur modularen Gestaltung mehrfachverwendbarer Lehr-/Lernarrangements, Doctoral Consortium - Begleitveranstaltung zur 6. internationalen Tagung Wirtschaftsinformatik 2003, Dresden 2003, S. 1-30.

Kaspar/Burghardt/Hagenhoff (2004): Kaspar, C.; Burghardt, M.; Hagenhoff, S.: Web Services for Portlet Integration into Corporate Portals, In: Arabnia, H. R. (Herausgeber): Proceedings of the International Symposium on Web Services and Applications 2004 (ISWS 04), Las Vegas 2004.

Keidl et al. (2002): Keidl, M.; Kemper, A.; Seltzsam, S.; Stocker, K.: Web Services, In: Rahm, E.; Vossen, G. (Herausgeber): Web & Datenbanken - Konzepte, Architekturen, Anwendungen, Heidelberg 2002, S. 293-335.

Klyne/Carroll (2003): Klyne, G.; Carroll, J. J.: Resource Description Framework (RDF), http://www.w3.org/TR/rdf-concepts/, Abruf am 25.05.2004.

Knuth (2002): Knuth, M.: Web Services: Einführung und Übersicht, Frankfurt 2002.

Krammer/Luft (2002): Krammer, A.; Luft, O.: Web Services - wie kleine und mittlere Unternehmen profitieren können. In: IM 17 (2002) 3, S. 51-56.

Kreger (2001): Kreger, M.: Web Services Conceptual Architecture, http://www-3.ibm.com/software/solutions/webservices/pdf/WSCA.pdf, Abruf am 25.05.2004.

Kroenke (2002): Kroenke, D.: Database processing: fundamentals, design implementation, 8. Auflage, Upper Saddle River, NJ 2002.

Krüger/Reschke (2002): Krüger, G.; Reschke, D.: Lehr- und Übungsbuch Telematik: Netze - Dienste - Protokolle, 2. Auflage, München 2002.

Kulchenko (2003): Kulchenko, P.: SOAP Implementations, http://www.soapware.org/directory/4/implementations, Abruf am 25.05.2004.

Kurbel et al. (1995): Kurbel, K.; Rautenstrauch, C.; Rödding, T.; Scheuch, R.: Funktions-integration in heterogenen verteilten Informationssystem - innovative Konzepte und Fallstudien, In: König, W. (Herausgeber): Wirtschaftsinformatik 1995, Heidelberg 1995, S. 445-460.

Küster (2003): Küster, M. W.: Web-Services - Versprechen oder Realität. In: HMD 234 (2003) 6, S. 5-15.

Lang (2001): Lang, K. W.: Virtuelle Unternehmen, In: Noack, U.; Spindler, G. (Herausgeber): Unternehmensrecht und Internet, München 2001, S. 169-198.

Langner (2002): Langner, T.: Verteilte Anwendungen mit Java: Enterprise-Architekturen im Web mit CORBA, XML/SOAP, JSP, (E)JB und JDBC, München 2002.

Langner (2003): Langner, T.: Web Services mit Java: Neuentwicklung und Refactoring in der Praxis, München 2003.

Laurent (2001): Laurent, S. S.: XML: a primer, Foster City 2001.

Lehmann (2001): Lehmann, F.: Web Service Flow Language (WSFL), http://www-3.ibm.com/software/solutions/webservices/pdf/WSFL.pdf, Abruf am 25.05.2004.

Li/Wang (2003): Li, H.; Wang, Y.: Public-Key Infrastructure, In: Kou, W. (Herausgeber): Payment technologies for E-commerce, Berlin 2003, S. 39-70.

Light (1997): Light, R.: Presenting XML, Indianapolis 1997.

Lobin (2000): Lobin, H.: Informationsmodellierung in XML und SGML: mit 4 Tabellen, Berlin 2000.

Löwer/Picot (2002): Löwer, U. M.; Picot, A.: Web Services - Technologie - Hype oder Strategie-Faktor. In: Information Management & Consulting 17 (2002) 3, S. 20-25.

Mahmoud (2000): Mahmoud, Q. H.: Distributed programming with Java: Sockets, RMI, CORBA, Mobile agents, Greenwich, Conn. 2000.

Malhotra et al. (2003): Malhotra, A.; Melton, J.; Robie, J.; Walsh, N.: XQuery 1.0 and XPath 2.0 Functions and Operators, http://www.w3.org/TR/2002/WD-xquery-operators-20020816/, Abruf am 25.05.2004.

Marks/Werrell (2003): Marks, E. A.; Werrell, M. J.: Executive's Guide to Web Services, New York 2003.

Martin et al. (2002): Martin, D.; Burstein, M.; Lassila, O.; Paolucci, M.; Payne, T.; McIlraith, S.: Describing Web Services using DAML-S and WSDL, http://www.daml.org/services/daml-s/0.7/daml-s-wsdl.html, Abruf am 25.05.2004.

McLaughlin/Kersken/Key (2002): McLaughlin, B.; Kersken, S.; Key, J.: Java XML, Deutsche Ausgabe der 2. Auflage, Beijing 2002.

Mertens (2003): Mertens, P.: XML-Schema-Spezifikation, In: Mertens, P. (Herausgeber): XML Komponenten, Berlin 2003, S. 257-291.

Mertens et al. (2003): Mertens, P.; Bodendorf, F.; König, W.; Picot, A.; Schumann, M.; Hess, T.: Grundzüge der Wirtschaftsinformatik, 8. Auflage, Heidelberg, 2003.

Mertens/Faisst (1996): Mertens, P.; Faisst, W.: Virtuelle Unternehmen: eine Organisationsstruktur für die Zukunft?. In: Wirtschaftswissenschaftliches Studium 25 (1996) 6, S. 280-285.

Mertens/Griese/Ehrenberg (1998): Mertens, P.; Griese, J.; Ehrenberg, D.: Virtuelle Unternehmen und Informationsverarbeitung: mit 8 Tabellen, Berlin 1998.

Merz (2002): Merz, M.: E-Commerce und E-Business: Marktmodelle, Anwendungen und Technologien, 2. Auflage, Heidelberg 2002.

Michel (1999): Michel, T.: XML kompakt - Struktur, Layout, Verweise: eine praktische Einführung, Wien 1999.

Miles/Snow (1986): Miles, R. E.; Snow, C. C.: Organization: New Concepts for New Forms. In: California Mangament Review 28 (1986) 3, S. 62-73.

Mitra (2003): Mitra, N.: SOAP Version 1.2 Part 0: Primer, http://www.w3.org/TR/2003/REC-soap12-part0-20030624/, Abruf am 25.05.2004.

Mittelstraß (1995): Mittelstraß, J.: Enzyklopädie Philosophie und Wissenschaftstheorie, Band 3, Stuttgart 1995.

Mohan (2002): Mohan, C.: Dynamic E-Business: Trends in Web Services, In: Buchmann, A.; Casati, F.; Fiege, L.; Hsu, M.; Shan, M. (Herausgeber): Proceedings of the third VLDB workshop on Technologies for E-Services, TES 2002, Hong Kong 2002, S. 1-5.

Monson-Haefel/Kalle Dalheimer (2001): Monson-Haefel, R.; Kalle Dalheimer, M.: Enterprise JavaBeans, 1. Auflage, Beijing 2001.

Morgenthal/Forge (2001): Morgenthal, J. P.; Forge, B. L.: Enterprise application integration with XML and Java, Upper Saddle River 2001.

Mueller-Wuensch (1995): Mueller-Wuensch, M.: The EXECUdesk Project: Managing the Virtual Corporation, In: LaBarre, J. E. (Herausgeber): Proceedings of the International Conference on Information Systems and Global Competitiveness, Toronto 1995, S. 66-73.

Müller-Stewens/Eymann/Kreutzer (2003): Müller-Stewens, G.; Eymann, T.; Kreutzer, M.: Telematik- und Kommunikationssysteme in der vernetzten Wirtschaft, München 2003.

Nagy/Curbera/Weerawaranna (2000): Nagy, W. A.; Curbera, F.; Weerawaranna, S.: The Advertisement and Discovery of Services (ADS) protocol for Web services, http://www-106.ibm.com/developerworks/web/library/ws-ads.html, Abruf am 25.05.2004.

Newcomer (2002): Newcomer, E.: Understanding web services: XML, WSDL, SOAP, and UDDI, Boston 2002.

Noack et al. (2000): Noack, J.; Mehmanesh, A.; Mehamaneche, H.; Zendler, A.: Architekturen für Network Computing. In: Wirtschaftsinformatik 42 (2000) 1, S. 5-14.

Odendahl/Scheer (1999): Odendahl, C.; Scheer, A.: Logistiksysteme - DEVICE - Elektronische Kooperationsbörse zur kontinuierlichen Gestaltung virtueller Unternehmen. In: CIM-Management 15 (1999) 5, S. 79-82.

Österle/Fleisch/Alt (2002): Österle, H.; Fleisch, E.; Alt, R.: Business Networking in der Praxis: Beispiele und Strategien zur Vernetzung mit Kunden und Lieferanten, Berlin 2002.

Orfali/Harkey/Edwards (1994): Orfali, R.; Harkey, D.; Edwards, J.: Essential client/server survival guide, New York 1994.

Orfali/Harkey/Edwards (1997): Orfali, R.; Harkey, D.; Edwards, J.: Abenteuer Client/Server: the essential client/server survival guide, Boston 1997.

Peltz (2003): Peltz, C.: Web Services Orchestration and Choreography. In: IEEE Computer 36 (2003) 10, S. 46-52.

Phillips (2000): Phillips, L. A.: Using XML, Special ed, Indianapolis 2000.

Picardi/Seymour (2002): Picardi, A. C.; Seymour, L. A.: U.S. Web Services Market Analysis, 2002.

Priesnitz/Teille (2003): Priesnitz, M.; Teille, K.: XML als Grundlage für standardisierte Internetschnittstellen, In: Mertens, P. (Herausgeber): XML Komponenten, Berlin 2003, S. 9-27.

Rannenberg/Pfitzmann/Müller (1996): Rannenberg, K.; Pfitzmann, A.; Müller, G.: Sicherheit, insbesondere mehrseitige Sicherheit, In: Müller, G.; Bunz, H. (Herausgeber): it-ti, Sicherheit in der Kommunikationstechnik, 1996, S. 7-10.

Rawolle (2002): Rawolle, J.: Content management integrierter Medienprodukte: ein XML-basierter Ansatz, Wiesbaden 2002.

Rawolle/Burghardt (2002): Rawolle, J.; Burghardt, M.: Web Services - eine Alternative für die zwischenbetriebliche Integration. In: IS Report 6 (2002) 2, S. 40-46.

Reagle (1999): Reagle, J.: XML-Signature Requirements, http://www.w3.org/TR/ xmldsig-requirements, Abruf am 25.05.2004.

Reagle (2002): Reagle, J.: XML Encryption Requirements, http://www.w3.org/TR/xml-encryption-req, Abruf am 31.10.2003.

Reichmayr (2003): Reichmayr, C.: Collaboration und WebServices: Architekturen, Portale, Techniken und Beispiele, Berlin 2003.

Rieck et al. (2003): Rieck, M.; Dostal, W.; Schandl, R.; Sieb, C.: Web Services - vom Hype zum realen Einsatz im Finanzsektor, In: Mertens, P. (Herausgeber): XML-Komponenten in der Praxis, Berlin 2003, S. 293-328..

Riegen (2004): Riegen, C. v.: Treibende Kraft - Zur Interoperabilität von Web Services. In: SAP Info 113 (2004) 2, S. 48-50.

Rinderle/Dadam (2003): Rinderle, S.; Dadam, P.: Schemaevolution in Workflow-Management-Systemen. In: Informatik Spektrum (2003) 2, S. 17-19.

Rivest (1992): Rivest, R.: The MD5 Message Digest Algorithmen. In: IETF RFC (1992).

Rivest/Shamir/Adleman (1978): Rivest, R. L.; Shamir, A.; Adleman, L.: A method for obtaining digital signatures and public-key cryptosystems. In: Communication ACM 21 (1978) 2, S. 120-126.

Saint Laurent/Johnston/Dumbill (2001): Saint Laurent, S.; Johnston, J.; Dumbill, E.: Programming web services with XML-RPC: Creating web application gateways, Beijing 2001.

Schoder/Fischbach/Teichmann (2002): Schoder, D.; Fischbach, K.; Teichmann, R.: Peer-to-peer: ökonomische, technologische und juristische Perspektiven, Berlin 2002.

Schuster (1998): Schuster, H.: Architektur verteilter Workflow-Management-Systeme, Sankt Augustin 1998.

Schäfer (2003): Schäfer, G.: Netzsicherheit: algorithmische Grundlagen und Protokolle, Heidelberg 2003.

Scribner/Stiver (2000): Scribner, K.; Stiver, M. C.: Understanding SOAP, Indianapolis 2000.

Seely (2002): Seely, S.: SOAP: cross platform Web service development using XML, Upper Saddle River 2002.

Shapiro/Varian (1999a): Shapiro, C.; Varian, H. R.: Online zum Erfolg: Strategie für das Internet-Business, München 1999.

Shapiro/Varian (1999b): Shapiro, C.; Varian, H. R.: Information rules: a strategic guide to the network economy, Boston 1999.

Siegel (1999): Siegel, J. (Herausgeber): An overview of CORBA 3, Helsinki 1999.

Silberberger (2003): Silberberger, H.: Collaborative Business und Web Services: ein Managementleitfaden in Zeiten technologischen Wandels, Berlin 2003.

Simon (1996): Simon E.: Distributed Information Systems - From Client/Server to Distributed Multimdia, London 1996.

Skonnard (2002): Skonnard, A.: XML Files - Publishing and discovering Web Services with DISCO and UDDI.. In: Microsoft systems journal (2002) S. 23-34,

Sleeper/Robins (2002): Sleeper, B.; Robins, B.: The Law of Evolution: A Pragmatic Analysis of the Emerging Web Services Market, San Francisco 2002.

Snell/Tidwell/Kulchenko (2002): Snell, J.; Tidwell, D.; Kulchenko, P.: Programming web services with SOAP, Beijing 2002.

Sommerville (1985): Sommerville, I.: Software engineering, Boston 1985.

Späth (2003): Späth, T.: Konzeption und prototypische Implementierung eines Systems zur Abrechnung von Web Services, Diplomarbeit am Institut für Wirtschaftsinformatik Abteilung Wirtschaftsinformatik II, Göttingen 2003.

Steckermeier (2001): Steckermeier, M.: Virtuelle, private Rechner: eine Software-Architektur für verteilte Anwendungen, Erlangen 2001.

Stevens (2002a): Stevens, M.: Service Oriented Architecture Part I, http://www.developer.com/db/print.php/10920_1010451_2, Abruf am 25.05.2004.

Stevens (2002b): Stevens, M.: Service Oriented Architecture Part II, http://www.developer.com/db/print.php/1014371, Abruf am 25.05.2004.

Stickel/Groffmann/Rau (1997): Stickel, E.; Groffmann, H.; Rau, K.: Gabler Wirtschafts-informatik-Lexikon, 2. Band, Wiesbaden 1997.

Sydow/Winand (1998): Sydow, J.; Winand, U.: Unternehmensvernetzung und -virtualisierung: Die Zukunft unternehmerischer Partnerschaften, In: Winand, U.; Nathusius, K. (Herausgeber): Unternehmensnetzwerke und virtuelle Organisationen, Stuttgart 1998, S. 11-32.

Symbosion (2001): Symbosion: Internetshopping Report 2001 - Käufer, Produkte, Zukunftsaussichten, Düsseldorf 2001.

Tan/Edwards (2003): Tan, P. R.; Edwards, S. H.: An Assertion Checking Wrapper Design for Java, Proceedings of the 2003 Workshop on Specification and Verification of Component-Based Systems, Helsinki 2003, S. 29-35.

Tanenbaum (2003): Tanenbaum, A. S.: Computernetzwerke, 4. Auflage, München 2003.

Tanenbaum/Steen (2002): Tanenbaum, A. S.; Steen, M.: Distributed systems: principles and paradigms, Upper Saddle River 2002.

Thatte (2001): Thatte, S.: XLANG - Web Services for Business Process Design, http://www.gotdotnet.com/team/xml_wsspecs/xlang-c/default.htm, Abruf am 25.05.2004.

Thompson (2002): Thompson, H.: The Extensible Stylesheet Language (XSL), http://www.w3.org/Style/XSL/, Abruf am 25.05.2004.

Thompson et al. (2001): Thompson, H. S.; Beech, D.; Maloney, M.; Mendelsohn, N.: XML Schema Part 1: Structures, http://www.w3.org/TR/xmlschema-1/, Abruf am 25.05.2004.

Tolksdorf (2000): Tolksdorf, R.: Die Sprachen des Web: HTML und XHTML, 4. Auflage, Heidelberg 2000.

Turau/Saleck/Schmidt (2001): Turau, V.; Saleck, K.; Schmidt, M.: Java Server Pages und J2EE: unternehmensweite Web-basierte Anwendungen, Heidelberg 2001.

Varian (1999): Varian, H. R.: Grundzüge der Mikroökonomik, 4. Auflage, München 1999.

Veil/Hess (2002): Veil, T.; Hess, T.: A Basic Approach Towards Cost Accounting for Virtual Corporations, In: Franke, U. J. (Herausgeber): Managing virtual web organizations in the 21st century, London 2002, S. 270 - 291.

Wall/Lader (2002): Wall, L.; Lader, A.: Building Web services and .NET applications, New York 2002.

WebServices.Org (2003): WebServices.Org: The Web Service Community Portal, http://www.webservices.org, Abruf am 25.05.2004.

Weber/Franken/Göbel (1998): Weber, J.; Franken, M.; Göbel, V.: Wandelbare Produktiosnetze - Kleine und mittlere Unternehmen: Netzwerkfähigkeit im Management durch Kennzahlen herstellen. In: Industrie Management 14 (1998) 6, S. 25-28.

Weitzel/Harder/Buxmann (2001): Weitzel, T.; Harder, T.; Buxmann, P.: Electronic Business und EDI mit XML, Heidelberg 2001.

Wittenberg/Hess (2002): Wittenberg, S.; Hess, T.: Reputation als Steuerungsinstrument in netzwerkinternen Märkten, In: Engelien, M.; Homann, J. (Herausgeber): Virtuelle Organisation und Neue Medien, 2002, S. 107-131.

Wohlgemuth (2002): Wohlgemuth, O.: Management netzwerkartiger Kooperationen: Instrumente für die unternehmensübergreifende Steuerung, Wiesbaden 2002.

Wohlgemuth/Hess (2002): Wohlgemuth, O.; Hess, T.: Evaluating the Success of Virtual Corporations with CONECT: Basic Procedural Indications and Practical Application, In: Franke, U. J. (Herausgeber): Managing virtual web organizations in the 21st century, London 2002, S. 292-318.

Wojciechoski/Weinhardt (2002): Wojciechoski, R.; Weinhardt, C.: Web Services und Peer-to-Peer-Netzwerke, In: Schoder, D.; Fischbach, K.; Teichmann, R. (Herausgeber): Peer-to-Peer - Ökonomische, technologische und juristische Perspektiven, Berlin 2002, S. 99-117.

Wood (1998): Wood, L.: Document Object Model (DOM) Level 1 Specification, http://www.w3.org/TR/REC-DOM-Level-1/, Abruf am 25.05.2004.

Wutka (2002): Wutka, M.: J2EE developer's guide: JSP, Servlets, EJB 2.0, JNDI, JMS, JDBC, Corba, XML, RMI, München 2002.

Wöhe/Döring (1993): Wöhe, G.; Döring, U.: Einführung in die allgemeine Betriebswirtschaftslehre, 18. Auflage, München 1993.

Zerdick et al. (2001): Zerdick, A.; Picot, A.; Schrape, K.; Artope, A.; Goldhammer, K.; Heger, D. K.; Lange, U. T.; Vierkant, E.; Lopez-Escobar, E.; Silverstone, R.: Die Internet-Ökonomie: Strategien für die digitale Wirtschaft, 3. Auflage, Berlin 2001.

Zhang/Wang (2003): Zhang, F.; Wang, Y.: Security fundamentals, In: Kou, W. (Herausgeber): Payment technologies for E-commerce, Berlin 2003, S. 7-38.

Zimmermann/Tomlinson/Peuser (2003): Zimmermann, O.; Tomlinson, M.; Peuser, S.: Perspectives on web services: applying SOAP, WSDL, and UDDI to real-world projects, Berlin 2003.

o. V. (2003a): o. V.: Web Services Journal, http://www.sys-con.com/webservices, Abruf am 25.05.2004.

o. V. (2003b): o. V.: BPWS4J, http://www.alphaworks.ibm.com/tech/bpws4j, Abruf am 25.05.2004.